AF266237

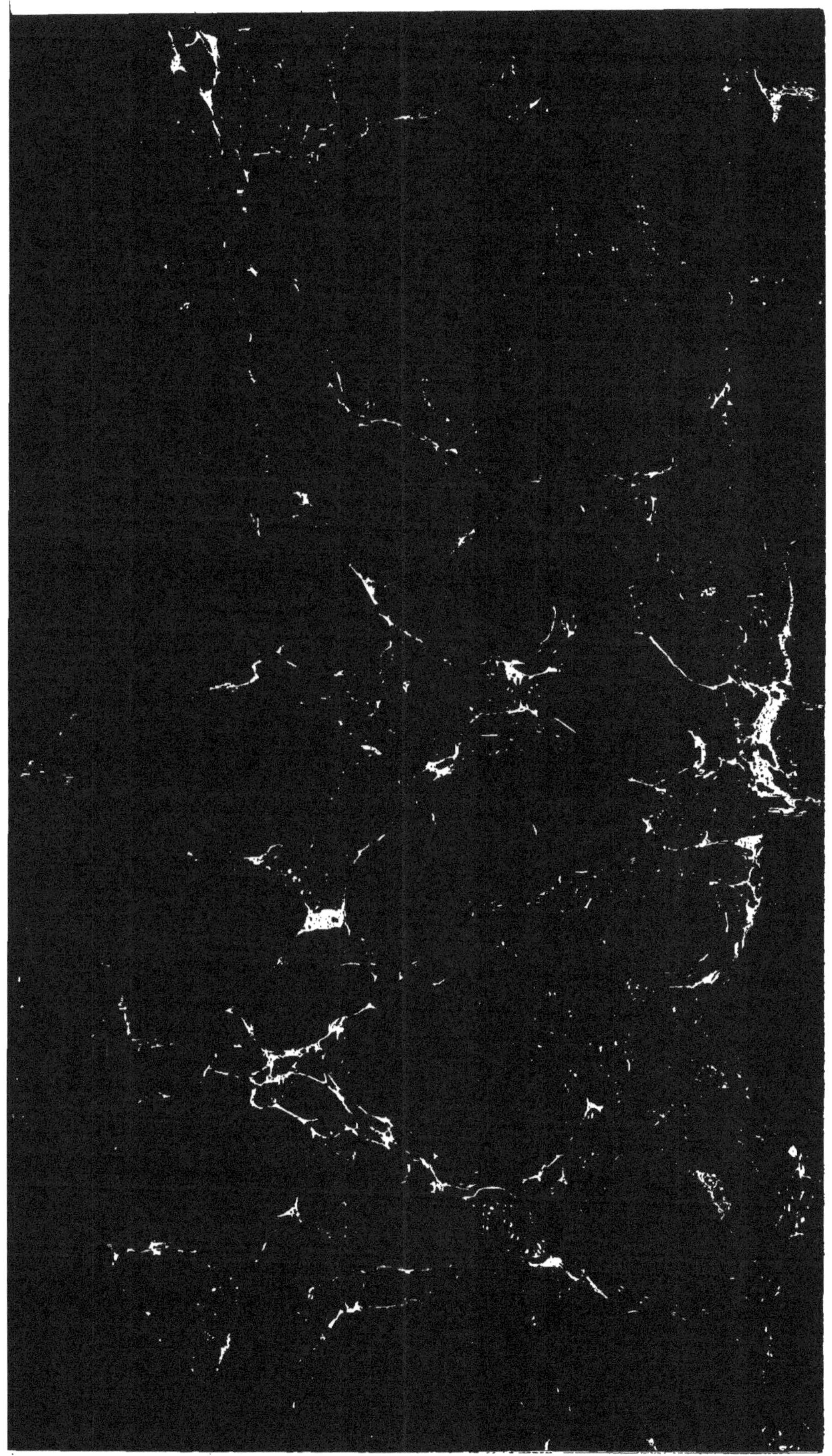

DESCRIPTION

DE LAUTERBOURG.

DESCRIPTION

HISTORIQUE ET ARCHÉOLOGIQUE

DE LAUTERBOURG

ET DE SON TERRITOIRE,

D'APRÈS LES SOURCES ORIGINALES,

PAR J. BENTZ,

DE LAUTERBOURG.

STRASBOURG,

IMPRIMERIE DE G. SILBERMANN, PLACE SAINT-THOMAS, 5.

1844.

STRASBOURG, IMPRIMERIE DE G. SILBERMANN.

TABLE DES MATIÈRES.

CBAPITRE V.

CHAPITRE VI.

CHAPITRE VII.

SECONDE PARTIE.

CHAPITRE I.

CHAPITRE II.

CHAPITRE III.

CHAPITRE IV.

CHAPITRE V.

CHAPITRE VI.

TROISIÈME PARTIE.

CHAPITRE I.

CHAPITRE II.

CHAPITRE III.

CHAPITRE IV.

FIN DE LA TABLE.

PRÉFACE.

Le travail que nous avons l'honneur d'offrir au public, est le fruit de nos veilles. Ce n'est point sans beaucoup de peine que l'on compulse les chroniques, qu'on recherche et qu'on parcourt les vieux papiers chargés de poussière, pour faire de tant de parties, souvent contradictoires, un tout bien uni et concordant ; mais ces difficultés se sont levées devant le vif désir d'être utile à nos concitoyens, en leur léguant, réunis dans un seul cadre, les événements et les faits qui ont donné de l'importance à la ville de Lauterbourg.

Nous nous sommes efforcé de faire le récit de notre topographie avec impartialité et vérité ; heureux si nous avons réussi ; il est difficile cependant d'échapper au blâme des envieux.

1

Nous avons apporté à la rédaction de cet ouvrage tous les soins dont nous sommes capable ; mais lorsqu'il faut constater une foule de faits se suivant immédiatement, et qui entre eux ont de la ressemblance, la diction perd quelquefois de son élégance. .

Pour amener les événements et donner de la liaison à la partie historique de notre livre, nous avons été obligé de puiser dans l'histoire d'Alsace tout ce qui concerne Lauterbourg en particulier ; il a été impossible de ne pas nous étendre souvent sur des passages appartenant à l'histoire romaine, à l'empire germanique ou à la France ; Lauterbourg étant une partie intégrante de l'Alsace où ces événements ont eu lieu, nous avons cru que ces récits, essentiellement curieux, ne seront point regardés comme des digressions. Quant aux auteurs que nous avons mis à contribution pour la partie historique, leur crédit est irrécusable. Ce sont Laguille et Schœpflin ; la description de l'Alsace par J. F. Aufschlager, nous a été d'un grand secours ; dans le classement des matières, nous en avons suivi la méthode ; en outre nous avons parfois emprunté des passages à cet ouvrage.

Notre ami, M. Geiger, ancien notaire à Lauterbourg, s'est occupé lui-même, pendant plusieurs années, de la statistique de cette ville, et, en secondant notre intention, il a bien voulu nous confier son manuscrit allemand. Nous y avons fait choix de tout ce qui intéressait Lauterbourg, principalement de la désignation des édifices publics compris dans la partie archéologique de l'ouvrage. Cette partie a été élaborée d'après les titres de la ville, le registre indicatif de ses droits et propriétés, les délibérations de l'ancien magistrat et les comptes communaux; un cahier intitulé: *Status animarum et notitiæ lauterburgenses*, a été souvent consulté.

Nous avons arrangé la troisième conformément au pied terrier et la matrice de rôle cadastrale actuelle; enfin les comptes communaux ont aidé à fournir des éclaircissements tant sur le progrès de l'agriculture et l'établissement des chemins, digues et fossés de la banlieue, que sur les débordements du Rhin et de la Lauter.

Les plans de la ville ont été levés avec exactitude, et présentent parfaitement la situation de Lauterbourg à l'époque des Burggraves, ainsi que les changements survenus depuis le règne de Louis XIV jusqu'à nos jours.

Nous acceptons avec reconnaissance les observations qui seraient de nature à rectifier des erreurs glissées dans notre ouvrage; nous prions ceux de nos concitoyens, dépositaires de documents concernant notre travail, de vouloir bien nous en transmettre des extraits, immédiatement après la première livraison, afin que nous soyons encore en état de réformer des inexactitudes ou de réparer des omissions.

DESCRIPTION

HISTORIQUE ET ARCHÉOLOGIQUE

DE LAUTERBOURG

ET DE SON TERRITOIRE.

PREMIÈRE PARTIE.

CHAPITRE PREMIER.

DE L'ORIGINE DES HABITANTS ET DE LA VILLE DE LAUTERBOURG.

L'Alsace, dont Lauterbourg et son territoire ont toujours fait partie, est, sans contredit, une des provinces les plus fertiles et les plus florissantes de la France; elle occupait, sous la domination romaine déjà, une place importante dans l'histoire du monde connu; sa situation géographique, la fécondité de son sol, le voisinage d'un des plus grands fleuves de l'Europe, permettent de supposer qu'elle a été peuplée dès les temps les plus reculés.

Bornée à l'est par le Rhin qui ouvre à ses habitants une vaste route pour le commerce, à l'ouest par les Vosges qui, sur le versant oriental, abondent en vins, bois et minéraux, au sud par le Jura, débouché de ses denrées, et au nord par le riche palatinat, l'Alsace est située au centre où ses voisins viennent verser leur or en échange de ses productions industrielles ou surabondantes de terre.

Un chemin de fer déjà en pleine activité, de Strasbourg à Bâle, une autre ligne ferrée en voie d'exécution de Strasbourg à Paris, promettent à ce charmant pays des avantages immenses. La douceur de son climat influe sur le caractère de ses habitants qui, en général, sont fort affables et hospitaliers; d'une constitution robuste, ils se procurent, par le travail, tout ce dont ils ont besoin; leur devise est: *Liberté et Patrie.*

L'Alsace est entre le 47° 29′ et le 49° 9′ de latitude septentrionale et le 4° 24′ et le 5° 58′ de longitude orientale de Paris; son étendue du midi au nord où la Queich en faisait la véritable limite, était de 225 kilomètres, et de l'est à l'ouest de 75 à 80 kilomètres; mais ses limites ont quelquefois été changées, principalement du sud au nord. On la divisait en Haute et Basse-Alsace; aujourd'hui elle comprend les départements du Haut et du Bas-Rhin.

Son nom, dès le principe, n'a pas été en usage chez les Romains; les chroniques de Frédégaire, qui vivait sous Dagobert Ier, au commencement du septième siècle, le mentionnent pour la première fois.

Pour ne pas nous écarter de notre sujet, nous devons rechercher quels étaient les plus anciens habitants de Lauterbourg. Les Celtes ou les Gaulois vinrent de l'Orient se fixer entre le Rhin, l'Océan, les Pyrénées et les Alpes. Ce grand pays s'appelait les Gaules, dont dépendait l'Alsace, qui n'avait pas encore de dénomination particulière; ses divisions territoriales portaient les noms des peuplades qui les habitaient. Jules César, qui asservit l'Alsace cinquante-huit ans avant Jésus-Christ, a eu soin de nous nommer ses habitants; il dit que trois peuples celtiques, les Rau-

raques, les Séquaniens et les Médiomatriciens possédaient
cette province; nous ne parlerons que des Médiomatriciens
qui faisaient leur demeure dans la Basse-Alsace; ils en occupèrent la partie septentrionale, par conséquent les environs de Lauterbourg, et le pays au nord jusqu'à Spire,
Trèves et Deux-Ponts; leurs possessions à l'ouest s'étendaient jusqu'à Metz, capitale de leur district.

Une autre nation, d'origine germanique, les Tripoques,
qu'on suppose avoir passé le Rhin avec Arioviste, roi des
Suèves et des Marcomans, s'établirent paisiblement dans
une portion du pays des Médiomatriciens avec lesquels ils
se confondirent dans la suite; cependant les plus célèbres
historiens ne sont point d'accord sur l'époque de l'arrivée
des Tripoques dans la Basse-Alsace; Schœpflin croit qu'ils
y vinrent pendant la guerre civile entre César et Pompée.

Par la division que César fit des Gaules, les habitants de
la Basse-Alsace furent réunis à la Gaule belgique; leurs
villes principales étaient : Helvet, aujourd'hui le hameau
d'Ell, près de Benfelden; Argentorat, qui se trouvait sur
l'emplacement de la ville de Strasbourg; Brocmag, à présent Brumath et Salet, qui est le Seltz de nos jours. On
voit que du temps des Celtes, il n'a point encore été question de la ville de Lauterbourg, tandis que Salet, sa voi-
sine, florissait déjà.

Les Romains agrandirent et fortifièrent les places celtiques, latinisèrent leurs noms, et construisirent d'autres
villes et forts. Claudius Drusus qui, sous Auguste, commandait les armées du Rhin, fit bâtir, en l'an 16 avant
Jésus-Christ, cinquante forts ou châteaux en deçà et le
long de ce fleuve, pour préserver les Gaules de l'invasion
des Barbares. Lauterbourg doit son existence à l'érection
d'un de ces forts; car, dit Laguille, « il est difficile de ne

pas avouer que les villes d'Alsace, dont l'histoire ancienne nous a conservé les noms, telles que Strasbourg, Saverne, Brumath, Drusenheim, Seltz, Rheinzabern et autres lieux, n'aient été fondés au moins du temps d'Auguste, soit qu'elles aient été bâties pour être, pendant l'hiver, le séjour des légions en garnison sur les bords du Rhin, soit qu'elles aient été du nombre des châteaux et des forts que Drusus fit construire le long de ce fleuve. » Or, sous la domination romaine, nous trouvons deux forts, l'un appelé Concordia, l'autre Tribuni, Tribunci, auxquels des auteurs célèbres donnent des situations topographiques différentes, sans toutefois disconvenir que l'une d'elles soit celle de Lauterbourg. Schœpflin place Concordia à Altstadt, parce qu'il présume qu'une route romaine, allant à Spire, devait passer par Concordia, et qu'à la suite de fouilles faites à Altstadt, on a trouvé plusieurs objets d'antiquités. Schweighæusser croit que le fort Concordia ayant été une petite place de guerre chez les Romains, doit être Lauterbourg; car Ammien Marcellin, qui vivait en 388, rapporte que Chnodomaire, roi des Allémands, qui fut battu près d'Argentoratum, avait établi son camp non loin des forteresses Concordia et Tribuni, et que ce prince tenait prêt, à proximité de ces forts, des bateaux pour passer le Rhin. Altstadt étant éloigné de ce fleuve d'environ quatre lieues, il n'est pas à présumer que Chnodomaire ait étendu son camp jusqu'à ce village. Quant au fort Tribuni, Tribunci, Schœpflin le prend pour Lauterbourg. Schweighæusser pense que c'est le village d'Au, dans le grand-duché de Bade, situé aujourd'hui sur la rive droite du Rhin, et jadis au milieu d'une île de ce fleuve. Il résulte donc de la diversité même de ces opinions, qu'il est hors de doute qu'un fort romain existait à Lauterbourg; mais que les savants antiquaires ne sont pas d'accord entre eux sur son nom, c'est-à-dire qu'il n'a pas pu être positivement établi si ce fort s'appelait ou Concordia, Tribuni ou Tribunci. Nous trouvons inutile d'entrer à cet égard dans d'autres détails, la véritable dénomination du fort de Lauterbourg n'étant point d'une importance majeure.

On vient de voir que les Médiomatriciens, peuplade d'origine celtique, sont les premiers qui possédèrent les environs de Lauterbourg, où les Romains, après avoir conquis ce pays, bâtirent un fort; des habitations s'élevèrent insensiblement à l'entour de la forteresse, et, de cette manière, s'explique l'origine de Lauterbourg. Mais l'aspect de sa plaine et de ses coteaux était loin d'être aussi agréable alors qu'aujourd'hui; une forêt immense et vierge encore les couvrait; comme elle favorisait aux Alémans leurs incursions dans les Gaules, la cognée romaine l'éclaircit. Les débordements fréquents du Rhin jetaient les eaux dans les bas-fonds, où elles croupissaient et empestaient l'air; l'horizon était chargé de vapeurs, les hivers avaient beaucoup de rigueur, et le Rhin, couvert de glace presque tous les ans, donnait occasion aux peuples de ses rives, de se voir, et plus ordinairement de se faire la guerre.

<hr>

CHAPITRE II.

DES DIFFÉRENTS PEUPLES QUI ONT DOMINÉ EN ALSACE DEPUIS L'ORIGINE DE LAUTERBOURG JUSQU'A NOS JOURS.

§ 1. *Les Celtes.*

La domination celtique ou gauloise comprend l'espace de temps qui s'est écoulé depuis le premier âge connu jusqu'à la conquête des Gaules par les Romains, en l'an 58 avant Jésus-Christ.

Quoique Lauterbourg n'ait point encore existé dans cette période, nous parlerons cependant des Celtes pour ne pas intervertir l'ordre de l'histoire. Ils avaient un gouvernement à la fois démocratique et aristocratique, et étaient partagés en un grand nombre de peuplades composées de trois classes : les druides ou prêtres, les nobles et le peuple. Dans les deux premières classes chaque communauté élisait un sénat, dont le président était l'arbitre suprême de la vie et de la mort des sujets.

César, dans ses *Commentaires De bello gallico*, nous donne des détails curieux touchant les Druides. Ils présidaient, dit-il, aux sacrifices publics et privés, et expliquaient les augures ; tous les procès, les crimes et les meurtres étaient jugés par eux ; leurs décisions s'exécutaient avec une admirable soumission. Ils jouissaient de beaucoup d'estime et de respect, et étaient exempts de toute espèce de charges publiques. Leur classe était très-nombreuse, car ces prérogatives engagèrent une grande partie de la jeunesse celtique à embrasser cet état. Les Druides n'ignoraient point l'art d'écrire ; mais ils n'en faisaient point usage, pour ne point divulguer leur principes ; ils avaient un chef qui était institué à vie ; après sa mort, on le remplaçait par celui des Druides le plus en crédit auprès de ses collègues.

On voyait également dans les Gaules des druidesses ou devineresses ; par leurs présages, elles empêchèrent Arioviste pendant quelques jours de livrer bataille à César.

Les louanges des Dieux et les exploits des héros étaient chantés par les bardes ; espèce de prêtres inférieurs aux druides.

La défense du pays appartenait aux nobles; ils recouraient aux armes dès que la sûreté ou le bien de l'État le demandait; la troisième classe était entièrement subordonnée aux deux premières.

La religion des Celtes différait de celle des Romains, quoiqu'ils crussent à la pluralité des dieux qu'ils subordonnaient à une divinité supérieure regardée comme un être invisible, éternel, tout-puissant, juste et fort sévère. Les dieux des Celtes n'étaient point représentés par des images; ils ne leur élevaient point de temples; c'étaient sur des hauteurs ou au fond des bois, au milieu du silence et de l'obscurité qu'ils allaient les prier. Ils croyaient à la métempsycose, c'est-à-dire, à la transmigration de l'âme d'un corps dans un autre; mais leur culte le plus atroce et le plus cruel consistait dans le sacrifice de victimes humaines. Ils pensaient ne pouvoir sauver un mourant qu'en faisant couler le sang d'un ami; la veille d'une bataille le sang humain ruisselait aussi, dans la barbare intention de se rendre les dieux propices.

Le Romains interdirent le culte des Druides, et peu à peu les cruautés cessèrent. La religion des Celtes se confondit avec celle de leurs maîtres, qui bientôt leur firent fabriquer des idoles et élever des temples à Jupiter, Mercure, Apollon, Minerve. Enfin il appartenait au christianisme de répandre la vraie lumière parmi les peuples et de faire tomber des préjugés infâmes et barbares.

Les Gaulois étaient bien faits et vigoureux; ils avaient, en général, la peau blanche et les cheveux roux; les uns portaient de longues barbes, les autres se rasaient. Pendant leurs repas qui consistaient ordinairement en fruits sauvages et en gibier, ils étaient assis sur des peaux de loups ou de chiens étendues par terre; leur boisson était une espèce de bière tirée de l'orge ; ils ne connaissaient le vin qu'après la conquête de la Gaule par les Romains. Leurs demeures construites avec du bois et de la terre glaise, n'avaient qu'un toit de chaume. Une robe unie ou bigarrée composait l'habillement des Gaulois, qui, lorsqu'ils allaient combattre, portaient un surtout grossier sur leur cuirasse ; un casque de métal couvrait leur tête ; le glaive, le javelot et la lance étaient leurs armes ; un grand bouclier les mettait à couvert des traits de l'ennemi. Leur occupation principale était la chasse, et ils s'adonnaient peu à l'agriculture. Ils avaient l'habitude de brûler leurs morts, ainsi que tout ce qui avait été cher au défunt ; souvent les parents se jetaient dans les flammes, pour prouver combien ils lui étaient attachés. Des restes de langue celtique se trouvent encore dans le dialecte parlé en Bretagne.

Les Romains possédèrent déjà plusieurs provinces des Gaules lorsque les Séquaniens et les Auvergnats qui habitaient la Franche-Comté et l'Auvergne, craignant d'être accablés par la puissance de Æduens, peuple de la Bourgogne, appelèrent à leur secours des Germains. Ceux-ci ne se firent point longtemps prier, et Arioviste, leur chef, s'empressa de passer le Rhin l'an 72 avant Jésus-Christ à la tête de 15,000 hommes. Il écrasa les Æduens ; mais bientôt les Séquaniens sentirent la faute qu'ils avaient commise d'avoir appelé chez eux des étrangers belliqueux et puissants. Arioviste dicta des conditions à ses alliés ; il s'empara de la Haute-Alsace, qu'il convoitait comme l'un des meilleurs pays des Gaules, et qui faisait le tiers du territoire des Séquaniens. D'autres Germains jaloux de la fortune de ceux qui avaient suivi leur prince, passèrent également le Rhin, et vinrent grossir l'armée d'Arioviste, qui en comptait déjà plus de 120,000 ; il chercha à étendre

les limites de ses cantons, et résolut même de subjuguer
les Gaules entières. Cependant les Séquaniens commencèrent à voir bien clair; ils se réconcilièrent avec les
Æduens, et, d'un commun accord, les deux peuples demandèrent l'assistance des Romains. Jules César, qui venait de battre les Helvétiens, la leur promit; plusieurs
considérations l'engageaient à veiller aux intérêts de la
Gaule, et à en prendre la défense; il trouvait dangereux
que les peuples de la Germanie prissent l'habitude de fran-
chir le Rhin, et de venir en foule dans la Séquanie, parce
que dès qu'ils l'auraient une fois envahie tout entière, ils
ne manqueraient pas, à l'exemple des Cimbres et des Teu-
tons, de marcher de là sur l'Italie; il n'y avait en effet
d'autre barrière que le Rhône entre la Gaule romaine et le
pays des Séquaniens. César jugea donc à propos de prévenir le danger; il envoya demander une entrevue à Arioviste; ce prince la refusa, et fit répondre, que s'il avait eu
besoin de César, il serait allé le trouver, et que si César
désirait une conférence, il n'avait qu'à venir lui parler;
qu'au reste les Romains n'avaient point à se mêler de ses
affaires. César, irrité de ce refus, manda à Arioviste d'empêcher les Germains de passer désormais dans les Gaules,
et de ne plus inquiéter les Gaulois, que les Romains consi-
déraient comme leurs frères. Arioviste méprisa ces remontrances, et repartit que, suivant le droit de la guerre, le
vainqueur imposait les lois qu'il voulait aux vaincus; il
vanta la valeur des Germains, qui, depuis quatorze ans,
dit-il, n'avaient d'autres demeures que leur camp. Aussitôt
César, afin de prévenir les intentions d'Arioviste, se mit
en marche avec son armée, et s'empara de Besançon, capitale des Séquaniens, où il trouva abondamment des
vivres et des munitions de guerre. Il s'était fait instruire

des chemins; mais pour éviter les gorges et les forêts, il fit un détour qui allongeait sa route de quarante milles, et, après sept jours de marche il entra en Alsace. Ses coureurs vinrent l'avertir qu'il n'était plus qu'à 24,000 pas (huit lieues) de l'armée des Germains. A la nouvelle de son approche, Arioviste lui envoya offrir l'entrevue qu'il avait refusée auparavant. César y consentit; mais il différa la conférence de cinq jours, pour avoir le temps de faire avancer son armée dans la plaine. Ce fut sur une éminence, à peu près au milieu des deux camps, que les deux généraux se rendirent, accompagnés chacun de dix cavaliers. Il y avait trop loin des prétentions de César à celles d'Arioviste, pour espérer un rapprochement; le Germain parlant avec sa fierté ordinaire, le proconsul vit qu'il fallait en venir aux mains. Ce dernier parlait encore, que la cavalerie ennemie s'approcha de la hauteur, en lançant des traits aux Romains. Deux jours après, Arioviste demanda une seconde entrevue; mais César lui ayant envoyé Valerius Porcillus, et M. Ficius, il les fit charger de fers. Le même jour, Arioviste, qui avait établi son camp au pied septentrional du mont Jura, s'avança de celui des Romains jusqu'à six milles, et le lendemain il passa deux milles au delà; César se saisit d'un poste avantageux, et pendant quatre jours il offrit la bataille à l'ennemi, qui ne l'accepta point, parce que des prêtresses l'avaient averti qu'il ne remporterait pas la victoire, s'il combattait avant la nouvelle lune. Enfin, César s'en approcha tellement près, qu'il le força de quitter son camp. Alors s'engagea le combat le plus opiniâtre et le plus sanglant. Harudes, Marcomans, Triboques, Vangions, Nemètes, Sédusiens et Suèves se rangèrent par nation à une égale distance, et barricadèrent les derrières de leur armée de chariots pour s'ôter l'espoir de fuir. Sur ces chars étaient des femmes qui, jetant des cris, et tout en pleurs, suppliaient leurs maris de ne pas les livrer en esclavage aux Romains. On se heurta avec tant d'impétuosité de part et d'autre, que les Romains ne pouvant plus lancer leurs javelots, se servirent de l'épée. Ils firent longtemps des efforts pour rompre les rangs serrés des Germains qui, avec leurs boucliers, formaient un véritable toit qui les couvrait. Alors les soldats romains s'élancèrent au-dessus de ces phalanges, saisirent leurs boucliers, et les leur arrachèrent des mains, ou les frappèrent par dessus ; les Germains se rompirent et prirent la fuite. Arioviste se sauva sur l'autre rive du Rhin ; la cavalerie romaine poursuivit les fuyards, et en fit un horrible carnage.

Il est difficile de marquer l'endroit où se donna ce combat, parce que les éditions des *Commentaires de César* ne s'accordent point sur le nombre des milles qu'il y avait entre le Rhin et le champ de bataille; quelques exemplaires parlent de 5000 pas, d'autres de 50,000 ; mais en général on donne la préférence aux 5000 pas ; et, d'après Beatus Rhenanus, cette célèbre bataille s'est donnée à Saint-Apollinaire, près de Bâle, l'an 58 avant Jésus-Christ.

Après la défaite d'Arioviste, l'Alsace jouit longtemps des douceurs de la paix ; la Basse-Alsace resta encore libre pendant un an et tomba ensuite pareillement au pouvoir des Romains.

§ 2. *Les Romains.*

La domination romaine commence en l'an 58 avant Jésus-Christ et finit en 407 de l'ère chrétienne, époque où les Romains furent chassés par les peuples du nord asservissant les Gaules.

Après l'assassinat de Jules César, Auguste ayant heureusement terminé les guerres civiles qui agitèrent le commencement de son règne, lui succéda en qualité d'empereur romain. Il fit plusieurs voyages dans les Gaules; dans son premier, il réforma la division des provinces et dès lors la Basse-Alsace fit partie de la Germanie supérieure. Claudius Drusus, surnommé Germanicus, fils de l'impératrice Clivie, en obtint le gouvernement ainsi que du reste de la Gaule; il ordonna, l'an 16 avant Jésus-Christ, l'érection des forts dont nous avons parlé dans le chapitre premier, et qui furent gardés par huit légions romaines.

La Basse-Alsace continua d'être militairement administrée par un gouverneur pendant plus de trois siècles. Constantin-le-Grand changea ces dispositions; il sépara l'administration civile de l'administration militaire. La Basse-Alsace fut réunie à la Germanie première qui fit partie de la préfecture des Gaules, administrée par un préfet (*præfectus prætorio*) et divisée en trois diocèses, dont chacun avait un vicaire qui, ainsi que le préfet, avait sa résidence à Trèves. La Basse-Alsace, comme portion d'un diocèse, était une province consulaire, sous la direction du gouverneur de Mayence. Les affaires de la guerre étaient soumises à un général de cavalerie et à un général d'infanterie; l'Alsace obéissait au général en chef de la cavalerie dans les Gaules; c'était le premier personnage après l'empereur; les ducs et les comtes recevaient ses ordres. Le district du duc de Mayence commençait à Seltz; ainsi Lauterbourg en dépendait. Les légions commandées par ces ducs et ces comtes étaient en garnison dans plusieurs places d'Alsace. L'administration de Lauterbourg en particulier ne peut pas encore être précisée à cette époque.

Sous la domination romaine, les mœurs alsaciennes s'adoucirent; les vastes et antiques forêts de l'Alsace furent défrichées en partie, et l'on commença à avoir soin de l'agriculture; l'empereur Probus permit la culture de la vigne dans cette province l'an 277 après Jésus-Christ. La langue celtique se perdit et fut remplacée peu à peu par la latine; plusieurs connaissances se propagèrent et les arts et métiers devinrent du goût du siècle.

Dans le commencement de la soumission des Gaules, aucun Gaulois ne jouissait du droit de citoyen romain; vers l'an 215 Caracolla l'accorda à tous les habitants de l'Alsace. Les noms des villes celtiques ayant été latinisés, l'on vit naître les dénominations d'*Argentoratum* ou *Argentoratus*, de *Helvetus*, de *Saletio* ou *Saliso*, de *Brocomogus*. Au moyen des nouveaux forts que Valentinien Ier fit élever, après avoir fait restaurer les anciens, d'autres villes et villages surgirent sur plusieurs points de ce pays.

Les Romains eurent soin d'établir de bonnes routes; la principale fut celle du Rhin qui de l'Italie allait, par l'Helvétie, à Strasbourg, Seltz, Lauterbourg et Mayence. On n'en trouve aucun vestige dans les environs de Lauterbourg. Une autre route qui conduisait à Concordia (Lauterbourg), commençait à Strasbourg, s'étendait à Brumath, et de là se dirigeait par Lauterbourg et Rheinzabern (*Taberna Rhenana*) à Spire. Celle-ci laisse encore des traces dans la banlieue de Lauterbourg, et sa direction la plus visible entre la route de Rheinzabern et cette portion du ban de Berg, appelée *Reissig*, est désignée encore aujourd'hui sous la dénomination de *Rœmerstrœssel;* elle paraît venir de Niederrœdern, où, en 1820, on a déterré, dans un champ non loin de ce chemin, un tombeau romain, contenant des urnes et des cendres. Les Romains enterraient ordinairement leurs morts le long et près des routes.

Dans ces temps le christianisme opéra une révolution immense dans les États de l'empire romain et fut une des causes de sa décadence. L'empereur Constantin embrassa la religion chrétienne vers l'an 311. On croit que saint Materne fut l'apôtre envoyé par saint Pierre en Alsace pour prêcher l'Évangile.

Cependant les Germains faisaient sans cesse des incursions dans les Gaules; ils culbutèrent quelquefois les légions romaines et ces victoires partielles leur donnèrent de l'audace; c'est ainsi qu'après avoir contraint à la retraite Barbation, général d'infanterie, ils crurent pouvoir écraser Julien, cousin de l'empereur Constance, qui l'avait fait proclamer César ou héritier présomptif du trône et l'avait chargé de la défense de la Gaule. Sept rois allemands s'allièrent et réunirent une armée de 35,000 hommes, qui, commandée par le fameux Chnodomaire, passa le Rhin et vint camper près de Strasbourg. Un soldat de la garde, pour se soustraire à la punition d'un crime, s'étant réfugié parmi les Germains, avait redoublé leur confiance, en les instruisant de la faiblesse des ressources de Julien, dont l'armée n'était que de 13,000 hommes. Chnodomaire ne doutant plus de la victoire, fit signifier à César qu'il eût à se retirer d'un pays acquis aux Alémans par la force de leurs armes. Julien ne lui fit point de réponse; il partit de Saverne qu'il avait fait fortifier, et après une marche de sept lieues, il arriva, vers midi, avec son armée, à la vue des ennemis. Soldats et officiers voulaient engager de suite le combat contre l'avis de leur général, forcé de céder à leur impatience; aussitôt toute l'armée s'avança vers un coteau couvert de moissons, non loin

des bords du Rhin; à son approche, les éclaireurs ennemis s'en retournèrent en toute hâte afin de porter l'alarme
dans leur camp. On en atteignit un qui fuyait à pied et
dont on tira des instructions. Chnodomaire commanda
l'aile gauche de son armée; la droite fut conduite par Sé-
rapion. Les deux ailes de l'armée romaine n'étaient composées que de cavalerie, l'infanterie tenait le centre. Julien commanda l'aile droite, et Sévère, général envoyé
d'Italie pour remplacer Marcellus, était à la tête de la
gauche; les Alémans, informés par des transfuges de l'ordre de bataille de Julien, renforcèrent leur aile gauche;
enfin le signal du combat est donné. Sévère s'étant avancé
jusqu'au bord d'un marais où était caché un corps d'infanterie ennemi, découvrit l'embuscade et s'arrêta. Julien
n'avait pas harangué ses soldats avant la bataille; il par-
courut les rangs de l'armée et l'exhorta à prendre courage;
on entendit en même temps du côté de l'ennemi un mur-
mure confus; les Alémans demandèrent que leurs rois
combattissent à pied pour partager avec eux tous les dan-
gers. Sur-le-champ Chnodomaire descendit de cheval, les
autres princes suivirent son exemple. Le combat commença
d'abord de loin; mais les barbares, après avoir lancé leurs
premiers traits, accoururent l'épée à la main. Chnodomaire
attaqua l'aile droite avec une telle fureur, que la cavalerie
romaine se vit débordée et prise en flanc par l'infanterie
ennemie; elle fut saisie de frayeur, et commença à fuir;
Julien s'élança à la tête des fuyards et les ramena aussitôt
au combat. L'infanterie qui occupait le centre combattit
bravement, et secondée par l'aile gauche, elle poussa vivement l'ennemi. Chnodomaire et les autres princes alémans, s'étant formés en corps, pénétrèrent jusqu'à la première légion placée au centre et repoussèrent les Romains;

2.

mais dans ce moment décisif un corps de réserve accourut et soutint ces derniers; alors ils fondirent avec tant d'impétuosité sur l'ennemi qu'ils rompirent ses bataillons et les mirent en fuite, passant au fil de l'épée tous les Alémans qu'ils rencontrèrent. La plupart des vaincus voulant passer le Rhin à la nage, y trouvèrent la mort, entraînés par le courant du fleuve. Chnodomaire échappé du carnage s'empressait avec deux cents cavaliers de regagner son camp près de Concordia (Lauterbourg), il devait y trouver une barque qu'il tenait prête pour repasser le Rhin en cas de défaite; mais il fut atteint dans des brousailles par un tribun romain et se rendit prisonnier; conduit à Julien, il lui demanda grâce en tremblant. César voulant cependant lui épargner la honte des fers, l'envoya, en témoignage de sa victoire, à l'empereur Constance, qui le fit conduire à Rome, où il mourut.

La nuit mit fin à ce combat, dans lequel les Romains ne perdirent que 243 hommes et 4 officiers; tandis que les Alémans laissèrent 6,000 de leurs soldats sur le champ de bataille. Il fut livré dans les environs de Schiltigheim, près de Strasbourg, l'an 357 après Jésus-Christ.

Julien s'en retourna à Saverne; de là il partit pour Mayence d'où il se rendit à Paris. Il revint, l'année suivante, sur les bords du Rhin, battre les Francs. Étant empereur, il abjura le christianisme et réhabilita le paganisme; ce qui lui fit donner le surnom d'Apostat.

Quoique les Alémans éprouvassent toujours des revers, ils ne continuèrent pas moins leurs incursions dans les Gaules; en 406 les bords du Rhin, abandonnés par les Romains, furent envahis par les Vandales et les Alains; ces hordes sauvages exercèrent toutes sortes d'horreur; les villes et les villages d'Alsace furent pillés et brûlés par eux.

Cette désolation ne dura cependant que jusqu'en 407, où le beau ciel du sud attira ces brigands vers l'Italie et l'Espagne. Cependant les Francs, qui habitaient les provinces voisines du Rhin, ne voyaient qu'avec jalousie tant de nations étrangères leur enlever une conquête qu'ils tentaient depuis si longtemps. Ils marchèrent contre les Vandales et les Alains, et en tuèrent 20,000 avec Godegisel, leur roi.

TABLE DES EMPEREURS ROMAINS.

30 ans avant Jésus-Christ, Auguste.	230 Maximin.
	238 Balbin.
14 ans après Jésus-Christ, Tibère.	238 Gordien.
	240 Philippe.
37 Caligula.	250 Dece.
41 Claude.	251 Gallus.
54 Néron.	253 Valérien.
68 Galba.	261 Gallien.
69 Othon, Vitellius.	268 Claude II.
69 Vespasien.	270 Aurélien.
79 Titus.	275 Tacite.
81 Domitien.	276 Probus.
96 Nerva.	282 Carus.
98 Trajan.	284 Dioclétien et Maximien.
117 Adrien.	305 Galère et Constance-Chlore.
138 Antonin-le-Pieux.	306 Constantin-le-Grand.
161 Marc-Aurèle.	337 Constance et Constant.
180 Commode.	361 Julien l'apostat.
193 Pertinax.	363 Jovien.
194 Sévère.	364 Valentinien et Valens.
211 Caracalla.	376 Gratien et Valentinien II.
217 Macrin.	379 Théodose-le-Grand.
218 Héliogaballe.	395 Honorius.
222 Alexandre Sévère.	423 Valentinien III.

Sous le règne de Valentinien III s'éteignit la domination romaine en Alsace; toutefois la possession de cette province ne passa définitivement aux Francs qu'après la défaite des Alémans par Clovis, à Tolbiac, l'an 496.

§ 3. *Les Alémans et les Francs.*

La période des Alémans et des Francs comprend l'époque (407), où divers peuples barbares dévastèrent l'Alsace. Les Francs s'étant emparés de ce pays, le conservèrent jusqu'à Louis, roi de Germanie, qui le réunit à l'Allemagne en 870.

On voit approcher, à grands pas, la décadence de l'empire d'occident; les Romains, ces guerriers autrefois si vaillants, trop impuissants de soutenir une de leurs plus belles conquêtes, abandonnent l'Alsace à la fureur des peuples du Nord. Schœpflin croit qu'après le départ des Vandales et des Alains, les Alémans s'y établirent. Cette province toute dévastée encore, va devenir derechef le théâtre des plus atroces cruautés. Attila ou Etzel, roi des Huns, surnommé le fléau de Dieu et des nations, vint fondre sur les Gaules, mettant tout à feu et à sang, pillant les églises et renversant les autels. Les provinces du Rhin furent les premières exposées à sa fureur, et comme l'Alsace était sans défense, ses villes furent incendiées; Strasbourg, Seltz, Lauterbourg, après avoir été saccagés, devinrent la proie des flammes. Femmes, enfants, veillards, prêtres, tous périrent de la main des brigands d'Attila· Cependant Ælius, général de l'infanterie romaine, qui était alors en Italie, avait repassé les Alpes, et s'était rendu à Arles avec peu de troupes, comptant sur celles qu'il trouverait sur les lieux; en effet, les Francs et les Visigoths se joignirent à lui, et c'était dans les plaines de Châlons-sur-Marne qu'on attendait le plus terrible des monstres.

Pour donner une parfaite idée au lecteur de la barbarie d'Attila, nous citerons l'allocution qu'il fit à ses soldats au moment d'engager le combat; nous empruntons cette fameuse harangue à l'histoire de la Gaule, par M. de Marincourt.

«Braves guerriers, ce serait vous faire outrage que de chercher à vous inspirer la valeur et la confiance en votre chef; après avoir conquis ensemble une partie de l'univers, nous ne pouvons ignorer, moi, qui vous êtes, vous, qui je suis; laissons le soin des harangues vulgaires à ces généraux mal assurés, qui traînent après eux des armées timides et chargées de la langueur de la paix; l'instinct de vos nations, c'est la guerre et la vengeance. Une bataille est pour vous un jour de fête, célébrons celle-ci avec joie : Voilà vos victimes, immolez-les à votre gloire, aux mânes de vos compagnons d'armes égorgés par surprise. Ici la bravoure n'aura pas à se défendre des ruses de la lâcheté; ces vastes campagnes ne peuvent réceler aucune embuscade, tout est ouvert, tout est assuré à la valeur.

« Savez-vous quelle armée vous avez à combattre? Un amas confus de peuples timides, efféminés, qui se craignent, qui se haïssent, et qui se déchiraient par la guerre avant que la crainte de vos armes ne les eût réunis et précipités les uns dans les autres; ils tremblent déjà avant la bataille. C'est la terreur qui les a emportés sur cette éminence; ils frémissent de ne voir autour d'eux que des plaines; ils cherchent les rochers, les montagnes pour se mettre à l'abri de vos coups; ils voudraient pouvoir se cacher jusque dans les nues. Nous connaissons déjà les Romains, je ne crains que la promptitude de leur fuite : vaincus avant le combat, ils ont coutume de s'enfuir devant la poussière des pieds de nos chevaux. Ne leur laissez pas le temps de se mettre en bataille, jetez-vous sur leurs cohortes mal assurées, et, sans vous arrêter à poursuivre sur eux la victoire, enfoncez les Bourguignons, les Alains, les Francs, les Visigoths ; voilà ceux qu'il faudra combattre, ce sont là les colonnes de l'armée, tout le reste tombera avec eux.

« Songez que votre destin n'est pas dans les mains de l'ennemi ; nul trait n'atteindra ceux que Mars réserve pour célébrer la victoire ; mais ceux qui doivent périr trouveront la mort loin même du péril : c'est dans ces plaines que vous allez recueillir enfin le fruit de tous vos travaux. Oui, la fortune ne vous a sauvés de tant de batailles que pour vous récompenser aujourd'hui par un plus grand triomphe ; c'était pour vous conduire en ces lieux qu'elle ouvrait à vos ancêtres la route des Palus-Méotides fermée, inconnue pendant tant de siècles, et qu'elle vous a ramenés vous-mêmes des frontières de la Tartarie à travers le Taurus et le Caucase ; souvenez-vous de tant de nations que chassait devant vous la terreur de votre nom, de la Mœsie, de la Macédoine, de la Thrace, de la Pannonie, dont les ruines attesteront à jamais notre passage ; songez que vous allez combattre sous les yeux de l'Orient et de l'Occident ; armez-vous de cette fureur qui fait frémir l'univers, plongez-vous dans des flots de sang, abreuvez-vous de carnage ; que celui qui se sentira frappé d'une blessure mortelle, ne meure qu'après avoir égorgé son ennemi. J'irai le premier au combat ; vous me verrez partout, donnant l'exemple de la fureur et du carnage ; marchons, et malheur à quiconque refusera de suivre Attila. »

Aussitôt s'engagea une bataille terrible et extrêmement sanglante ; une espèce de rage animait les combattants que la nuit seule pouvait séparer ; 180,000 hommes, des deux armées, restèrent sur le champ de bataille ; elle fut livrée le 20 septembre 451. Les Romains et leurs alliés ne se re-

connurent vainqueurs que lorsqu'ils virent Attila lever son
camp; il marcha en ordre et regagna le Rhin, pour re-
tourner dans ses États. L'Alsace, à son retour, fut une seconde fois en proie à la fureur de ce Barbare désespéré.

L'empire d'Occident tomba en décadence de jour en
jour; et de ses débris se formèrent de nouveaux royaumes;
en 476, Augustule, le dernier des empereurs romains, fut
déposé par Odoacre, roi des Hérules, et avec lui cessa la
domination romaine dans tout l'Occident.

Les Gaules passèrent au pouvoir des Francs, peuple originairement établi entre le Rhin, le Mein et le Weser; ils
donnèrent à ce pays le nom de France. Clodion était leur
roi en 427. Mérovée, le fils cadet de Clodion, lui succéda
l'an 448; c'est lui qui donna son nom à la première dynastie de France. Il eut pour successeur, en 456, son fils
Childeric. Clovis, fils de ce dernier, monta sur le trône en
481, âgé de quinze ans.

Syagrius commandait encore au nom des empereurs
romains dans les villes de Soissons, de Châlons et de
Rheims; il prit le titre de roi après la déposition d'Augustule; Clovis le défit près de Soissons en 486, s'empara de
ces places, et anéantit ainsi la domination des Romains
dans les Gaules.

Les Alémans se remuèrent de nouveau; ils rassemblèrent des forces pour envahir l'Alsace où ils s'établirent
en effet; mais Clovis, qui regardait cette province comme
une partie de son royaume, marcha contre eux, et les
écrasa totalement à Tolbiac en 496. Il désespérait d'abord
de la victoire qui demeurait longtemps douteuse; dans
cette extrémité, s'adressant ensuite au Dieu des chrétiens
que sa femme Clotilde adorait, il fit vœu de se faire bapti-
ser s'il restait vainqueur. A peine eut-il prononcé ces pa-

roles qui furent entendues des officiers et des soldats, que ses troupes se rallièrent, enfoncèrent les ennemis, tuèrent leur roi, et les mirent en fuite. Dans cette journée, dit Rhenanus, les Alémans perdirent leur gloire et leur liberté; l'Alsace n'eut plus rien à craindre de ces voisins qui l'avaient tant de fois ravagée, et elle commença alors à faire partie du royaume de France.

Plusieurs auteurs modernes s'accordent à dire que c'est à Tolbiac (à huit lieues de Cologne, dans le duché de Juliers) que s'est donnée cette fameuse bataille; mais Henschen, Laguille et Grandidier sont d'un avis contraire, et croient que c'est aux environs de Strasbourg que Clovis défit les Alémans. Il s'aquitta bientôt de sa promesse; il partit pour Rheims, où il se fit recevoir chrétien à la fête de Noël en 496 par saint Rémi. A commencer de cette époque, la tranquillité fut rendue à l'Alsace; les villes et villages sortirent de leurs cendres, l'agriculture n'éprouva plus d'entraves, et le christianisme qui fut bientôt embrassé par tous les habitants de ce pays, adoucit leurs mœurs. Dans cette période, il reçut le nom d'Alsace; le Rhin, le Jura, les Vosges et la Lauter furent ses limites.

Les Gaules ayant été divisées après la mort de Clovis en trois royaumes, l'Alsace, comprise dans le duché d'Alémanie, fit partie de l'Austrasie, dont la ville capitale était Metz. Au commencement du septième siècle, elle fut séparée du duché d'Alémanie, et reçut un duc particulier; elle fut aussi réunie au nouveau royaume de Lorraine, lors du partage de la monarchie des Francs entre les petits-fils de Charlemagne, par le traité de Verdun en 843; mais elle n'en fit partie que pendant vingt-sept ans, ayant été réunie à l'empire d'Allemagne lors d'un autre partage fait en 870 entre Charles-le-Chauve et Louis-le-Germanique.

Sous les Francs, deux grands cantons (Gaue) se formèrent en Alsace : l'un appelé Sudgau ou Sundgau (canton
du Sud) comprenait la Haute-Alsace; l'autre nommé Nordgau (canton du Nord), renfermait la Basse-Alsace; ce dernier a été subdivisé en petits cantons, portant la dénomination de comtés qui étaient composés de villes, de villages,
de hameaux et de châteaux. Le comté de Lauterbourg gouverné par un Burggrave doit son origine à cette organisation.

Nous venons de dire que l'Alsace dépendait du duché
d'Alémanie; mais au septième siècle elle eut un duc particulier en la personne d'Adalrich, Attich ou Eticho, élevé
à cette dignité par Childéric II, en 670. C'était le père de
sainte Odile. Son fils Adelbert lui succéda ; ce dernier eut
pour successeur son fils Leutfried. En 867, Hugues, fils
naturel de Lothaire II, roi de Lorraine, fut nommé duc
d'Alsace par son père; mais Charles-le-Gros, après lui avoir
fait crever les yeux, le fit entrer dans un couvent, sans lui
donner un successeur. Hugues, dernier duc d'Alsace sous
les Francs, fut le premier sous les empereurs d'Allemagne.
Ceux-ci ne firent toutefois administrer cette province que
par des comtes qui, abusant souvent de leurs droits, dégénérèrent en véritables défenseurs des priviléges du clergé
et des villes libres. Ils administraient la justice, et veillaient à la rentrée des revenus du prince. Sous eux étaient
lès vicomtes, les centeniers (juges sur cent familles), les
dizeniers (juges sur dix familles), les échevins ou assesseurs et les administrateurs des communes.

En cas de guerre, les ducs et les comtes étaient obligés
d'amener le contingent de soldats prescrit. Tout homme
libre était soldat et à ses frais, car il défendait sa propriété;
au lieu de solde, il avait sa part au butin. Les évêques élus

alors par le clergé et le peuple, étaient tenus, comme vassaux du roi, de suivre l'armée; mais ils furent plus tard libérés du service personnel.

Outre leur part au butin, le roi accordait aux ducs; aux comtes, aux Leudes, aux seigneurs, aux généraux et aux soldats des bénéfices militaires, appelés ensuite fiefs, qui comprenaient des terres dont ils avaient la jouissance viagère, à titre de vassaux ou fidèles, à la charge de suivre le souverain à la guerre; des serfs ou captifs étaient attachés à la culture de ces biens-fonds qui, après le décès du vassal, retournaient au roi. A l'instar du roi, les grands propriétaires donnaient également des terres à leurs fidèles, sous le nom d'arrière-fiefs. Le donateur conserva le titre de suzerain; ainsi le service militaire devint une charge attachée à la terre. Les possesseurs des terres libres ou francs-alleux n'étaient tenus que du service personnel; ceux des fiefs combattaient à la tête des arrière-vassaux et des serfs appartenant à leurs bénéfices. Les seigneurs étaient à cheval, tout le reste à pied; tous avaient des armes pareilles : le casque et la cuirasse, la targe ou le pavois, l'épée, la lance ou le javelot. Ce système féodal engendra des haines entre les seigneurs qui entreprirent de se faire la guerre et se pillèrent les uns les autres à l'insu du roi; le pauvre laboureur eut principalement à souffrir de ces hostilités continuelles. La civilisation recula; les couvents seuls possédaient les sciences et les arts, les nobles ne s'occupaient que de la guerre et de la chasse; ils ignoraient même l'art d'écrire; de là l'ignorance, le fanatisme et l'inquisition du moyen âge.

Enfin parut Charlemagne, ce prince encouragea et protégea les arts et les sciences; il fit la conquête de l'Allemagne et de l'Italie; couronné à Rome en 800, et proclamé empereur des Romains, il mourut en 814, à l'âge de soixante-douze ans, après un règne glorieux de quarante-sept années. Ses petits-fils partagèrent entre eux ses États; l'Alsace échut à Louis-le-Germanique, et demeura réunie à l'Allemagne à partir du 8 août 870.

Depuis Clodion jusqu'à ce partage, la monarchie des Francs dont l'Alsace fit partie, compte les rois suivants:

Années de leur règne.		Années de leur règne.	
427	Clodion.	670	Childéric II.
448	Mérovée.	674	Thierry, fils de Clovis II.
456	Childéric I.	690	Clovis III.
481	Clovis I.	695	Childebert II, le jeune.
511	Childebert I.	711	Dogobert II.
560	Clotaire I.	715	Clotaire IV.
562	Caribert.	716	Chilpéric II.
567	Chilpéric.	720	Thierry II.
584	Clotaire II.	742	Childéric III l'Insensé.
628	Dagobert I.	751	Pepin-le-Bref.
638	Clovis II.	768	Charlemagne.
656	Clotaire III.	814	Louis-le-Débonnaire.

§ 4. *Les Allemands.*

La domination allemande s'étend de 870 jusqu'à 1648, époque du traité de paix de Westphalie, par lequel l'Alsace fut incorporée à la France.

L'Alsace a été administrée de 870 à 918 par des agents impériaux; Conrad Ier, empereur d'Allemagne l'érigea de nouveau en duché, et accorda en 918 la dignité de duc à Bourkard, puissant seigneur de la Souabe. Cette dignité devenue héréditaire, dura jusqu'en 1268, où Conradin, fils unique de Conrad IV, empereur d'Allemagne, fut décapité à Naples. A partir de cette époque, elle devint une province immédiate de l'empire. La justice était toujours rendue par deux comtes, qui, excédant leurs droits, prirent le titre de Landgraves. L'Alsace comprenait donc, dans le treizième siècle deux Landgraviats, le haut et le bas. Le comté de Lauterbourg, gouverné d'abord par un Burg-grave résidant au château, fit partie du Landgraviat inférieur; en 1254, l'empereur Guillaume céda ce comté au chapitre de Spire, qui le garda jusqu'à la révolution française. Les deux landgraviats ont été abandonnés à la France par le traité de paix de Westphalie, en 1648.

Des guerres intestines ravagèrent l'Allemagne pendant plus de quatre siècles. Les nobles bâtirent des châteaux et des forts dont on voit encore aujourd'hui les ruines sur les hauteurs et les rochers; le château actuel de Lauterbourg doit son origine à cette époque où prévalut le droit du plus fort. Les grands et les nobles se rendaient justice eux-mêmes; quand ils avaient quelque contestation à vider, ils fondaient à l'improviste, avec leur troupe armée, sur le territoire de leur ennemi et saccageaient tout.

Pendant la confusion causée en Allemagne par la guerre civile, les villes du Rhin et plusieurs princes voisins se coalisent et forment pour le maintien de la paix publique, la célèbre confédération du Rhin, sanctionnée par l'empereur Guillaume en 1255, à Oppenheim. Strasbourg, Colmar, Sélestat, Brisach, Haguenau, Wissembourg, Lauterbourg, Bâle en font partie.

Rodolphe, comte de Habsbourg, fut élu empereur d'Allemagne en 1273; des désastres survenus en Alsace le forcèrent à visiter cette province. Les habitants de Lauterbourg se révoltèrent contre l'empereur qui, après avoir fait bloquer la ville, la prit après une résistance de plusieurs semaines. Rodolphe leur pardonna; il est mort à Germersheim le 30 septembre 1291, et est enterré dans le caveau impérial à Spire.

L'invention de l'imprimerie par Gutenberg, à Strasbourg, de 1436 à 1440, contribua puissamment aux progrès des lumières; l'erreur et les préjugés disparurent, et la vérité se fit jour à travers les guerres civiles nombreuses dont l'Allemagne a été le théâtre.

Maximilien Ier rétablit, en 1495, la paix publique, après avoir fait ériger une cour souveraine où étaient portés les différends des membres immédiats de l'empire. La bravoure était alors la première des vertus; à défaut de la guerre, les nobles s'exerçaient dans les tournois qui étaient des jeux chevaleresques.

Cependant vers le seizième siècle, l'architecture et les beaux-arts sont en voie de progrès; l'horloge astronomique de la cathédrale de Strasbourg, confectionnée en 1571 par Isaac Habrecht de Schaffhouse, l'atteste hautement; ce chef-d'œuvre qui pendant un grand nombre d'années était dérangé dans son mécanisme, vient d'être entièrement rétabli par l'habile M. Schwilgué, mécanicien à Strasbourg.

En 1609 la Basse-Alsace fut le théâtre de ravages et d'incendies; le duc de Juliers étant mort sans délaisser de proches héritiers, plusieurs princes formèrent des prétentions sur cette riche succession. Rodolphe II, pour prévenir la guerre, crut devoir occuper militairement le duché en attendant la décision; mais on douta de ses bonnes intentions, et pour faire échouer tant son projet d'agrandissement que pour défendre leur nouvelle religion, des princes protestants auxquels se joignirent quelques villes, entre autres Strasbourg, formèrent en 1610 l'alliance connue sous le nom d'union évangélique; à sa tête on remarquait le comte palatin Frédéric de Neubourg, l'électeur de Brandebourg, le margrave de Bade, le duc de Wurtemberg, les princes d'Anhalt, d'Anspach et d'Œttingen;

Chrétien d'Anhalt commandait les troupes soutenues par Henri IV, roi de France. On opposa à l'union une autre confédération appelée la ligue; à la tête de ce parti se trouvaient l'évêque de Cologne, de Mayence, de Trèves, de Worms, de Spire; le duc de Bavière en était le chef; leur but était de défendre leurs droits et leurs libertés, et principalement la religion catholique. Les troupes de l'union passèrent le Rhin et attaquèrent les soldats de la ligue; Erneste, comte de Mansfeld, colonel autrichien, les chassa de l'Alsace, et surprit Lauterbourg, où il commit de grands dégâts. Mansfeld quitta subitement le service autrichien, et passa du côté de l'union. Enfin le 27 août 1610 fut conclue la paix à Wilstett, par laquelle les deux partis s'engagèrent à évacuer l'Alsace.

Mais les esprits étaient alors trop aigris pour maintenir la paix; des troubles survenus en Bohème causèrent cette guerre terrible qui dura trente ans, et qui désola toute l'Allemagne. L'empereur Mathias meurt au milieu de ces désordres; Ferdinand II, son cousin, lui succède; les Bohémiens le déclarent déchu de leur couronne et élisent pour leur roi l'électeur palatin, Frédéric V, chef de l'union; dans une bataille près de Prague, Maximilien de Bavière, chef de la ligue, est vainqueur de Frédéric V, qui s'enfuit dans les Pays-Bas.

En 1620 les Espagnols entrent dans le Palatinat au nombre de 24,000 hommes, et ravagent ce beau pays; le comte de Mansfeld arrive au secours du Palatinat avec 22,000 hommes, et chasse l'ennemi de Frankenthal; de là il se jette dans la Basse-Alsace, vivant partout du fruit de ses rapines; il s'attacha d'abord à Lauterbourg, que ses soldats rapaces pillèrent; à leur approche tout le monde s'enfuit. L'évêque de Strasbourg opposa une armée à Mansfeld qui reçut un secours inattendu. Gustave-Adolphe, roi de Suède; secondé par la France jalouse de la puissance d'Autriche, battit les Autrichiens près de Leipsic en 1631; il fit avec la France une alliance, par laquelle les deux parties s'engagèrent à protéger les princes de l'empire chassés de leur pays.

Les Suédois, conduits par le général Horn, paraissent en Alsace avec le Rhingrave Otton-Louis. Ils soumettent presque toutes les villes de cette province; mais Gustave-Adolphe périt le 6 novembre 1632 dans la bataille de Lutzen.

Les ressources des Suédois s'épuisèrent néanmoins, et ils demandèrent des secours à la France, offrant à cette puissance toutes leurs conquêtes en Alsace. Richelieu saisit cette occasion de s'emparer d'une province que la France avait convoitée depuis longtemps. Colmar, Sélestat et autres villes furent occupés de suite par les Français. Les Suédois ne gardèrent que Benfeld.

Le duc Bernard de Weimar entra en Alsace, l'an 1637, et s'empara de Brisach, dernier boulevard des Autrichiens dans ce pays. Il mourut le 8 juillet 1639; la France recueillit sa succession et occupa Brisach. Enfin le 24 octobre 1648, un traité de paix fut signé à Munster et à Osnabrück, et la paix troublée depuis trente ans, fut rétablie.

Par ce traité, appelé la paix de Westphalie, l'Alsace fut réunie à la France.

Voici la liste des souverains d'Allemagne qui, dans cette période, ont régné sur l'Alsace; ils se faisaient couronner empereurs romains par le pape, ou par l'archevêque-électeur de Cologne, ou par celui de Mayence; cette haute dignité n'était plus héréditaire après l'extinction de la dynastie carlovingienne; sept princes allemands s'arrogèrent le droit d'élire les empereurs des Romains; Charles IV, par sa bulle d'or, publiée en 1350, confirma les sept électeurs dans leur prérogative.

Années de leur règne.		Années de leur règne.	
840	Lothaire.	1212	Frédéric II.
855	Louis II.	1250	Conrad IV.
875	Charles-le-Chauve.	1254	Guillaume de Hollande.
880	Charles-le-Gros.	1273	Rodolphe de Habsbourg.
887	Arnoul.	1292	Adolphe de Nassau.
900	Louis IV dit l'enfant.	1298	Albert I.
	L'Allemagne devint un empire électif.	1308	Henri VII.
		1314	Louis de Bavière.
911	Conrad I.	1347	Charles IV.
918	Henri I, surnommé l'Oiseleur.	1378	Wenceslas.
		1400	Robert.
936	Otton I.	1410	Sigismond.
973	Otton II.	1437	Albert II.
983	Otton III.	1439	Frédéric III.
1002	Henri II.	1493	Maximilien I.
1024	Conrad II.	1519	Charles V.
1039	Henri III.	1558	Ferdinand I.
1056	Henri IV.	1564	Maximilien II.
1106	Henri V.	1576	Rodolphe II.
1125	Lothaire II.	1612	Mathias.
1137	Conrad III.	1619	Ferdinand II.
1152	Frédéric I, Barberousse.	1637	Ferdinand III.
1190	Henri VI.		Sous le règne de ce dernier empereur, la province de l'Alsace fut incorporée à la France.
1197	Philippe.		
1208	Otton IV.		

§ 5. *Les Français.*

La période française prend son commencement en 1648, et continue d'être jusqu'à nos jours; elle se subdivise en deux époques:

1° De Louis XIV (1648) jusqu'à la révolution française (1789);

2° De 1789 jusqu'à nos jours.

DE 1648 A 1789.

Après la conclusion de la paix de Munster, beaucoup de difficultés restèrent encore à aplanir, et les Suédois cantonnèrent encore pendant deux ans en Alsace, attendant le payement de leurs frais de guerre.

· L'Alsace eut un gouverneur, chargé principalement des affaires militaires ; un intendant donnait ses soins à l'administration de la justice, des finances et de la police ; un préteur royal veillait au maintien des lois et aux intérêts de la couronne dans les villes libres. Le gouverneur duc de Mazarin exigea que les députés de ces villes prêtassent au roi de France, leur souverain, le serment d'obéissance et de fidélité. Après quelque résistance il fut prêté le 10 janvier 1662. Lauterbourg le prêta seulement en 1680.

Un conseil souverain fut appelé à résider à Colmar en 1699 ; ses attributions étaient de rendre la justice. A cette cour souveraine ressortissaient entre autres régences et siéges de justice les officialités de l'évêque de Spire.

La France déclara, en 1672, la guerre à la république des Pays-Bas-Unis ; l'empereur Léopold, les Espagnols et les électeurs de Brandebourg et de Saxe prirent la défense des républicains. Turenne et Condé s'opposèrent aux Allemands commandés par le duc de Lorraine, par l'électeur de Brandebourg et par Montecuculi. Au mois de mars 1674, Turenne entra dans le Palatinat ; il battit l'armée impériale entre Philippsbourg et Mayence ; les alliés s'étant portés sur Strasbourg pour forcer le passage du Rhin, Turenne les suivit ; il s'engagea entre les deux parties un combat qui laissa la victoire indécise. Les troupes allemandes se décidèrent à repasser le Rhin ; par cette retraite les Fran-

3.

çais devinrent de nouveau maîtres de l'Alsace. Turenne les suivit, Montecuculi marcha à sa rencontre; et le 27 juillet 1675, pendant que Turenne observa les mouvements de l'armée impériale, un boulet de canon le frappa sur l'estomac. Le comte de Lorges ramena les Français honorablement en Alsace.

Ce fut pendant les ravages de cette guerre qu'en 1678 les neuf dixièmes de la ville de Lauterbourg devinrent la proie des flammes; les Français furent les auteurs de ce désastre; ces derniers, en général, exercèrent à cette époque beaucoup de cruautés en Alsace.

Les hostilités continuèrent entre les Français et les impériaux jusqu'à la conclusion de la paix de Nimègue arrivée le 5 février 1679. Philippsbourg fut cédé à l'empereur qui abandonna à la France Fribourg dans le Brisgau. En 1680, le tribunal de Brisach qui fit partie des chambres de réunion, obligea les habitants de l'Alsace, entre autres ceux de Lauterbourg, à prêter au roi de France le serment de fidélité, sous peine de confiscation des biens et d'exil.

En 1688 éclata une guerre sanglante entre Louis XIV d'une part, et l'Allemagne, l'Espagne, la Hollande et la Savoie d'autre part; elle dura neuf ans; la paix de Ryswik y mit fin le 30 octobre 1697. En vertu du traité de cette paix, toutes les places sises hors de l'Alsace en possession des Français, telles que Kehl, Philippsbourg, Fribourg et le Vieux-Brisach furent restituées à l'empereur, qui de son côté renonça à tous ses droits sur Strasbourg; cette ville s'était déjà rendue à la France le 30 septembre 1681 à la suite d'une capitulation.

La guerre de la succession d'Espagne éclata en 1701; après la mort de Charles II, roi d'Espagne, qui, à défaut d'héritiers naturels, avait nommé pour son successeur

Philippe d'Anjou, petit-fils de Louis XIV, l'Autriche qui prétendit également à cette succession, l'Angleterre et la Hollande virent d'un œil jaloux que la puissance de la France s'agrandît dans la Péninsule. L'Alsace eut aussi sa part à cette guerre. Louis de Bade était à la tête des impériaux; le maréchal de Villars commandait l'armée française; plusieurs combats eurent lieu; les Autrichiens envahirent l'Alsace, et à cette ocçasion Lauterbourg fut bombardé en 1705.

La paix d'Utrecht ne fut conclue en 1713 qu'entre l'Angleterre et la Hollande d'un côté, l'Espagne et la France de l'autre; l'empire continua la guerre contre la France. Le maréchal de Villars s'empara de Landau; enfin le traité de paix de Rastadt terminé à Bade en Suisse le 6 mars et le 7 septembre 1714 mit fin à cette guerre. Le traité de Ryswik y fut confirmé.

La guerre de la succession d'Autriche commença en 1744; après la mort de Charles VI, arrivée en 1740, son enfant unique Marie-Thérèse était mariée au duc François de Lorraine. L'électeur de Bavière, en qualité de descendant de Ferdinand Ier, forma des prétentions sur l'héritage de l'empereur; soutenu par la France, ce prince envahit la Bohême et l'Autriche, et parvint à se faire élire empereur sous le nom de Charles VII; Marie-Thérèse qui était à la tête de la monarchie, avait partagé le gouvernement avec son époux; secondé par les Hongrois et les Anglais, Charles de Lorraine entra en Alsace avec 40,000 hommes. Tout le monde prit la fuite. Les Hongrois poursuivirent les fuyards, pillèrent et saccagèrent les villes et la campagne. Cette invasion est connue sous le nom vulgaire d'alarme des Pandours. Le prince Charles avait établi son quartier-général à Lauterbourg; il occupa Wissembourg et les lignes pour couper la communication de l'Alsace au maréchal de Coigny, qui était avec son armée près de Worms et de Spire. Ce dernier s'avança vers l'ennemi, lui livra bataille le 6 juillet 1744, força les lignes de Lauterbourg, et se rendit maître de Wissembourg. Quoique les Autrichiens remportassent en Alsace plusieurs avantages sur les Français renforcés même par un corps d'armée commandé par le duc d'Harcourt, venu au secours du maréchal Coigny, le prince Charles se vit dans la nécessité d'abandonner ce pays, ayant reçu des dépêches qui l'instruisirent de l'entrée en Bohême du roi de Prusse, Frédéric II. Il passa aussitôt le Rhin à Beinheim le 24 août 1744. Les Français le poursuivirent, et la guerre est portée sur l'autre rive du Rhin.

DE 1789 A 1843.

Le mauvais état des finances obligea le roi de convoquer les états-généraux qui depuis 1614 n'avaient plus été réunis; ils s'assemblèrent à Versailles le 5 mai 1789, et se composaient de 300 députés de la noblesse, de 300 du clergé et de 600 du tiers-état. La noblesse et le clergé se séparèrent dès le lendemain des députés du peuple et tinrent des séances particulières; ils rejetèrent le vote par tête, et demandèrent le vote par ordre; le tiers-état persista dans la demande du vote par tête; après cinq semaines de résistance, les députés du tiers-état se constituèrent en assemblée nationale.

Cette résolution hardie embarrassa davantage le gouvernement; on ferma la salle des états, et l'on prépara une séance royale. Le monarque y parut, et fut reçu dans un profond silence. Il ordonna le maintien des trois ordres, et annula les arrêtés du tiers-état pris comme assemblée nationale, ayant menacé de dissolution les états, en cas qu'ils ne se conformassent point à sa volonté. En se retirant, le roi invita les députés à se séparer; la noblesse et le clergé obéirent; les députés du peuple restèrent sur leurs siéges; ils maintinrent leurs arrêtés, et décrétèrent l'inviolabilité de leurs membres. La noblesse et le clergé se joignirent à l'assemblée, et le 27 juin 1789 les trois ordres se réunirent dans la salle commune.

La cour mal conseillée méconnaissait la situation des esprits; des troupes s'avancèrent sur Paris et Versailles; l'assemblée pria en vain le roi de les éloigner; Necker, ministre du roi et favori du peuple, fut renvoyé, la capitale était dans une grande fermentation; enfin arriva le 14 juillet; la Bastille, qui était une prison d'État, fut enlevée, et ses murailles furent rasées; le sang ruisselait dans Paris! Sur ces entrefaites, Louis XVI se présenta à l'assemblée, et la rassura sur ses intentions. Les troupes s'éloignèrent de Paris et de Versailles, et Necker fut rappelé. L'assemblée s'occupa alors du grand œuvre de la constitution française.

Le 4 août, elle abolit le système féodal, les priviléges de la noblesse et du clergé, les corvées, les dîmes, les droits seigneuriaux, les corporations et les maîtrises.

Le 19 octobre, elle tint sa première séance à Paris.

En 1790, le royaume est divisé en départements; chaque département en districts, chaque district en cantons; des municipalités remplacent les magistrats des communes. L'administration civile est séparée de celle de la justice et des finances. Tous les employés, les législateurs, les administrateurs, les juges et les évêques sont élus par le peuple.

Dans la nuit du 20 juin 1790, le roi s'enfuit avec sa famille; mais il est arrêté à Varennes, reconduit prisonnier à Paris et suspendu. La monarchie constitutionnelle est encore maintenue, et le roi rendu à la liberté; il adopte la constitution sans réserve, le 14 septembre 1791.

Le 30 septembre, l'assemblée nationale se sépara.

L'Alsace forma deux départements; ceux du Haut-Rhin et du Bas-Rhin; Strasbourg devint le chef-lieu de ce dernier. Une administration départémentale y fut établie; à ce département furent réunies les possessions des princes étrangers, enclavées dans son territoire, entre autres celles du prince-évêque de Spire, sans avoir égard aux traités; mais on promit aux princes un dédommagement.

Les districts avaient leurs administrations particulières subordonnées à celles départementales, et un tribunal. On les divisa en cantons, dont chacun avait un juge de paix.

Le jury fut institué; il examinait les procès criminels portés devant un tribunal particulier, et rendait son verdict d'acquittement ou de culpabilité; les juges appliquèrent la loi.

On établit dans chaque commune une municipalité composée de plusieurs membres et d'un maire. Lauterbourg protesta contre cette organisation; mais rentra bientôt dans l'ordre.

Le 1ᵉʳ octobre 1791, l'assemblée législative ouvrit sa session; des partis se formèrent dans son sein et se prononcèrent fortement les uns contre les autres. Le roi, usant de son pouvoir constitutionnel, ayant rejeté deux décrets de l'assemblée, la population irritée assaillit, le 10 août 1792, les Tuileries; le roi se sauva dans l'enceinte de l'assemblée législative, qui le même soir décréta la suspension de Louis XVI et la convocation d'une convention nationale. La famille royale fut arrêtée et transférée à la prison du temple.

L'Autriche et la Prusse s'allièrent et firent marcher une armée contre la France ; le 24 août Longwy capitula ; Verdun fut bombardé. Dumouriez s'avança contre les Prussiens ; le brave Kellermann les battit à Valmy le 20 septembre 1792.

Le 21 septembre s'assembla la convention nationale ; dans sa première séance, elle abolit la royauté et proclama la république qui data du lendemain 22 septembre 1792. Quoique la constitution eût déclaré la personne du roi inviolable, Louis XVI fut condamné à mort, et mourut sur l'échafaud le 21 janvier 1793. La reine, la sœur du roi, et le duc d'Orléans terminèrent leur vie de la même manière un peu plus tard.

Un comité de salut public dont Robespierre était le président, et un comité de sûreté générale prirent en juin 1793 les rênes du gouvernement, et répandirent la terreur par toute la France. La guillotine était en permanence ; les églises furent fermées, la religion chrétienne fut proscrite, et les bonnes mœurs furent bannies. On ne respecta point la propriété, et l'on profana tout ce qui était sacré aux yeux de l'homme. Robespierre, Saint-Just et Marat étaient à la tête de ces scélérats.

Le 28 juillet 1794 (9 thermidor de l'an II) fut le jour de la délivrance pour les Français. Robespierre tomba, et après sa chute, la convention suivit des principes plus modérés.

Cependant les Prussiens envahirent l'Alsace ; il s'emparèrent de Landau, de Wissembourg et de Lauterbourg, les Autrichiens bombardèrent Fort-Vauban ; au commencement de 1794, les alliés furent repoussés, et toutes ces places reprises sur eux. Un grand nombre de Français émigrèrent avec l'ennemi, et perdirent leurs biens.

A partir de 1795, l'Alsace avança dans un meilleur avenir; le service divin fut rétabli dans les églises.

La paix fut conclue avec la Prusse à Bâle le 5 avril 1795.

Le 26 octobre 1795 on créa le gouvernement directorial; le conseil des cinq-cents proposait les lois; le conseil des anciens, composé de 250 membres, examinait les projets de loi, les adoptait ou les rejetait. Cinq directeurs étaient à la tête du pouvoir exécutif.

Hoche pacifia la Vendée. Bonaparte soumit l'Italie à la France; le 17 octobre 1797, il présenta aux directeurs le traité de paix de Campo-Formio.

Moreau poussa jusqu'à Munich; Jourdan entra dans le Haut-Palatinat; mais le prince Charles ayant battu Jourdan, Moreau quitta la Bavière, et fit sa fameuse retraite vers le Rhin.

Une réaction républicaine amena le 18 fructidor de l'an V (4 septembre 1797); Carnot et Barthélemy furent expulsés du directoire et déportés avec cinquante-trois membres des deux chambres à Cayenne, comme royalistes. Les émigrés rentrés en France, sont obligés d'en sortir derechef.

Le congrès assemblé à Rastadt le 9 décembre 1797, pour négocier la paix avec les princes allemands, n'eut point d'heureux résultats; il se sépara le 28 avril 1799; aussitôt après leur départ, et dans le petit bois tout près de Rastadt, les trois plénipotentiaires français furent attaqués par des hussards hongrois qui massacrèrent cruellement Roberjot et Bonnier; Jean de Bry, grièvement blessé, s'esquiva de leurs mains, et à la faveur de la nuit, se réfugia dans le bois, d'où le lendemain il rentra dans Rastadt, se plaçant sous la protection du plénipotentiaire prussien. Ce crime horrible est resté couvert du voile du mystère.

En 1798, le territoire républicain s'agrandit considérablement; Mulhouse et Genève y furent réunis; le pape Pie VI, dépouillé de ses États, fut conduit prisonnier en France. Rome devint une république, ainsi que le royaume de Naples et la Hollande; Joubert conquit le Piémont; Bonaparte fit une expédition en Égypte. Moreau, Masséna et Brune parvinrent, par leurs victoires, à tenir les Autrichiens, qui avaient recommencé la guerre, et leurs alliés les Russes et les Anglais, toujours éloignés du sol francais.

La mésintelligence entre les directeurs amena le 18 brumaire de l'an VIII (9 novembre 1799). A l'instigation de Sieyès et sur la proposition de plusieurs membres du conseil des anciens, le corps législatif se transporta à Saint-Cloud, sous la garde de Bonaparte, revenu de l'Égypte. Le conseil des anciens accéda aux propositions du général qui offrit de sauver la France opprimée; mais les cinq-cents ayant résisté, les grenadiers de Bonaparte les dispersèrent le 10 novembre.

Dans sa dernière séance, le conseil des anciens prononça la dissolution du directoire, nomma Bonaparte consul provisoire, et lui associa Sieyès et Roger Ducos. Cinquante membres des deux conseils furent choisis pour rédiger une nouvelle constitution, qui fut mise en exécution le 3 nivôse de l'an VIII, et reconnue par la nation le 8 février 1800 seulement. L'unité et l'indivisibilité de la république furent maintenues, et les départements divisés en arrondissements communaux. Le gouvernement fut confié à trois consuls, nommés pour dix ans, et rééligibles, le premier consul étant chef du gouvernement, les deux autres n'ayant que voix consultative. Un sénat conservateur devait élire 300 législateurs et 100 tribuns, les consuls, les juges de cassation et les commissaires à la comptabilité.

Cette constitution nomma premier consul le citoyen Bonaparte, et lui donna pour collègues Cambacérès et Lebrun ; ils entrèrent de suite en fonctions.

Le 14 juin 1800 eut lieu la bataille sanglante de Marengo, où le premier consul, secondé par le brave Desaix, détruisit l'armée autrichienne, commandée par Mélas ; à Hohenlinden, Moreau vainquit l'archiduc Jean le 3 décembre suivant, et le 9 février 1801, l'Autriche conclut la paix de Lunéville. L'Angleterre signa le traité d'Amiens le 25 mai 1802.

Bonaparte permit aux déportés et aux émigrés de rentrer en France ; il rétablit le service divin, et abolit la célébration du décadi ; l'agriculture, l'industrie et le commerce furent protégés par lui. Il nomma des préfets pour administrer les départements, des sous-préfets pour les arrondissements communaux, et des maires pour les communes.

Après avoir fait prolonger son consulat pour dix ans le 19 mai 1802, Napoléon fut nommé consul à vie le 2 août de la même année ; enfin, le 28 floréal an XII (18 mai 1804), il fut proclamé empereur des Français, et la dignité impériale rendue héréditaire dans sa famille.

Le 2 décembre 1805, Napoléon remporta sur les empereurs d'Autriche et de Russie la fameuse bataille d'Austerlitz ; cette brillante victoire amena la paix de Presbourg, qui fut signée le 26 décembre 1805. Les Prussiens furent battus à Auerstædt et à Jéna le 14 octobre 1806 ; et par suite de la bataille sanglante de Friedland, livrée le 14 juin 1807, le roi de Prusse perdit la moitié de ses États. La paix entre la France d'un côté, la Prusse et la Russie de l'autre, fut conclue à Tilsit le 9 juillet 1807.

L'Autriche, profitant des désastres des Français en Es-

pagne, déclara la guerre à la France; mais elle fut défaite
à Wagram les 5 et 6 juillet 1809, et forcée de signer la
paix de Vienne le 14 octobre.

La négligence que le monarque russe mettait à exécuter
le système continental contre l'Angleterre, engagea Napoléon à lui déclarer la guerre; il marcha contre la Russie
en mai 1812, avec une armée de 500,000 hommes, dont
faisaient partie les contingents de l'Autriche, de la Prusse
et de plusieurs princes allemands. Après la bataille de la
Moskowa, l'empereur des Français entra dans Moscou le
14 septembre 1812; mais le feu préparé à dessein par l'ennemi, dévora les quatre cinquièmes de cette antique capitale de la Moscovie. Le manque de vivres et un froid rigou-
reux survenu plutôt qu'à l'ordinaire, forcèrent Napoléon
de se retirer le 19 octobre. Près de 300,000 hommes périrent de faim, ou de froid, ou par le fer ennemi; les per-
fides alliés tournèrent leurs armes contre les Français.
L'empereur était revenu à Paris le 18 décembre 1812; il
rassembla de nouvelles troupes, et vola au secours de Murat
et d'Eugène; déjà en avril 1813, il se trouva de retour en
Thuringe avec son armée. Cependant la Prusse, l'Autriche
et la Suède s'allièrent à la Russie, et réunirent leurs forces
contre Napoléon. Les 16, 17, et 18 octobre 1813, les
Français furent battus à Leipsic, et abandonnés de tous les
princes allemands. Les ennemis envahirent le territoire
français, et, après la bataille de Montmartre, Paris capitula le 31 mars 1814. Napoléon fut destitué par le sénat;
il signa lui-même son abdication, à Fontainebleau, le
11 avril 1814. On lui laissa l'île d'Elbe avec les droits de
souverain; il partit pour cette principauté le 20 avril.

Louis XVIII monta sur le trône le 14 avril; le 4 juin, il
donna à la France une nouvelle constitution par la Charte.

Le 1ᵉʳ mars 1815, Napoléon rentra en France, et le 20 mars il revint à Paris, et occupa les Tuileries. Le roi s'était réfugié à Gand. Napoléon alla combattre ses ennemis; mais il fut défait à Waterloo, le 18 juin 1815. Ayant abdiqué le trône en faveur de son fils, il allait s'embarquer pour l'Amérique, quand il fut forcé de se rendre aux Anglais. On le transféra à l'île Sainte-Hélène, où il mourut dans la captivité le 5 mai 1821. Ses cendres reposent aujourd'hui sous le dôme de l'hôtel des Invalides à Paris, où elles furent transportées en 1840.

Louis XVIII fait son entrée à Paris le 9 juillet 1815, et par un traité la paix définitive est signée dans cette capitale le 27 novembre; la France est restreinte au delà de ses frontières de 1780; au lieu de la Queich, la Lauter en devint la limite du côté du Palatinat.

Le 16 septembre 1824, arriva la mort de Louis XVIII, et Charles X lui succéda; ce prince avait juré de défendre les droits et les libertés de ses sujets, en se faisant sacrer à Reims le 29 mai 1825; mais il est parjure; il rend des ordonnances contraires à la Charte, il opprime l'esprit de progrès, et anéantit la liberté de la presse; trois jours suffisent pour lui infliger le plus sévère des châtiments; il est chassé de la France, et le sol français lui est interdit à jamais, ainsi qu'à sa famille, sous peine de mort. Les journées des 27, 28 et 29 juillet 1830 ont triomphé de l'absolutisme, et ont rendu à la France la véritable liberté. La charte de 1814 est révisée, et le 8 août 1830 Louis-Philippe, duc d'Orléans, est proclamé roi des Français. Il a dit que *la Charte sera désomais une vérité.*

CHAPITRE III.

DE L'ADMINISTRATION CIVILE, JUDICIAIRE ET MILITAIRE DE LA VILLE DE LAUTERBOURG.

§ 1. *Ancien régime. Administration seigneuriale.*

Nous avons déjà vu que depuis Auguste, empereur des Romains, jusqu'à Constantin le Grand, l'administration civile, judiciaire et militaire de la première Germanie, dont dépendait Lauterbourg, était réunie dans les mains d'un seul homme qui fut à la fois législateur, juge et général. Constantin sépara l'administration militaire de l'administration civile et judiciaire. Cette institution dura jusqu'aux premiers temps des rois francs, où les leudes, les ducs, les comtes, les seigneurs, devenus possesseurs de fiefs, les administrèrent selon leur bon plaisir. Au nom du seigneur, des magistrats rendaient la justice, avaient soin de la police, et percevaient les impôts. Lui-même se mettait à la tête de ses soldats, lorsqu'en cas de guerre, le roi, son souverain et maître, l'appelait à partager le danger commun.

Dix villes d'Alsace appelées *la décapole* ont su maintenir leur indépendance; mais Lauterbourg n'a jamais été une ville libre; elle fut gouvernée par des comtes ou burggraves qui portaient son nom, et résidaient au château. Leur origine remonte à l'époque de la division de l'Alsace en cantons (Gaue), subdivisés en comtés et seigneuries; sous eux, l'administration particulière de la ville n'est point connue. Après la mort du dernier des burggraves, dont une conduite indigne attira la disgrâce à sa famille, Guillaume, empereur des Romains, céda, en 1254, le comté de Lauterbourg au chapitre de Spire. En conséquence le prince-évêque en prit possession, et en conserva le gouvernement jusqu'à la révolution française; car lors de sa réunion à la France, en 1648, le roi n'y exerçait que le droit de souveraineté ou de protectorat.

Le siége du gouvernement du prince-évêque était à Spire jusqu'en 1765; de là le cardinal de Hutten le transféra à Lauterbourg, à qui il prodiguait ses faveurs; mais déjà en 1770, le prince-évêque de Stirum le plaça à Bruchsal où il resta jusqu'à la révolution française.

Lauterbourg et **les** communes qui en dépendaient ont été divisés en bailliage supérieur et inférieur (*obere und untere Amthey*), dont la juridiction appartenait au grand-bailli de Lauterbourg. Ces communes étaient au nombre de vingt, savoir: Rheinzabern, Jockrim, Herxheim, Herx-heim-Weyher, Rülszheim, Hatzenbühl, Hayna, Schaid, Büchelberg, Scheibenhard, Niederlauterbach, Salmbach, Siegen-Kaidenbourg, Néeweiler, Mothern, Stundweiler, Aschbach, Oberrœdern, Hagenbach qui en 1361 fut déjà cédé au Palatinat, et Illingen qu'une autre direction du Rhin détacha jadis du territoire seigneurial, et l'unit au pays de Bade; ce village fit partie du grand-bailliage de Lauterbourg jusqu'en 1727, où il fut incorporé au bailliage de Rastadt.

Le prince-évêque nomma à tous les emplois propres à l'administration du bailliage; elle était répartie entre:

Un grand-bailli (*Oberamtmann*).

Un greffier (*Amtschreiber*).

Un receveur (*Amtskeller*).

Un greffier-tabellion (*Ausfauth*).

Un préposé à la conservation des forêts et de la chasse (*Waldfauth*).

Et un prévôt (*Oberschultheis*).

Les attributions du grand-bailli étaient de rendre la

justice dans tout le ressort du bailliage, à la réserve de la
ville de Lauterbourg, ainsi que nous le verrons plus loin;
il jugeait dans les affaires civiles, commerciales, de police
et criminelles; sa juridiction était illimitée. Cependant ses
sentences étaient sujettes à appel, et ses condamnations à
mort étaient révisées. L'appel et les révisions étaient portés
devant le grand-conseil de Spire que remplaça le conseil
souverain d'Alsace, lors de la réunion de cette province à
la France, en 1648. Le grand-bailli présidait encore à
l'audition des comptes communaux, de ceux des fabriques
d'églises et des comptes de tutelle; aux délibérations de
famille, aux nominations de tuteurs et de curateurs, et
visait les inventaires.

Le greffier tenait le plumitif; il rédigeait les sentences
du bailli, les comptes des communes, des fabriques d'é-
glises et de tutelle; en général il recevait tous les actes et
contrats de juridiction volontaire, dans tout le bailliage,
Lauterbourg excepté.

Le receveur était chargé du soin de la rentrée de la
dîme, et de percevoir toutes les redevances seigneuriales,
sans réserve.

Le greffier-tabellion avait dans ses attributions les affaires de succession, les partages, les liquidations, et spécialement le règlement des affaires concernant les mineurs
dans l'étendue du bailliage, hormis Lauterbourg.

Le Waldfauth avait la garde des forêts seigneuriales et
de la chasse; il présidait à l'aménagement, à la vente et à
la délivrance des bois.

L'Oberschultheis, vulgairement appelé Oberschultz, représentait l'administration civile; il avait la surveillance des
bourgmestres et de leurs conseils dans tout le bailliage.

. Vers le commencement de 1700, le prince-évêque créa

aussi les fonctions de procureur-fiscal, qui veillait aux intérêts du seigneur et de ceux des mineurs.

Tous ces fonctionnaires résidaient à Lauterbourg, chef-lieu du bailliage; leurs traitements annuels, d'après la base de 1780, étaient réglés comme il suit:

Le grand-bailli recevait: 25 maltres de seigle, 25 maltres d'épeautre, 25 maltres d'avoine, 144 quintaux de foin, 40 cordes de bois de chauffage, 2 foudres de vin, plus une somme de 200 florins d'Allemagne, 40 florins pour frais de transport du bois de chauffage, et 70 florins, allocation des frais de voyage. Enfin il avait droit aux honoraires des vacations qui exigeaient la présence de son ministère, telles que les délibérations de famille, les nominations de tuteurs et de curateurs, les clôtures d'inventaires, les assistances aux comptes communaux, des fabriques d'églises et des mineurs, etc.

Le greffier percevait 10 maltres de seigle, 20 maltres d'avoine, 30 cordes de bois de chauffage, 1 foudre de vin, une somme de 30 florins et une pareille pour frais de transport du bois de chauffage; il lui revenait de plus les honoraires des grosses de jugements, et ceux de la rédaction des actes extrajudiciaires et de leurs expéditions.

Le traitement du receveur était de 10 maltres de seigle, de 12 maltres d'épeautre, de 2 foudres de vin, de 20 cordes de bois de chauffage, d'une somme de 500 florins et de 8 florins pour transport du bois.

Celui du greffier-tabellion était de 20 maltres d'avoine, de 24 quintaux de foin, de 6 mesures de vin, de 10 cordes de bois à brûler, et de 18 florins d'Allemagne; les vacations dans les affaires de successions, de partages, de liquidations et de ventes des biens des mineurs augmentaient encore ses appointements.

Le Waldfauth avait droit à 10 maltres de seigle, à 12 maltres d'épeautre, à 2 foudres de vin, à une somme de 400 florins d'Allemagne, et au bois de chauffage dont la quantité était indéterminée.

Enfin l'Oberschultheis recevait 10 maltres de seigle, 1 foudre de vin, 24 quintaux de foin, 15 cordes de bois de chauffage et 185 florins. La ville lui faisait annuellement une gratification de 50 florins.

Le traitement du procureur fiscal, ceux des gardes forestiers et des autres employés subalternes étaient proportionnés à l'importance de leurs services.

Remarquons qu'un receveur (*Domcapitels-Schaffner*) était particulièrement chargé de percevoir toutes les rentes, les redevances et les autres bénéfices qui appartenaient au chapitre de Spire; il ne faut point confondre ces fonctions avec celles du receveur du bailliage (*Amtskeller*).

Nous croyons faire plaisir à nos lecteurs, en leur donnant ci-après la nomenclature des princes-évêques de Spire, qui, depuis 1254 jusqu'à la révolution française étaient les seigneurs de Lauterbourg; elle est suivie d'une autre désignation indiquant le personnel de tous les fonctionnaires du bailliage pendant plusieurs siècles, savoir :

Princes-évêques de Spire.

1245 [1] Henri, comte de Leiningen, le 2ᵉ.	1336 Baudouin, comte de Lützenbourg.
1272 Frédéric, comte de Boland.	1337 Gerhard (Gérard) d'Ernberg.
1302 Gibodo de Lichtenberg.	
1314 Emich de Leiningen.	1363 Lambert, chevalier de Buren.
1328 Berchtold, landgrave de Bucheck.	
	1372 Adolphe, comte de Nassau.
1330 Waldram, comte de Veldenz.	1381 Nicolas.
	1396 Raban de Helmstædt.

[1] Ces années sont celles de leur entrée en fonctions.

1438 Reinhard (Regnard) de Helmstædt.
1456 Siegfrid (Sigefroi) de Venningen, le 3e.
1460 Jean d'Ensberg , le 2e.
1464 Mathias de Raumung.
1478 Louis de Helmstædt.
1504 Philippe de Rosenberg.
1513 George , comte du Palatinat près le Rhin.
1529 Philippe de Flersheim , le 2e.
1552 Rodolphe de Franckenstein.
1560 Markard de Hattstein.
1581 Eberhard (Everard) de Dienheim.

1584 Philippe-Christophe , électeur de Trèves.
1652 Lothaire-Frédéric de Metternich.
1677 Hugues - Jean , électeur de Trèves.
1711 Hardart - Henri de Rollingen.
1720 Damien - Hugues - Philippe-Antoine, comte de Schœnborn.
1743 François - Christophe de Hutten , cardinal.
1770 Auguste, comte de Stirum, jusqu'à la révolution française.

*Gouvernement du prince-évêque de Spire à Lauterbourg,
de 1765 à 1770.*

Müller, président.
Neubeck , 1er conseiller.
Bæhr, 2e conseiller.

Stupffel , procureur fiscal.
Hell , greffier.
Reffé , huissier.

Procureurs : Lavalette , Gabel , Lieblein , Printz et Neiss.

Grand-baillis (Oberamtmænner).

1393 Schwartz de Sickingen.
1459 Jean-Frédéric d'Ensberg.
1459 Jean de Helmstædt.
1463 Martin de Helmstædt.
1489 Reinhardt (Regnard) de Helmstædt.
1497 Erhard de Helmstædt.
1500 Eberhard (Everard) de de Helmstædt.
1508 Henri Holtzapffel.
1529 De Flersheim.
1533 Balthasar de Rosenberg.
1540 Jean Speeth , de Sultzbourg.

1547 Oswald-Erneste-George de Franckenstein.
1551 Jean Speeth, de Sultzbourg.
1565 Jean-Engelbert Riedessel.
1585 Jean - Jacques Holtzapffel.
1615 Jean-Guillaume Holtzapffel.
1639 Wolf- (Loup) Henri Weingarten.
1639 Horcher, lieutenant-bailli et receveur.
1650 Philippe - Jacques Holtzapffel.
1665 Eitel-Diederich (Didier) de Gemmingen.

1671 François-Anselme de Breitenbach.
1671 Nicolas Haas, lieutenant-bailli.
1680 Jean-Pierre de Wœrth.
1689 De Minnweeg.
1689 François-Henri Neubeck, lieutenant-bailli.
1693 Raymond de Manebach.

1703 François-Théobald de Wilmann.
1729 Jost.
1749 Népomucène Neubeck.
1765 De Rathsamhausen.
1765 Spitz, lieutenant-bailli.
1765 Dominique Spitz, jusqu'à la révolution française.

Greffiers (Amtschreiber).

1364 Trœstel (il était en même temps prévôt).
1508 Schifferstein, Jean.
1550 Bender, Pierre.
1636 Fabricius, Japhet.
1641 Scharfenberger, Chrétien.
1649 Cronnacher, Jean-Michel.
1663 Knœrr, François-Guillaume.

1679 Neubeck, François.
1682 Benderitter, Jean-Adam.
1692 Stabulo, Jean.
1705 Hœhe.
1714 Bosz, Pierre-Henri.
1756 Westercamp, Henri, jusqu'à l'institution définitive du notariat.

Receveurs (Amtskeller).

1508 Rubel.
1545 Bauer, Jacques.
1560 Mittenberger, Jean-Boniface.
1580 Bauer, Philippe.
1587 Finck, George.
1600 Knorr, Christophe.
1605 Fleckenstein.
1609 Henicka, Jean.
1614 Albrecht, André.
1618 Hattistein (de), Jean-Christophe.
1636 Meyer, George.
1641 Horcher, Christophe.

1643 Wœrth (de), Jean-Guillaume.
1665 Haas, Nicolas.
1698 Neubeck, François-Henri.
1725 Hœhe.
1736 Zoller, Léopold.
1736 Koch.
1736 Hasseck.
1748 Engelhard.
1759 Weixel.
1766 Wengler.
1777 Joachim, Jacques.
1778 Meyer, Charles.
1783 Godard, Ignace, jusqu'à la révolution française.

Receveurs du chapitre (Domschaffner).

1562 Fischer, Jean.
1582 Henicka, Jean.

1618 Hoffart, Jean.
1660 Horcher, Christophe.

1668 Dettelbach, Jean-Conrad.
1685 Horrer, Christophe.
1722 Horrer, Jean-George.
1766 Conegliano (à Wissembourg et à Lauterbourg).

1780 Berché (à Wissembourg et à Lauterbourg).
1785 Hemberger, idem, jusqu'à la révolution française.

Greffiers-tabellions (Ausfauthen).

1631 Pfeifer, André.
1650 Bender, Wolf · Eberhardt Loup-Everard).
1664 Hoffmann, Jean.
1718 Stabulo, Jean.

1727 Geiger, Célestin.
1769 Geiger, Léopold, jusqu'à l'institution définitive du notariat.

Forestiers (Waldfauthen).

1627 Bender, Jean.
1642 Ott, Jean.
1684 Demischault, Joachim.
1697 Schmitt.
1707 Horrer.
1723 Starck, Laurent.

1728 Zoller.
1736 Breitner.
1747 Vœgelé, Jean.
1779 Lavallé, jusqu'à la révolution française.

Prévôts (Oberschultheissen).

1364 Trœstel.
1455 Deingedang.
1477 Riebel, Pierre.
1507 Contzelmann, Nicolas.
1521 Riebel, Jean.
1537 Vonhausen, René.
1542 Wolff, Adam.
1562 Fischer, Jean.
1562 Klepp, Philippe.
1574 Koll, Pierre.
1580 Zimmermann, George.
1597 Streng, Jean.

1607 Kircher, George.
1612 Stephany, Jacques.
1650 Demischault, Jacques.
1665 Meyer, Jean-Marcel.
1675 Hoffmann, Jean.
1679 Speicher, Mathieu.
1695 Demischault, Joachim.
1703 Stabulo, Jean.
1729 Schultz, Nicolas-Edmond.
Ces fonctions furent abolies en 1789.

Procureur fiscal.

Eger, jusqu'en 1789, où cette fonction cessa.

§ 2. *Ancien régime. Administration municipale.*

Après le gouvernement despotique des Burggraves, et
en concédant Lauterbourg au chapitre de Spire, l'empereur Guillaume, entre autres priviléges et immunités dont
nous parlerons plus amplement dans le chapitre suivant,
accorda, de son libre arbitre, à la bourgeoisie de cette
ville, le droit d'élire elle-même un magistrat, auquel était
conférée l'administration civile et judiciaire de la commune;
il était composé :

D'un Anwald (*Président*).

De deux bourgmestres.

De douze conseillers (*Rathsherrn*).

De douze assesseurs (*Gerichtsmænner*).

Et d'un greffier (*Stadtschreiber*).

Dans le principe la compétence du magistrat était illimitée; il jugeait les affaires civiles, de police et criminelles,
et apurait les comptes communaux; l'appel de ses sentences était porté devant le grand-conseil de Spire ; mais
peu à peu le grand-bailli, secondé par les vues secrètes du
prince-évêque, s'arrogea presque toute la juridiction du
magistrat, qui, trop faible pour résister, ne conserva plus,
dans l'ordre judiciaire, que le droit de juger les petites
causes de police; les baillis, dans l'ordre administratif,
s'attribuèrent même l'audition des comptes de la commune; spolié ainsi de ses attributions les plus importantes,
le magistrat n'existait plus que de nom; l'administration civile et judiciaire passa entièrement aux créatures du prince-
évêque; en vain des bourgmestres courageux essayèrent
de reconquérir les priviléges de la ville, en vain s'effor-
cèrent-ils de la remettre au rang indépendant auquel elle

avait droit de prétendre: leur faible voix se brisa contre la puissance et la mauvaise volonté du seigneur.

La durée du magistrat n'étant qu'annuelle, les bourgeois, au renouvellement de l'année, procédaient aux élections des membres de la magistrature; les sortants étaient rééligibles. -

L'Anwald seul fut élu à vie; il avait la direction des affaires de la ville qu'il représentait; sa voix était prépondérante dans le conseil.

Les bourgmestres, dont l'un était honoré du titre de régent (*Regierende*) géraient spécialement les finances de la commune jusqu'en 1747, où le magistrat créa un receveur municipal (*Stadteinnehmer*); leurs fonctions étaient secondaires et surveillées par l'Anwald; ils n'avaient que voix consultative.

Les conseillers et les assesseurs s'assemblaient sur l'invitation de l'Anwald ou des bourgmestres, et jugeaient dans les affaires de leur compétence; ils délibéraient sur celles de la commune en présence du prévôt (*Oberschultz*) qui, en qualité d'officier seigneurial, avait la préséance sur l'Anwald; leur voix était consultative.

Le greffier rédigeait les délibérations et les sentences du conseil, et dressait les comptes des bourgmestres; il recevait de plus, à l'exclusion des greffiers du bailliage et du greffier-tabellion, tous les actes et contrats dans la ville même de Lauterbourg, y compris les affaires de successions, les partages, les liquidations, les licitations et les ventes des biens des mineurs.

Le conseil nommait les employés de la ville, tels que le sergent-appariteur, l'architecte, le maître-charpentier, le maître-maçon, les portiers, les gardes de nuit, les gardes-champêtres et les autres préposés connus sous les noms de *Kirchenjuraten*, *Spital-Pfleger*, *Almosen-Pfleger*, *Gut-leut-Pfleger*, etc.

Le traitement du magistrat était réglé d'après le nombre de ses séances ; l'Anvald, les bourgmestres, les conseillers et les assesseurs avaient droit, chacun, à deux batzen, huit pfennings, par jour d'audience de justice (*Gerichts-tag*) ; une pareille somme leur était allouée à chaque assemblée d'affaires communales (*Rathsitzung*).

L'Anwald et un conseiller désigné par lui assistaient aussi aux opérations de successions ; la vacation de l'un et de l'autre était de sept batzen huit pfennings par jour.

Le magistrat avait encore une allocation annuelle fixe sur les fonds communaux, savoir : l'Anwald de 2 florins ; les deux bourgmestres ensemble de 40 florins, réduits par fois à 20 florins ; les conseillers et les assesseurs, chacun de 2 florins.

Le greffier touchait annuellement une somme de 55 florins 7 batzen 8 pfennings ; sa vacation dans les affaires de succession était de 7 batzen 8 pfennings par jour ; plus il lui revenait les émoluments des actes et contrats qu'il recevait dans l'intérieur de la ville.

Les gages du sergent-appariteur étaient de 20 florins et demi par an ; l'architecte recevait 17 florins et demi, chaque portier, 3 florins, et chacun des quatre gardes de nuit 4 florins et demi.

Les gardes-champêtres et les autres employés subalternes n'avaient pas toujours une rétribution ordinaire sur les fonds de la commune.

Le chauffage et l'éclairage étaient gratuitement fournis par la ville à tous ses fonctionnaires et employés, sans distinction aucune. Elle faisait aussi la dépense de la livrée que portaient le sergent-appariteur, l'architecte, les portiers et les gardes.

Une milice urbaine veillait dans l'intérêt de la sûreté publique. En parcourant les articles de dépenses de la ville, on remarque que nos pères se plaisaient à commencer toutes leurs opérations entre les pots et les verres; le magistrat ne prit place sur son siége qu'après avoir savouré un verre de vin. Le pot-de-vin était, dans les devis et marchés de la ville, une condition de rigueur. L'installation du magistrat le jour des Trois-Rois (*trium regum*) donnait lieu, tous les ans, à des fêtes et à des réjouissances publiques; des distributions de vin et de pain étaient faites à tous les bourgeois, à leurs femmes et enfants; le nouveau magistrat, de son côté, en compagnie avec les fonctionnaires du prince-évêque, faisait gala aux dépens des fonds communaux. Ce gaspillage absorba les revenus, et la ville chargée de dettes, ne trouva, pour les payer, d'autre expédient que l'aliénation de ses domaines. Une administration plus sage lui aurait ménagé des revenus que, dans son état actuel de malaise, elle pourrait employer de la manière la plus utile.

Nous donnons ci-dessous la désignation du personnel des principaux fonctionnaires de la ville depuis plus de deux siècles jusqu'à la révolution de 1789, dans la pensée que surtout nos lecteurs de Lauterbourg y porteront avec plaisir leurs regards, parce que la plupart d'entre eux y trouveront les noms de leurs aïeux; ce souvenir leur sera toujours cher, et éveillera dans leur âme une noble et douce émotion.

Anwalden.

1626 Contzelmann, Jean-George.	1673 Dettelbach, Jean-Conrad.
1661 Fleckstein, Jean-Henri.	1673 Benderittre, Jean-Adam.
1665 Hemmerlé, Christmann.	1705 Vogler, André.
1666 Müller, Valentin.	1712 Heck, Jean-George.

1723 Sonntag, Jean.
1727 Catty, Martin.
1736 Henck, Christophe.
1741 Sonntag, Jean-George.

1788 Knœpffler, Jean-Pierre, jusqu'à la révolution française.

Bourgmestres.

1573 Contzelmann, Jean-George, et OEstwein, Jean.
1579 Hœckner, Valentin, et Bischoff, Jean.
1580 Wolff, Adam, et Klipffel, Vite.
1581 Klein, Jacques, et Gærtner, Guy.
1582 Schmuck, Aubert, et Duntz, Bernard.
1583 Haan, Jacques, et Münch, Léonard.
1584 Contzelmann, Jean, et Hammer, Guillaume.
1585 Hœckner, Valentin, et Münch, Christophe.
1586 Hœckner, Valentin, et Münch, Christophe.
1587 Schmuck, Aubert, et Klein, Jacques.
1588 Hœckner, Valentin, et Hemmerlein, Conrad.
1589 Klein, Jacques, et Scheuring, Conrad.
1590 OEstwein, Jean, et Handel, Jean.
1591 Hœckner, Valentin, et Hammer, Guillaume.
1592 Münch, Christophe, et Haan, Jacques.
1593 Klein, Jacques, et Frosch, Denis.
1594 Hœckner, Valentin, et Vetsch, Michel.

1595 Becker, Michel, et Treuschler, Asimus.
1596 Klein, Jacques, et Scheuring, Conrad.
1597 Schmuck, Aubert, et Hemmerlein, Conrad.
1598 Klein, Jacques, et Contzelmann, Vendelin.
1599 Handel, Jean, et Hemmerlein, Christmann.
1600 Scheuring, Conrad, et Contzelmann, Jean-George.
1601 Hœckner, Valentin, et Bischoff, Jean.
1602 Hammer, Guillaume, et Weeber, George.
1603 Klein, Jacques, et Hœckner, Valentin.
1604 Handel, Jean, et Rühl, Anstett.
1605 Scheuring, Conrad, et Vetsch, Michel.
1606 Vetsch, Michel, et Seither, Nicolas.
1607 Handel, Jean, et Contzelmann, Jean-George.
1608 Scheuring, Conrad, et Deth, George.
1609 Hammer, Guillaume, et Seither, Nicolas.
1610 Hebel, Mathieu, et Frœlich, Mathieu.
1611 Hemmérlein, Conrad, et Schuster, Michel.

1612 Scheuring, Conrad, et Hemmerlein, Christmann.

1613 Boppart, Barthélemi, et Contzelmann, George.

1614 Deth, George, et Betsch, Louis.

1615 Deth, George, et Lautenschlæger, Jean.

1616 Scheuring, Conrad, et Heintz, Jacques.

1617 Hemmerlein, Christmann, et Riesz, Conrad.

1618 Schiffmacher, Valentin, et Contzelmann, Jn-George.

1619 Contzelmann, Jean-George, et Bischoff, Pierre.

1620 Hemmerlein, Christmann, et Seither, Léonard.

1621 Contzelmann, Jean-George, et Heintz, Jacques.

1622 Les mêmes.

1623 Les mêmes.

1624 Heintz, Jacques, et Riesz, Conrad.

1625 Les mêmes.

1626 Riesz, Conrad, et Franck, André.

1627 Contzelmann, Jean-George, et Franck, André.

1628 Contzelmann, Jean-George, et Stockheimer, Jean.

1629 Stockheimer, Jean, et Riesz, Conrad.

1630 Doll, Adam, et Hoffmeister, George.

1631 Contzelmann, Jean-George, et Hardt, Michel.

1632 Les mêmes.

1633 Les mêmes.

1634 Stockheimer, Jean, et Hemmerlé, Christmann.

1635 Heinfart, André, et Hardt, Michel.

1636 ⎫
1637 ⎪ A cause de la guerre sué-
1638 ⎬ doise il n'y en eut point.
1639 ⎭

1640 Stockheimer, Jean, et Bénédick, Jean.

1641 Contzelmann, George, et Guckert, Jean-Ulric.

1642 Schmitt, Jean, et Klipffel, Nicolas.

1643 Vetzinger, Nicolas, et Fleckstein, Jean-Henri.

1644 Vogler, George, et Hemmerlé, Paul.

1645 Les mêmes.

1646 Les mêmes.

1647 Hammer, Michel, et Klotz, Conrad.

1648 Les mêmes.

1649 Les mêmes.

1650 Müller, Valentin, et Contzelmann, George.

1651 Les mêmes.

1652 Hemmerlé, Christmann, et Fleckstein, Jean-Henri.

1653 Vetzinger, Nicolas, et Fleckstein, Jean-Henri.

1654 Bénédick, Jean, et Klotz, Conrad.

1655 Hemmerlé, Paul, et Horrer, André.

1656 Creuzen, Aubert, et Contzelmann, George.

1657 Les mêmes.

1658 Bénédick, Jean, et Henck, George.

1659 Les mêmes.

1660 Fleckstein, Jean-Henri, et Schiffmacher, Pierre.
1661 Les mêmes.
1662 Hemmerlé, Christmann, et Hübsch, Jacques.
1663 Les mêmes.
1664 Horrer, André, et Benderitter, Jean-Adam.
1665 Hittstock, Jean, et Simon, Jean-Jacques.
1666 Les mêmes.
1667 Guckert, Marc, et Benderitter, Jean-Adam.
1668 Les mêmes.
1669 Mülhauser, Jean-George, et Joachim, Chrétien.
1670 Creutzen, Aubert, et Joachim, Chrétien.
1671 Mertz, Jn, et Schæffer, Jn.
1672 Les mêmes.
1673 Henck, George, et Hœrder, Pierre.
1674 Schiffmacher, Pierre, et Guckert, Marc.
1675 Schiffmacher, Pierre, et Simon, Jean-Jacques.
1676 Schenck, George, et Mertz, Jean.
1677 Benderitter, Jean-Adam, et Ott, Erhard.
1678 Contzelmann, Jean-George, et Müller, Frédéric.
1679 Hardt, Jean-Michel, et Pflüger, George.
1680 Mertz, Jn, et Hemmerlé, Jn.
1681 Weissenburger, Jn-Pierre, et Crezmann, Nicolas.
1682 Les mêmes.
1683 Hardt, Jean-Michel, et Hemmerlé, Jean.
1684 Les mêmes.

1685 Guckert, Loup-Éverard, et Arnold, Jean.
1686 Les mêmes.
1687 Guckert, Loup-Éverard, et Crezmann, Nicolas.
1688 Hardt, Jean-Michel, et Seither, Jean-Michel.
1689 Hardt, Jean-Michel, et Gassert, Jean-Guillaume.
1690 Weissenburger, Jn-Pierre, et Crezmann, Nicolas.
1691 Weissenburger, Jn-Pierre, et Heck, Jean-George.
1692 Guckert, Loup-Éverard, et Hemmerlé, Jean.
1693 Guckert, Loup-Éverard, et Person, Louis.
1694 Pérson, Louis, et Crezmann, Nicolas.
1695 Hardt, Jean-Michel, et Schmitt, Hermann.
1696 Les mêmes.
1697 Crezmann, Nicolas, et Alberti, Jean-Adam.
1698 Vogler, André, et Sonntag, Jean.
1699 Les mêmes.
1700 Weissenburger, Jn-Pierre, et Heck, Jean-George.
1701 Les mêmes.
1702 Les mêmes.
1703 Crezmann, Nicolas, et Vogler, André.
1704 Les mêmes.
1705 Henck, Gérard, et Sonntag, Jean.
1706 Les mêmes.
1707 Defry, Dominique, et Mertz, Jean-George.
1708 Les mêmes.

1709 Heck, Jean - George, et Person, Louis.
1710 Les mêmes.
1711 Sonntag, Jean, et Hemmerlé, Jean-George.
1712 Les mêmes.
1713 Essig, Jean - Jacques, et Catty, Martin.
1714 Les mêmes.
1715 Schæffer, Jean-Pierre, et Dietert, Jean-George.
1716 Les mêmes.
1717 Reinert, Jean - Michel, et Guckert, Jean-Michel.
1718 Les mêmes.
1719 Essig, Jean - Jacques, et Bender, Joseph.
1720 Les mêmes.
1721 Hardt, Jean - Michel, et Catty, Martin.
1722 Les mêmes.
1723 Hemmerlé, Jean-George, et Baumbach, Melchior.
1724 Les mêmes.
1725 Baumbach, Melchior, et Holderitter, Joseph.
1726 Holderitter, Joseph, et Mertz, Jean-George.
1727 Les mêmes.
1728 Savagner, Jean - Baptiste, et Henck, Christophe.
1729 Les mêmes.
1730 Henck, Christophe, et Savagner, Jean-Baptiste.
1731 Sonntag, Jean - George, et Hemmerlé, Jean - George.
1732 Les mêmes.
1733 Hemmerlé, Jean - George, et Hemmerlé, Marc.
1734 Les mêmes.

1735 Hemmerlé, Marc, et Illig, Nicolas.
1736 Illig, Nicolas, et Funck, Jean-Jacques.
1737 Funck, Jean - Jacques, et Beck, Otton.
1738 Beck, Otton, et Colmar, André.
1739 Colmar, André, et Reinert, Jean.
1740 Les mêmes.
1741 Reinert, Jean, et Guckert, Jean-George.
1742 Les mêmes.
1743 Guckert, Jean-George, et Savagner, Jean - Baptiste.
1744 Les mêmes.
1745 Guckert, Jean-George, et Mertz, Joseph.
1746 Les mêmes.
1747 Colmar, André, et Schuhler, Christophe.
1748 Schuhler, Christophe, et Knœpffler, Alexandre.
1749 Knœpffler, Alexandre, et Lorange, Jean-Antoine.
1750 Lorange, Jean - Antoine, et Benderitter, Mathieu.
1751 Benderitter, Mathieu, et Hemmerlé, Élie.
1752 Hemmerlé, Élie, et Beck, Otton.
1753 Beck, Otton, et Weissenburger, Pierre.
1754 Weissenburger, Pierre, et Guckert, George.
1755 Guckert, George, et Lièvre, François.
1756 Lièvre, François, et Lambert, Charles.

1757 Lambert, Charles, et Benderitter, Mathieu.
1758 Benderitter, Mathieu, et
Knœpffler, Jean-Pierre.
1759 Knœpffler, Jean-Pierre, et
Essig, Jean-Michel.
1760 Essig, Jean - Michel, et
Weissenburger, Jean-
Pierre.
1761 Weissenburger, J^n-Pierre,
et Jæger, Jean.
1762 Jæger, Jean, et Guckert,
Jean-George.
1763 Guckert, Jean-George, et
Lièvre, François.
1764 Lièvre, François, et Guckert, Jean-George.
1765 Guckert, Jean-George, et
Knœpffler, Jean-Pierre.
1766 Knœpffler, Jean - Pierre,
et Spieser, Jean.
1767 Spieser, Jean, et Weissenburger, Jean-Pierre.
1768 Weissenburger, J^n-Pierre,
et Lièvre, François.
1769 Lièvre, François, et Neiss,
Jean-Philippe.
1770 Neiss, Jean - Philippe, et
Lièvre, François.
1771 Lièvre, François, et Spieser, Jean.

1772 Spieser, Jean, et Guckert,
George.
1773 Guckert, George, et Knœpffler, Jean-Pierre.
1774 Knœpffler, Jean - Pierre,
et Weissenburger, Jean-
Pierre.
1775 Weissenburger, J^n-Pierre,
et Knœpffler, J^n-Pierre.
1776 Les mêmes.
1777 Weissenburger, J^n-Pierre,
et Neiss, Philippe.
1778 Les mêmes.
1779 Neiss, Philippe, et Spieser,
Jean.
1780 Spieser, Jean, et Lièvre,
François.
1781 Les mêmes.
1782 Spieser, Jean, et Weissenburger, Jean-Pierre.
1783 Weissenburger, J^n-Pierre,
et Heimbach, François.
1784 Les mêmes.
1785 Weissenburger, J^n-Pierre,
et Spieser, Jean.
1786 Dudenbœffer, George-Antoine, et Spieser, Jean.
1787 Dudenbœffer, George-Antoine, et Lièvre, Franç^.
1788 Lièvre, François, et Weissenburger, Jean-Pierre.

Greffiers (Stadtschreiber).

1585 Hoffmann, Jean.
1602 Kircher, George.
1625 Reb, Beatus.
1630 Wagner, Martin.
1630 Meyer, George.
1650 Dettelbach, Jean-Conrad.
1661 Albrecht, Jean-Théobald.

1670 Horrer, Christophe.
1680 Starck, Jean-Valentin.
1681 Haslach, Jean-Guillaume.
1682 Von der Pforten, Philippe-
Jacques.
1684 Horrer, Christophe.
1686 Jæger, Jean-Henri.

1690 Stabulo, Jean.	1728 Vogel.
1698 Horrer, Jean-George.	1729 Anstett, François-Sébast".
1721 Obry, Louis.	1769 Anstett, François-Alex..
1723 Grothenius, Eugène-Alb.	jusqu'à l'institution défi-
1726 Herwick, Antoine-Jérôme.	nitive du notariat.

§ 3. *Ancien régime. Souveraineté du roi de France.*

Par la paix de Westphalie conclue en 1648, l'Alsace fut réunie à la France. Un gouverneur était placé à la tête des affaires militaires, et un intendant surveillait la dispensation de la justice, les finances et la police de la province. Ils résidaient à Strasbourg. Lauterbourg ne rendit cependant foi et hommage au roi de France qu'en 1680. C'était aussi à partir de cette époque seulement que la place eut un commandant, un major et un aide-major. Ces officiers veillaient au maintien des droits de souveraineté de leur maître; l'importance de leurs fonctions augmenta lorsque la ville fut ceinte d'ouvrages de fortification, et qu'elle obtint une garnison. Ils étaient en correspondance directe avec le gouverneur et l'intendant.

Outre le traitement fixe qu'ils recevaient de l'État, la ville était obligée de leur fournir les *bienvivres*[1] qui consistaient, pour le commandant, en un logement garni, en chauffage, en éclairage, en blanchissage et en une somme de 650 florins d'Allemagne. Le major et l'aide-major jouissaient des mêmes avantages, sauf le montant en argent qui était proportionné à leurs grades.

La ville portait souvent des plaintes contre le service des bienvivres; l'intendance décida enfin qu'ils ne seraient exigibles qu'en temps de guerre.

Le gouvernement de Strasbourg et celui de Spire s'ef-

---

[1] Terme consacré dans les comptes communaux.

forcèrent à l'envi d'influencer les affaires de Lauterbourg; mais, comme on ne peut pas servir deux maîtres, le magistrat embrassa avec raison le parti du plus fort, c'est-à-dire, le parti français; le prince-évêque qui, ainsi que nous l'avons déjà dit, avait toujours conservé la possession territoriale du bailliage, et les droits féodaux y attachés, essaya par fois d'enfreindre la souveraineté du roi de France; il osa même se faire rendre foi et hommage; ces violations, loin de consolider son autorité ébranlée, lui attirèrent de la part du roi des remontrances très-sérieuses auxquelles il s'empressa de déférer.

Voyez ci-après les noms des gouverneurs, intendants et commandants de place, savoir :

Gouverneurs.

1648 Henri de Lorraine, comte d'Harcourt.	1739 Le maréchal duc de Coigny.
1659 Le cardinal de Mazarin.	1759 Le maréchal Demarets, marquis de Maillebois.
1661 Le duc Armand de Mazarin.	1762 Du Plessis, duc d'Aiguillon.
1713 Le maréchal d'Huxelles.	
1730 Le maréchal, comte du Bourg.	1788 Le maréchal de Stainville.

Intendants.

1648 De Baussan.	1743 Bidé de la Grandville.
1656 Colbert de Croissy.	1744 De Vanolles.
1662 Colbert.	1750 Maigret de Sérilly.
1670 Poncet de la Rivière.	1753 Pineau de Lucé.
1674 De la Grange.	1764 De Blair de Boisemont.
1698 De la Fond.	1778 De Chaumont de la Galaizière.
1700 Le Pelletier de la Houssaye.	
1716 Bauyn d'Angervilliers.	1778 De Chaumont, adjoint du précédent.
1724 De Harlay.	
1728 Feydeau de Brou.	

La plus grande partie des fonctions confiées aux intendants, a passé en 1787, à la commission intermédiaire provinciale, et à l'assemblée générale provinciale, supprimées en 1790.

Commandants de la place de Lauterbourg.

1685 Delis.	1792 Court.
1703 De Saint-Pierre.	1793 Deslandes.
1704 De la Sale.	1794 Lelmy.
1706 De Montbardier.	1794 Girardin.
1721 Prerobert.	1795 Projean.
1723 D'Hérault.	1795 Rossanges, Paul.
1735 De la Chapelle.	1815 Deleuze de Meyran.
1750 De Vaugine.	1830 Bacheville.
1754 De Beaucousse.	1831 Michelet de la Chevalerie.
1770 De Müller.	1833 Marié Duplan.
1792 De Barthelier.	

M. Fourmy, commandant de place actuel.

NB. Pour ne point intervertir la table de MM. les commandants de place conservés à Lauterbourg sous le nouveau régime, c'est-à-dire après la révolution de 1789, nous avons continué d'en indiquer ici le personnel jusqu'en 1843.

§ 4. *Nouveau régime.*

Des monarchies tombent, d'autres s'élèvent sur leurs ruines; telle est l'imperfection des constitutions humaines. Nous nous abstiendrons d'énumérer ici les causes nombreuses, qui en 1789 ont bouleversé le régime du bon plaisir; les priviléges accordés aux classes élevées qui se jouaient du peuple écrasé par les impôts, l'inégalité devant la loi, la dîme, les corvées, les redevances seigneuriales, l'état d'ilotisme dans lequel gémissait la nation française, ont été les principaux moteurs de la régénération moderne. Grâce aux travaux immenses de l'assemblée nationale, la grande révolution de 1789 s'est faite sans beaucoup d'effusion de sang, et le pays se glorifiait déjà de la devise: La nation, la loi, le roi. Mais lorsque l'ambition, les passions, s'emparèrent des hommes d'État, la France n'avait jamais gémi sous un pouvoir plus atroce, plus terrible, plus abominable, que celui du sanguinaire Robespierre. Le fatal instrument qu'il faisait promener par toute la France, trancha aussi sa tête. Après la mort de ce monstre, la confiance commençait à renaître. Le directoire, le consulat, cherchèrent à ramener et à concilier les esprits; sous leurs auspices, la France jouïssait réellement de cette liberté qui fait la gloire d'un grand peuple. Dans la nuit mémorable du 4 août 1789, de grandes choses ont été exécutées : La juridiction princière-seigneuriale dans l'ordre de l'administration publique et dans celui de la justice, les droits féodaux, la dîme, les redevances seigneuriales de toute nature, ont été abolis. Plus tard des districts ont été établis, des municipalités ont été érigées, des agences nationales ont été créées, et les contributions publiques remplacèrent les dîmes et autres redevances du seigneur.

Le prince-évêque de Spire protesta contre les décrets de l'assemblée nationale qui renfermaient toutes ces dispositions; voici la copie de sa protestation :

«Auguste, par la grâce de Dieu, prince-évêque de Spire, prince du Saint-Empire, prévôt de la prévôté princière de Wissembourg, comte de Linbourg-Stirum, etc., déclarons et notifions par et en vertu des présentes à qui il appartiendra : qu'à l'occasion des décrets rendus par l'assemblée nationale de France pour l'abolition des juridictions princières-seigneuriales, tant dans l'ordre de l'administration publique, que dans celui de la justice et des droits féodaux y attachés, pour l'extinction des immunités et exemptions de toutes impositions et charges publiques, pour l'anéantissement de tous priviléges et prérogatives

de principautés, corps et villes, etc., pour la destruction
de tout droit de propriété incommutable et inviolable des
biens ecclésiastiques tant en dîmes qu'en biens-fonds et
droits moraux, nous avons fait et réitéré près sa majesté
très-chrétienne des remontrances et réclamations aussi so-
lides et sérieuses que décentes, aux fins qu'en exécution du
traité fait entre la France et Philippe-Christophe de Sœ-
tern, électeur de Trèves et évêque de Spire, pour notre
évêché, dans toute l'étendue de son district, la prévôté et
église princière de Wissembourg y incorporées, et notre
grand-chapitre de l'église cathédrale de Spire, le 21 août
1646; en exécution des §§ 76 et 77 de la paix de Munster de 1648; en exécution du § 4 de la paix de Riswick
de 1697, et du § 12 de celle de Baden en Ergau de
1714, ainsi que des lettres-patentes de 1756, fondées sur
le § 87 de ladite paix de Munster, tous ces traités subsis-
tant dans toute leur force entre la couronne et notre dit
évêché et les églises en dépendantes, et faisant ensemble l'u-
nique fondement conditionnel et résolutoire de la reconnaissance faite par notre prédécesseur immédiat librement
de la souveraineté de la France, il plût à sa majesté très-
chrétienne déclarer notre dit évêché avec les églises y ap-
partenantes, excepté et exempt desdits décrets et de toutes
autres dispositions de l'assemblée nationale contraires aux-
dits traités et lettres-patentes, ainsi qu'aux us, coutumes,
observances et possessions fondées sur les mêmes traités.
Nous avons porté au mois de janvier dernier les mêmes
remontrances et réclamations à l'empereur et à tout l'empire par un mémoire que nous avons présenté et fait dis-
tribuer à la diète, aux fins d'en obtenir, près la couronne
de France, l'assistance, l'appui et la garantie stipulés par
les traités, et assurés par la constitution du corps germa-

nique. De ce nonobstant, nous apprenons par les rapports
de nos officiers et agents en Alsace que nos prévôts, préposés, magistrats et *Gerichts* dans les villes et commu--
nautés sont destitués en vertu des décrets de l'assemblée
nationale pour la formation de nouvelles municipalités,
qu'on a élu des maires, et par là détruit notre droit juri-
dictionnel administratif dans le point essentiel qui est la
nomination princière-seigneuriale des chefs de nos villes et
communautés; que ces nouveaux maires s'emparent des
papiers, titres et biens des communautés, qu'ils excitent
nos sujets à nous refuser les droits et redevances usités, à
méconnaître notre droit de seigneurie territoriale, à envahir les forêts et domaines de notre évêché, à vouloir
même comprendre nos possessions dans les impositions
publiques, à pousser la licence jusqu'à exercer les voies de
fait les plus criminelles contre nos sergents, porteurs des
sentences et jugements; et qu'ils exercent une autorité
non-seulement attentatoire à tous les traités ci-dessus et
aux droits qui y reposent; mais à tous les principes de justice et à l'ordre public. Dans cette situation des choses,
comme notre devoir sacré et inviolable de défendre les
propriétés et les droits de nos églises, ne nous fait trouver, dans ce moment d'indécision et d'exécution par force
majeure, que la voie de la protestation, nous déclarons
solennellement et publiquement partout où il appartiendra, que nous protestons en la meilleure forme de droit
que faire se peut, contre l'élection des maires dans nos
villes et communautés, et contre toutes innovations contraires aux traités, qui résultent des nouvelles municipalités, ainsi que contre l'autorité que les maires s'arrogent,
et les effets qui en naissent; déclarant le tout nul et attentatoire aux droits inviolables de notre évêché et ses églises.

Nous protestons pareillement de nullité et d'attentat contre tout ce qui pourra être fait par la suite au préjudice de nos dits droits tant dans l'ordre de l'administration que dans celui de la justice, particulièrement par la division géométrique des districts, et la destruction de la distribution territoriale juridictionnelle.

« Mandons à notre procureur au conseil souverain d'Alsace, de présenter en la forme convenable notre présente protestation à ladite cour souveraine de la province, à l'effet d'y être enregistrée à telles fins que de droit; mandons à notre agent à Strasbourg de la présenter aux mêmes fins tant à l'intendance qu'à la commission intermédiaire d'Alsace; mandons enfin et ordonnons à nos baillis et officiers de justice en Alsace, d'en faire la publication et interprétation à nos villes et communautés, pour qu'elles n'en ignorent, et d'en faire avec les procès-verbaux de publication l'enregistrement dans les registres de chaque bailliage.

« Fait et donné dans notre résidence princière à Bruchsal, le 26 du mois de février 1790.

« Signé à l'original : Auguste, évêque et prince.

« Signifié et donné la présente pour copie, en réitérant et interprétant le contenu des déclaration et protestation ci-dessus faites de la part de Son Altesse monseigneur le prince-évêque de Spire, en parlant à Laurent Guckert, l'un des préposés de la communauté de Lauterbourg, avec injonction d'en donner communication aux autres, ainsi qu'aux habitants dudit lieu pour qu'ils n'en ignorent.

« Fait par moi soussigné Nicolas Mathieu, sergent exploitant du grand-bailliage de Lauterbourg, le 23 avril 1790.

Signé : Mathieu. »

En 1790, la France fut divisée en quatre-vingt-trois départements, chaque département en districts, chaque district en cantons; on supprima les provinces, ainsi que leurs priviléges. Des municipalités composées de plusieurs membres, ayant un maire à leur tête, remplacèrent les magistrats des communes. L'Alsace forma deux départements : ceux du Haut-Rhin et du Bas-Rhin; à ce dernier furent réunies, entre autres possessions seigneuriales, celles du prince-évêque de Spire enclavées dans son territoire; il eut Strasbourg pour chef-lieu, où s'établit une administration départementale.

Le Bas-Rhin fut divisé en quatre districts : Strasbourg, Sélestat, Haguenau (plus tard Saverne), et Wissembourg dont faisait partie Lauterbourg. Cette division est encore la même aujourd'hui.

Les districts avaient leurs administrations particulières, subordonnées aux administrations départementales, et un tribunal. On les divisa en cantons, dont chacun avait un juge de paix. Lauterbourg a été établi chef-lieu de canton.

La création des conseils-généraux de départements et de ceux d'arrondissements, remonte à cette époque.

Au mois de février 1800, les départements furent divisés en arrondissements communaux; des préfets administraient les départements, des sous-préfets les arrondissements et des maires les communes.

Cette organisation subsiste encore de nos jours.

L'institution définitive du notariat fut réglée par la loi organique du 25 ventôse an XI.

Table des préfets du Bas-Rhin.

1800 Laumond.	1815 Jean de Bry.
1807 Shée.	1815 Boutbillier.
1811 Lezay-Marnésia.	1819 Decazes.
1814 Kergariou.	1820 Malouet.

1822 Vaulchier.	1831 Nau de Champlouis.
1828 Esmangart.	1837 Choppin d'Arnouville.

M. Sers, préfet actuel.

Sous-préfets de l'arrondissement de Wissembourg.

1800 Frantz.	1816 Billig.
1805 Hosemann.	1816 Sers.
1809 Brandès.	1819 Blanchard.
1811 Verny.	1822 De Blair.
1814 Sers.	1828 Duclaux.
1815 Verny.	1831 Sido.
1815 Sers.	

M. Durckheim-Montmartin, sous-préfet actuel.

Lors de la division de 1790, les communes qui composaient le canton de Lauterbourg, étaient celles dont les noms suivent :

Lauterbourg, Mothern, Münchhaussen, Seltz, Beinheim, Kesseldorf, Niederrœdern, Crœttweiler, Trimbach, Oberlauterbach, Siegen-Kaidenbourg, Wintzenbach, Néeweiler, Scheibenhard, Niederlauterbach, Büchelberg, Berg, Neubourg et Hagenbach.

En 1800, un nouveau changement de cantons eut lieu ; la composition de celui de Lauterbourg était la suivante :

Lauterbourg, Néeweiler, Scheibenhard, Niederlauterbach, Salmbach, Schleithal, Büchelberg, Berg, Neubourg, Hagenbach et Pfortz.

Enfin par le traité de paix de 1815, notre canton perdit toutes les communes sises sur la rive gauche de la Lauter, et n'en conserva plus que six, savoir :

Lauterbourg, Néeweiler, Scheibenhard, Niederlauterbach, Salmbach et Schleithal.

La population de ce canton n'est que de 8,629 âmes. Cette dernière réduction est pour notre ville une perte immense, dont nous ressentons chaque jour les tristes effets.

Municipalité de la ville de Lauterbourg.

Syndics.

1789 Trauth, Charles-Frédéric. | 1789 Hemmerlé, François.

Maires.

1790 Hemmerlé, François.
1790 Dersché, Nicolas.
1791 Hertzmann, André.
1793 Vogel, George-Adam.

1793 Knœpffler, François-Joseph.
1793 Laville.
1794 Berthololy, Pierre.
1794 Vogel, George-Adam.

Commissaires-adjoints.

1793 Pracht, George.
1793 Kilian, Jean-Luc.
1793 Tresch.

1794 Berlin, Jean.
1794 Bruno, Antoine.
1794 Strausz, Jean-Michel.

Procureurs de la commune.

1790 Gabel, Pierre.
1790 Pfirrmann, André.
1791 Gabel, Pierre.
1791 Pfirrmann, André.

1793 Becker, François-Bernard.
1793 Hertzmann, André.
1794 Benoît, George.
1794 Hertzmann, André.

Agents.

1796 Hertzmann, André.
    Rüffel, Joseph, adjoint.
1797 Muszler, Jean-Baptiste.
1798 Hertzmann, André.
    Dœrr, Henri, adjoint.

1798 Rücker, Sébastien.
    Fuchs, Nicolas, adjoint,
    remplacé par Augustin,
    Michel.

Maires.

1800 Augustin, Michel.
    Pfirrmann, André, adjoint.
1800 Trauth, Charles-Frédéric.
    Dudenbœffer, George-An-
    toine, adjoint.
1808 Hertzmann, André.
    Dudenbœffer, George-An-
    toine, adjoint.
1812 Lièvre, Louis.
    Marc, François, adjoint.
1815 Lièvre, Louis.
    Dudenbœffer, George-Fran-

çois, adjoint, remplacé
par Marc, François, qui
eut pour successeur Du-
denbœffer, George-Fran-
çois.
1821 Dudenbœffer,   George-
    François.
    Hertzmann, André, adjoint.
1831 Marc, François.
    Savagner, Ch^{les},
    Dudenbœffer, Va. } adjoints.
    lentin.

M. Lambert, Louis, maire actuel.
M. Sonntag, George, adjoint.
M. Bühler Michel, secrétaire de la mairie.

Juges de paix.

1791 Mahler, Michel.
1792 Dersché, Nicolas.
1794 Chaveheid.
1795 Berlin, Jean.

1798 Hertzmann, André.
1804 Lambert, Joseph.
1821 Guntz.

M. Lambert, Eugène, juge de paix actuel.
M. Mittelhausser, Antoine-Napoléon, greffier.
MM. Denier, Henri-Joseph, et Bentz, Joseph, huissiers.

Notaires.

1790 Westercamp, Henri.
1790 Geiger, Léopold.
1795 Westercamp, Louis.
1795 Bæhr.

1796 Geiger, Joseph.
1800 Funck.
1804 Anstett, Franç.-Alexandre.
1840 Meyer.

MM. Savagner, Charles, et Klipffel, Henri-Auguste, notaires
actuels.

Nous portons aussi dans ce cadre le personnel des curés, des instituteurs et des receveurs municipaux, tant sous l'ancien que sous le nouveau régime. Les instituteurs étaient d'abord au choix des curés; ils sont actuellement nommés par M. le ministre de l'instruction publique et des cultes.

Curés.

1584 Leyprand, Martin.
1586 Luderer, Jean.
1588 Sattler, Philippe.
1590 Hoffmann, Étienne.
1617 Agricola, Jean.
1656 Prælat, Joseph.
1671 Zivolus, Albert.
1677 Canisius, Philippe-André.
1677 Küstner, Simon.
1705 Fabry, Jean.

1735 Rœsch.
1736 Würtz, Jean.
1744 Schrœder, Joseph.
1755 Géschand.
1762 Gérard, Bernard.
1763 Brunck, Nicolas.
1792 Schwind, Charles-François.
1796 Arnsberger, Martin.
1800 Spisser, Guillaume.

M. Spisser, Pierre, chanoine honoraire, curé actuel.

Instituteurs.

1679 Eger, Martin.	1724 Gramling, Étienne.
1680 Klein, Jean-George.	1744 Hüllenmeyer, Joseph.
1684 Eger, Martin.	1747 Rattenmann, Érasme.
1688 Jæger, Jean-Henri.	1775 Ludwig, Samuel.
1689 Jæger, Christophe.	1786 Rothé.
1705 Hartmann, Jean.	1797 Schirmer, Nicolas.
1707 Hartmann, Laurent.	1806 Schœnagel, Michel.

M. Wild, Louis, instituteur actuel.

Receveurs municipaux.

1772 Bœhm, Chrétien.	1789 Guckert, Othon.
1775 Trauth, Charles-Frédéric.	1791 Bruno, Antoine.
1778 Bœhm, Chrétien.	1794 Gœtschel, Feist.
1779 Sonntag, Antoine.	1795 Strausz, Jean-Michel.
1780 Dudenhœffer, George-Ant.	1796 Bühler, Mathieu.
1782 Bary, Victor.	1798 Rüffel, Joseph.
1783 Henck, François.	1799 Rücker, Sébastien.
1787 Guckert, Laurent.	1800 Bühler, Antoine.

M. Vogel, George-Adam, percepteur, receveur municipal actuel.

CHAPITRE IV.

DES IMMUNITÉS, DES DROITS ET DES PRIVILÉGES DE LAUTERBOURG.

Lors de la concession du comté de Lauterbourg au chapitre de Spire, Guillaume, empereur des Romains, par sa charte de 1254, octroya à la ville les immunités, les droits et les priviléges suivants, savoir :

1° D'élire son magistrat (*Vorsteher*) parmi les membres notables de la bourgeoisie. Ses attributions étaient d'administrer la chose publique, et de rendre la haute (*Blutgericht*), moyenne et basse justice. Dans la suite les baillis jaloux de ces prérogatives enlevèrent successivement toute la juridiction au magistrat qui ne connaissait plus que des petites affaires de police.

2° D'entretenir une prison particulière pour les bourgeois, et d'en avoir une autre propre à l'incarcération des délinquants et des criminels étrangers.

3° De construire des bâtiments publics selon les besoins de la localité, et de veiller à la conservation et à la restauration des portes, des tours et des murs d'enceinte de la ville.

4° De permettre tout commerce licite, ainsi que l'exercice de métiers et de professions honorables, conformément aux règlements que la ville établirait tant dans l'intérêt des professions que dans celui de la salubrité et de la sûreté publique et des usages des corporations existantes.

5° D'exiger des droits d'admission (*Einzuggelder*) de tout étranger qui témoignerait le désir de se fixer à Lauterbourg.

6° De lever la taille (*Beth-* ou *Beeth-Geld*) sur les biens-fonds privés, et même sur les domaines seigneuriaux.

7° De percevoir les amendes de police, des droits de chaussée, la gabelle, une taxe sur la farine et d'autres impôts connus sous les noms de *Ohmgeld, Unterkauf, Rauchgeld, Fronfastengeld, Pfundzoll, Standgeld, Ehlengeld* et *Hintersaszgeld*.

8° De lever la dîme sur une partie des biens des deux hautes chaussées, supérieure et inférieure (*Der Güter beider hohen Strassen*).

9° De recueillir les droits d'aubaine ou toute succession délaissée sans héritiers au degré successible.

10° De se fournir annuellement dans les forêts de l'État de bois de chauffage, moyennant une rente très-modique, et d'y faire ramasser, gratuitement, les faines, les glands et autres fruits sauvages.

11° De jouir des étangs, sources, eaux, terrains vagues et pâturages, dont la propriété était à l'État.

12° De tenir des foires et des marchés.

Ces droits ont été reconnus en 1467 par le prince-évêque de Raumung qui autorisa la ville à tenir un sceau et des armoiries représentant trois tours jaunes en champ d'azur, (*drei gelbe Thürme im blauen Feld*); elle conserva aussi le bâton (*Stab*), semblable à un sceptre, que l'empereur romain lui donna, à l'occasion de sa charte de 1254, comme un symbole de son autorité souveraine.

Une ordonnance du roi de France, rendue le 30 septembre 1697, confirma la ville dans ses priviléges et immunités.

La livrée que portaient le sergent-appariteur, l'architecte, les portiers et les gardes, était un habit de drap, couleur blanche et violette sur la droite, rouge et noire sur la gauche.

Dans les désordres et les ravages des guerres, surtout lors du grand incendie de 1678, les chartes et titres de la ville ayant été égarés ou brûlés, elle se vit obligée parfois de recourir au prince-évêque pour faire renouveler ses droits; pareilles démarches furent faites en 1652 et 1739; mais le seigneur, songeant avant tout à ses propres intérêts, et mettant l'occasion habilement à profit, supprimait ou innovait ordinairement quelque immunité ou privilége de la ville. Les réclamations du magistrat étant repoussées, des procès surgirent entre la ville et le seigneur qui triomphait souvent de son faible adversaire; elle aurait même perdu tous ses droits et revenus, sans l'intervention du conseil souverain d'Alsace, tellement le prince-évêque se plaisait à étendre son usurpation.

La révolution française mit fin à ces contestations; en

renversant la féodalité, elle abrogea les priviléges de la ville, comme contraires au grand système de liberté et d'égalité introduit à cette fameuse époque; de tous les droits, la tenue des foires et marchés fut le seul qu'elle conserva. Dans l'origine, il n'y eut que deux foires à Lauterbourg; mais en 1750, le prince-évêque accorda la troisième; les trois ont été confirmées en 1787 par un diplôme du roi de France; elles se tiennent annuellement : la première, le jeudi avant le dimanche des Rameaux; la seconde, le mardi qui suit la Trinité, et la troisième, le mardi après la Saint-Gal, en octobre; leur durée est de deux jours chacune.

Le marché hebdomadaire se tient les mardis et les vendredis. En 1813, la ville obtint l'autorisation d'ouvrir un marché aux blés et aux bestiaux; toutefois la perte du Palatinat cédé à la Bavière, et par conséquent la réduction du canton en 1815, ont détruit tous les avantages que Lauterbourg croyait retirer de ce dernier marché, qui n'existe plus que de nom.

Le marché ordinaire se tenait autrefois dans une partie de la Grand'rue, depuis le Mittelthurm jusqu'à l'Hôtel-de-Ville; en 1780, il fut transféré sur la place du Château, et en 1786 sur le Mühlteich, rue large et commode, où il se tient actuellement.

Il convient de rapporter ici les droits usagers que les habitants de Lauterbourg possèdent dans la forêt dite Bienwald, appartenant actuellement à la couronne de Bavière, et que le prince-évêque leur accorda en vertu d'un titre qui remonte au treizième siècle, à la charge de payer annuellement une rente déterminée. Leur exercice s'étend à ramasser le menu-bois sec, les glands et les faines, et à faire pâturer le bétail dans la forêt. Ces droits indisposèrent tous les possesseurs du Bienwald; le prince-évêque, le premier, chercha, en 1720, à les faire éteindre; sous l'empire, l'administration forestière française vexa ses propres nationaux; l'administration des forêts bavaroise limita le pâturage; mais malgré ces tracasseries, la ville a su maintenir les droits usagers en question, garantis au surplus par le traité de paix de 1815.

CHAPITRE V.

DES RECETTES ET DES DÉPENSES DE LA VILLE DE LAUTERBOURG.

§ 1. *Recettes.*

Nous allons examiner quels étaient les voies et moyens de recettes ordinaires et extraordinaires de Lauterbourg, avant la révolution de 1789; cet aperçu offrira des particularités qui ne seront pas sans intérêt pour le lecteur.

Tout étranger, mâle ou femelle, qui demandait à se fixer ici, était obligé de payer, primitivement, un droit d'admission (*Einzuggeld*) de trois florins, porté, en 1600, à dix florins, et, en 1738, à vingt florins; il a été élevé, en 1781, à quatre-vingts florins pour un homme, et à quarante florins pour une femme; en 1787, le magistrat ordonna qu'il fût de cent cinquante florins, sans distinction du sexe, non compris un seau à fournir.

En se mariant, l'étranger admis, même tout fils de bourgeois, avaient à verser dans la caisse communale, le montant d'un florin, et à donner un seau.

La taille (*Güterbeethgeld*) était une contribution foncière qui frappait indistinctement tous les biens-fonds particuliers et ceux du seigneur, tant dans la banlieue de

Lauterbourg qu'en celle de Scheibenhard ; elle procurait des revenus considérables à la commune.

Les amendes de police prononcées par le grand-bailli et par le magistrat, dues par des individus de Lauterbourg, revenaient à la ville ; elle percevait encore : des droits de chaussée auxquels les étrangers étaient seuls soumis, la gabelle et l'impôt sur la farine à la charge des fariniers et des boulangers. Les trois dernières taxes étaient ordinairement affermées.

Les aubergistes et les cabaretiers payaient une espèce de contribution indirecte appelée *Ohm-Geld ;* elle était rigoureusement exigée ; Christophe Horcher, ex-receveur du bailliage, ayant refusé de l'acquitter, fut condamné, en 1657, par le magistrat à l'amende, en sus du payement du droit, quoique le vin qu'il avait débité fût de son cru.

Des droits de mutation, connus sous le nom de *Unter-kauf,* étaient créés sur les ventes volontaires d'immeubles ; la ville les affermait le plus souvent.

Le *Rauch* ou *Fronfastengeld* représentait les contributions personnelle et mobilière ; cet impôt était annuellement de trois batzen, par feu, sauf les ménages du faubourg, qui ne payaient que neuf kreutzers chacun.

Le *Pfundzoll* et le *Ehlengeld* étaient des taxes perçues sur les denrées et les marchandises de toute espèce, lors des foires et marchés ; le *Standgeld* consistait dans les droits de place ; quatre hommes armés prêtaient assistance aux bourgmestres quand ils procédaient à l'opération de ces recettes.

Ceux des habitants appelés *Hintersasz* ne possédaient point le droit de bourgeoisie, soit que le magistrat eût refusé de le leur accorder, soit qu'ils n'eussent point acquitté le droit d'admission ; quoiqu'ils fussent privés de la jouissance des biens communaux et du droit d'y faire paître leur bétail, ils étaient néanmoins imposés au payement annuel d'un florin, par famille, dont la moitié revenait à la ville, et le surplus au seigneur.

La dîme qui appartenait à la ville sur les terres des deux hautes chaussées, n'a jamais été d'une grande importance, vu que les biens étaient incultes en majeure partie.

Le cas des droits d'aubaine se présentait très-rarement; les personnes se voyant sans héritiers au degré successible avaient soin de disposer le plus souvent de leurs biens en faveur d'un ami ou d'un bienfaiteur quelconque, ainsi que cela se voit encore à présent.

La recette de la romaine formait aussi un article de l'actif de la ville.

Le lavage de sable du Rhin et le commerce de bois de charpente et de planches lui appartenaient exclusivement; mais ces deux industries ne lui ont pas été bien profitables.

Elle grossissait encore ses revenus:

1° Par les fermages du droit de pêche dans les eaux dont elle avait la libre disposition, telles que : l'eau dite Alt-rhein, qui en 1640 fut engagée au grand-bailli Weingarten pour une somme de cinq cent trente-cinq florins, et en 1711, à un autre particulier, pour deux cents florins; les eaux, appelées Altwæsser, Oberaltrhein, Hinterwæsser, Lauterjockel et le Stadtgraben, désséchées depuis.

2° Par les fermages de la métairie au canton dit Grau-wœrth, dont, en 1654, Jean Dolich était le fermier; mais qui, en 1767, a été engloutie par le Rhin.

3° Par ceux de la métairie nommée Schafhof ou ferme Riedessel, acquise, en 1602, de la famille Riedessel; et par les fermages des cantons dits Wiesenau, Heckenau, Eissert, Eisedel. Tous ces biens, après avoir été mis en lots, ont été vendus, par la ville aux habitants, dans les années 1684, 1696, 1703 et 1714.

4° Par les fermages des terres et des prés composant les cantons Salmenwœrr, Fahrwœrr, Lausangel, Burgerlach, Neuwissen, Æckerlé, Grauloch, Breitlach, qui en 1612, était encore une eau poissonneuse, Sandlach, qui en 1614 formait le bassin d'un étang seigneurial, dont le fond appartenait à la ville, Lœmmerwissen, Pfærchwies, Zehn-Eichen, Rœderwissen, Illinger-Pfad, Barthelmœwies, Heerdwies, Ohlywies et Conradsacker.

En conformité d'un décret de la convention nationale, de l'année 1793, la généralité des immeubles qui composent ces cantons, a été partagée et donnée en propriété aux habitants de Lauterbourg, sans distinction de sexe ni d'âge; chaque tête a ainsi obtenu un lot de la contenance de dix-huit ares, quatre-vingt-dix centiares, à la charge de payer une légère rétribution à la commune.

5° Par les fermages des terres aux cantons Kœpffel et Franckreicher, et de quelques digues.

Le gouvernement fit aliéner en 1813 les biens communaux au canton Franckreicher, et s'en adjugea le prix de vente; il concéda, en retour, à la commune une rente sur l'État.

6° Par les rétributions des communaux appelés Ruhespieler et Gærteln, dont la jouissance était abandonnée aux habitants de la ville; ce bénéfice subsiste encore aujourd'hui à la charge de payer une rétribution de six francs par Ruhespiel, et de deux francs par Gærtel.

7° Par les fermages des deux places communales, plantées d'arbres fruitiers, longeant, du côté de la ville basse, l'ancien mur d'enceinte, flanqué du Mittelthurm et, en partie, le fossé dit Mühlteich, du côté opposé.

A partir de 1690, ces places ont été partiellement cédées à divers particuliers qui les surbâtirent. C'est aujourd'hui la rangée de maisons qui s'étend du haut de la rue des Pêcheurs jusqu'aux fortifications, et qui masque l'ancien mur d'enceinte. Aux environs de la maison Forest, où se trouvait jadis la halle au pain, un beau tilleul offrait son agréable et odoriférant ombrage à nos pères qui, les jours de fête, s'assemblaient là, pour jouir de quelques moments de délassement, et se délecter par fois à la danse.

8° Par les loyers des bâtiments communaux, savoir : la maison de bains, la tuilerie, le lavoir et par le fermage de quelques terrains vendus depuis 1720 à des particuliers.

9° Enfin par le produit des ventes des coupes ordinaires et extraordinaires des forêts de la ville.

Les bois de charpente et de chauffage y étaient réservés gratis aux habitants jusqu'au dix-septième siècle; ils jouissaient en outre du droit de chasse et de pâturage sur toutes les propriétés rurales de la ville.

On peut observer ici, qu'avant la révolution, les terres de la banlieue de Lauterbourg n'étaient point dans un état de culture aussi satisfaisant qu'elles le sont maintenant; les débordements du Rhin alors très-fréquents ayant empêché de les assoler et de leur donner les soins convenables; plusieurs cantons, notamment ceux appelés Wiesenau, Heckenau, Eissert, étaient couverts de ronces; d'autres étaient de véritables marécages; nous parlerons de leurs degrés d'amélioration dans la troisième partie.

§ 2. *Dépenses.*

Avant 1789, les dépenses et charges de la ville ont consisté : dans les frais de construction et d'entretien de ses nombreux bâtiments; dans le service du traitement du magistrat, des fonctionnaires et de divers employés; dans le payement des bienvivres du commandant, du major et de l'aide-major de place, et souvent dans l'acquit de contributions de guerre très-considérables. En feuilletant les comptes communaux, on remarque que ce dernier article s'est monté, de 1624 à 1714, à la somme de cinquante-quatre mille huit cent sept florins d'Allemagne.

Voici quelles étaient les impositions et autres redevances que Lauterbourg et ses habitants ont annuellement payées au prince-évêque de Spire :

	Flor.	Kreuz
Contributions en argent (*Schatzungsgelder*)	460	—
Droits de concession (*Concessionsgelder*) .	30	—
Impôt des *Hintersasz*	26	—
Droits dits *Ohm* et *Lagergelder*	437	59
Idem nommés *Sudgelder*	8	51
Idem payés par les aubergistes, les boulangers et les bouchers	61	27
Idem de subsistance	45	39
Idem appelés *Frohngelder*	892	52
Idem qualifiés *Kaminfegergelder*	36	19
Idem dits *Einspennigergelder*	12	—
Ensemble, en argent	2011	07

Enfin la grande et la petite dîme.

Noublions point les corvées et les rétributions connues sous le nom de *Reichstaggelder*.

A partir de 1680, la ville était obligée de payer également au roi de France des droits de protectorat et de fortification (*Schutz- und Fortificationsgelder*), et à commencer de 1695 des contributions personnelle et de milice (*Kopf- und Militzengelder*); ces différentes impositions se sont élevées, en 1736, à la somme de dix-sept cent trente-huit florins.

§ 3. *Budget.*

Nous venons de consigner les revenus et les charges de la ville avant 1789; pour établir un parallèle dont l'appréciation est abandonnée au lecteur, il ne sera pas inutile de produire les recettes et les dépenses actuelles, ordinaires et extraordinaires de la commune; à cet effet nous transcrirons ici les articles les plus saillants du budget de 1842, en observant au préalable que la ville n'a plus de dettes, et que pour les amortir, ainsi que les charges de guerre de 1813, de 1814 et de 1815, qui seules se montaient à trente-cinq mille six cent quatre-vingt-dix-neuf francs, et encore pour réaliser d'autres projets, elle a aliéné une partie de son domaine, nommément la forêt dite Fischerwald, et a cédé la rente que l'État lui avait faite en retour du prix de vente des communaux appelés *Frankreicher.* Pour remplacer des revenus que la vente et le partage des biens-fonds avaient déjà sensiblement diminués avant la révolution, elle a eu recours, en 1801, à la création de l'octroi, dont le produit forme une des recettes les plus considérables du budget.

Recettes ordinaires.

Elles se composent :

	Fr.	C.
Des cinq centimes additionnels ordinaires évalués à	386	—
Des attributions sur les patentes	200	—
Du produit de l'octroi évalué à	3000	—
Des droits de location aux foires et marchés	600	—
De ceux de pesage, mesurage, etc.	200	—
Du prix de ferme des maisons	173	50

Fr.   C.

De celui des biens ruraux aux cantons dits
Kœpffel et *Judenwœldel* 2165 50

De la rétribution sur communaux partagés
temporairement, appelés *Ruhespieler* et *Gœr-
teln* . . . .   1910 —

Du prix de fascines . . . .   100 —

Et d'autres petits articles, tels qu'amendes de police,
ventes sur particuliers, intérêts de fonds placés au trésor
(25 fr. par an), etc.

Recettes extraordinaires.

Imposition extraordinaire pour salaire des gardes champêtres, ci . . . .   400 —

Évaluation des prestations en nature 1234 90

Dépenses ordinaires.

Frais de bureau du maire et traitement du
secrétaire . . . .   1000 —

Frais de registres de l'état civil 158 40

Remises du receveur municipal . . . .   400 —

Gages de l'appariteur . . . .   450 —

Idem du garde de police . . . .   275 —

Salaire des gardes champêtres . . . .   400 —

Idem des gardes forestiers . . . .   200 --

La ville n'a plus de forêts; elle possède, aux
cantons dits *Kœpffel* et *Fasanenkopf,* des broussailles qu'elle fait garder, et dont elle tire le
produit des fascines vendues et employées aux
travaux du Rhin.

Elle vient d'être autorisée à défricher ces
broussailles; déjà elle a fait mettre la main à
l'œuvre.

	Fr.	C.
Frais de perception de l'octroi	830	—
Dix pour cent du produit net de l'octroi . .	217	—
Entretien de l'habillement des agents de police	80	—
Contributions des biens communaux	440	—
Entretien de la maison commune	80	—
Idem de l'horloge	80	—
Idem des puits	430	—
Idem des ponts	40	—
Idem des fossés	80	—
Idem des pavés	100	—
Éclairage des rues	350	—
Frais d'exploitation, et de façonnage du bois de chauffage de la mairie	40	—
Subvention à l'hospice départemental des enfants trouvés	64	96
Sage-femme des indigents	120	—
Médecin cantonal	84	—
Traitement de l'instituteur catholique . . .	420	—
Gratification à l'instituteur privé des Israélites	50	—
Traitement des institutrices	250	—
Entretien de la maison d'école	80	—
Prix d'encouragement, achat de livres pour les enfants pauvres	40	—
Entretien des bourses à l'école normale . .	67	—
Frais de bureau du comité local de l'instruction primaire	20	—
Indemnité de logement du rabbin	51	33
Traitement du vicaire	200	—
Salaire du sonneur de la cloche de police .	50	—

	Fr.	C.

Idem du préposé de la romaine, à raison de vingt-cinq pour cent de la recette brute . . .   50 —

Frais de casernement suivant ordonnance royale du 29 avril 1839 . . , ...   300 —

Salaire de l'équarrisseur . . . .   50 —

Fêtes publiques . . . .   80 —

Dépenses imprévues . . . .   100 —

Dépenses extraordinaires.

Construction à l'église . . . .   1800 —

Évaluation des prestations en nature 1234 90

Salaire du cantonnier . . . .   300 —

Instruments et outils du cantonnier . . . .   30 —

Le total général des recettes porté au budget, est de 11539 83

Celui des dépenses est de 11369 01

Il en résulte un excédant de recette de . . .   170 82

Budget supplémentaire.

Les recettes, y compris l'excédant de l'exercice précédent (1841), et deux fournitures de fascines faites les 21 et 27 janvier 1842, se portent à 3783 44

Les dépenses, où figurent deux mille sept cent quarante francs pour solde des frais de restauration de l'église, et six cent cinquante francs pour la clôture du cimetière, font . . . .   3903 —

Partant excédant de dépenses de. 119 56

imputable sur l'excédant du budget primitif de 1842, le 170 82

Les grosses réparations faites à l'église, en 1841, ont absorbé une grande partie des revenus de la commune qui, pour y subvenir, était obligée de recourir à la munificence du gouvernement, tout en augmentant les rétributions des *Ruhespieler;* mais les voies et moyens ayant été préparés en temps utile, ces frais ont été soldés. L'état des finances devenant annuellement plus prospère, la ville pourra réaliser d'autres projets d'utilité et de salubrité publique, notamment ceux de rétablissement de la flèche de l'église et de construction d'un abattoir.

Octroi.

Les objets soumis aux droits d'octroi sont les suivants :

		Fr.	C.	
Boissons :	Vins en cercles payant . .	»	85	par hectol.
	Idem en bouteilles . . .	»	85	*id.*
	Cidres, poirés et hydromel	»	35	*id.*
	Alcool pur	2	70	*id.*
	Bières fabriquées en ville	»	50	*id.*
	Idem importées	»	63	*id.*
	Vinaigres	»	50	*id.*
Comestibles :	Bœufs, payant	8	—	par tête.
	Vaches et génisses	5	—	*id.*
	Veaux	»	75	*id.*
	Moutons et chèvres . . .	»	75	*id.*
	Viandes fumées	»	05	par kilog.
	Idem fraîches	»	05	*id.*

CHAPITRE VI.

DES REVERS ET DÉSASTRES DE LA VILLE DE LAUTERBOURG ET DE SES HABITANTS.

Ce fut principalement à partir de la guerre de trente ans que des malheurs de toute espèce frappèrent Lauterbourg et ses habitants; et quoique dans les invasions une soldatesque effrénée et rapace pille en général tout ce qui s'offre à sa cupidité ou ravage ce qui se présente à sa fureur, il est des lieux et des personnes que le sort semble condamner particulièrement à des maux plus cruels encore.

Sans remonter à Attila, enseveli sous trop de siècles, nous ne commençons cette esquisse qu'au dix-septième; les annales de cette époque seront d'autant plus dignes de foi, que les événements sont plus rapprochés de nous.

Lauterbourg relevait encore de l'empire germanique, lorsqu'en 1618 la guerre de trente ans éclata; tantôt investie par des Allemands, tantôt par des Français, cette ville eut souvent d'énormes contributions à payer. Philippe-Christophe de Soëtern, prince-évêque de Spire, qui avait fait fortifier Udenheim, appelé depuis Philippsbourg, afin de mettre son diocèse à couvert des entreprises des princes allemands, et qui, en 1627, étendit les ouvrages de cette place, y appela un grand nombre de Lauterbourgeois; beaucoup d'entre eux ne pouvant supporter ces pénibles corvées, succombèrent à la tâche. Lauterbourg recueillit leurs veuves et orphelins.

Les Croates passant par cette ville, en 1629, y laissèrent d'horribles traces de leur dévastation. Deux ans plus tard,

 ...Suédois emmenèrent captifs le greffier et Jean Schmitt à la place des bourguemestres qui s'étaient sauvés ; pour les rendre à la liberté la ville paya une rançon de 800 rixdales. Quelque temps après, le bourguemestre Michel Hardt fut également fait prisonnier et conduit à Seltz, où, avant de le relâcher, les Suédois l'appliquèrent à la torture.

Le 12 juillet 1632, Jean-George Roth, capitaine suédois, vint ici accompagné de dix cavaliers et de quelques soldats de Spire ; irrités d'une forte contribution de guerre qu'il était impossible aux habitants de payer, ils saccagèrent de fond en comble Lauterbourg, et après y avoir commis toutes sortes d'atrocités et mis le feu au château, ils se saisirent du bourguemestre Jean-George Contzelmann et d'Adam Doll, ex-bourguemestre, et les enfermèrent dans l'Hôtel-de-Ville ; de là ils les transportaient à Landau, lorsque près de Bellheim, dans un taillis, ils furent attaqués par sept compagnies de troupes impériales qui les poursuivirent à outrance ; les deux prisonniers parvinrent à s'enfuir dans le bois ; mais s'étant involontairement séparés dans ce moment de trouble, Contzelmann rentra heureusement dans Lauterbourg ; Doll, repris par les Suédois, fut conduit à Landau, où le lendemain il fut pendu d'après les ordres du général suédois Chrétien de Birlenbach.

Les troupes de Weimar surprirent, en 1633, la ville de Lauterbourg et en complétèrent le pillage. Il y régnait jusqu'en 1640 une telle confusion et une telle désorganisation qu'on abandonna le soin des affaires publiques ; les bourguemestres s'étaient sauvés et l'on ne songea plus à les remplacer ; le peu d'habitants que le fer de l'ennemi avait épargnés, périssaient de faim ou de misère.

En 1641, les Français arrêtèrent les deux bourguemestres George Contzelmann et Jean-Ulric Guckert et les transportèrent garrottés à Haguenau; à force de prières et de présents la liberté leur fut rendue. On frémit des atrocités exercées ici de sang-froid par les troupes suédoises, de Weimar, allemandes et françaises.

Le duc de Lorraine vint camper, en 1666, avec une armée considérable, dans les environs de Lauterbourg, qui fut obligé d'entretenir le colonel Wepenheim et son régiment ainsi que la domesticité et les chevaux du duc.

Dans la guerre des Pays-Bas-Unis, des malheurs indicibles accablèrent notre ville. En 1674 elle eut à sa charge une forte garnison française; deux ans après des impériaux l'en débusquèrent; ceux-ci, conduits par le général comte d'Archheim, vinrent, forts de 10,000 hommes, camper sous les murs de la ville; ils l'enveloppèrent pour la première fois de forts et de redoutes et établirent les fameuses lignes qui de Lauterbourg s'étendent jusqu'à Wissembourg. L'année suivante, pendant le cantonnement des troupes lorraines, saxonnes et autrichiennes, les bourgeois étaient tellement maltraités par elles, qu'ils cachèrent ce qu'ils avaient de précieux et s'enfuirent.

Quoique jusqu'ici l'horizon de cette malheureuse ville ait été souvent chargé de gros nuages, l'orage n'éclata jamais avec autant de violence et de fracas qu'en l'année 1678. Des Autrichiens et des Lorrains, sous le commandement du colonel Raufing, après une résistance opiniâtre, furent forcés, à l'approche des Français, d'abandonner la ville et les fortifications. Les habitants fermèrent et barricadèrent les portes et se sauvèrent dans les forêts. Le vénérable curé, Küstner, Simon, resta seul. Les Français que la résistance de l'ennemi avait irrités, trouvant les portes fermées et la ville sans habitants, mirent le feu dans tous les quartiers et ne la quittèrent que lorsque les neuf dixièmes en furent consumés. Une partie de l'église, l'Hôtel-de-Ville et le château devinrent également la proie des flammes.

Les Français, auteurs de ce désastre, n'ayant trouvé, de 1688 à 1694, aucun abri convenable dans l'intérieur de la ville, furent obligés de camper dans quelques redoutes aux portes de Lauterbourg; les régiments de cavalerie *Turenne et Artois*, deux régiments de fantassins, et trois autres bataillons d'infanterie dont deux irlandais, étaient alors cantonnés ici. Outre cette forte occupation de troupes la ville eut d'énormes charges de guerre à payer.

La guerre de la succession d'Espagne fut aussi bien funeste à Lauterbourg; en 1703, le maréchal Tallard, après avoir chassé les impériaux et leurs auxiliaires, les Anglais, resta dans nos environs avec une armée d'observation; il se fit payer par la ville une contribution de guerre de 1736 florins. Les impériaux reprirent, en 1704, Lauterbourg et les lignes; ils n'en restèrent pas maîtres longtemps, car les Français s'en emparèrent de nouveau l'année suivante; mais le colonel autrichien Vœlckerlin s'étant opposé à leur marche, ils bombardèrent la ville; le feu avait déjà réduit en cendres un grand nombre de maisons, lorsque l'ennemi fut obligé de battre en retraite. En 1706 les Français en débusquèrent encore les impériaux qui étaient revenus l'investir; à cette occasion l'Hôtel-de-Ville devint la proie des flammes ainsi qu'une partie du château. En la même année les Français renversèrent les murs et les tours de la ville et détruisirent les fortifications de l'ennemi. Ils construisirent les ouvrages actuels; nous en parlerons plus amplement dans la seconde partie, au chapitre des fortifications.

Dans la guerre de la succession d'Autriche, vulgairement

appelée *alarme des Pandours*, Lauterbourg fut pris, en
1744, par le prince Charles de Lorraine, qui avait passé
le Rhin près de Schrœck, le 1er juillet de cette année, avec
une armée de 40,000 hommes; il y établit son quartier-
général. Les généraux Trenk et Nadasti pillèrent avec leurs
féroces soldats tout ce qui leur tomba entre les mains. Des
contributions très-considérables furent imposées à Lauterbourg et à d'autres villes et villages qui se trouvaient
à la portée de l'ennemi; quelques bourgades qui ne pu-
rent amasser les sommes demandées furent réduites en cendres.

Pendant les guerres de la république française, Lauterbourg vit également l'ennemi dans ses murs; la perte de
Mayence força, en juillet 1793, l'armée française, commandée par Custine, de se retirer derrière les lignes de
Wissembourg; notre ville fut défendue par un camp retranché où étaient logés 4000 hommes soutenus par des
gardes nationaux venus de Brumath et de Haguenau;
Wurmser, qui était à la tête de l'armée des alliés, occupa
toute la ligne opposée de la forêt appelée *Bienwald*; il y fit
établir des redoutes qui sont encore visibles aujourd'hui.
Les sorties nombreuses de notre garnison firent parfois
éprouver des pertes à l'ennemi; mais en octobre 1793
l'armée française ayant décampé, les alliés envahirent Lauterbourg où ils ne restèrent que jusqu'au 26 décembre de
la même année, en ayant été chassés par les Français.
Beaucoup de Lauterbourgeois, saisis de peur, émigrèrent
à cette époque et perdirent leurs biens. Le 1er janvier 1794,
George-Otton Guckert, Bernard Jenck, François Schil-
ling, membres de la municipalité de Lauterbourg, et André Hertzmann, procureur de cette commune, ont été arrêtés sans qu'on leur ait fait connaître aucun motif, et

transférés immédiatement dans une prison à Strasbourg, où ils restèrent enfermés jusqu'au 9 septembre suivant, jour de leur délivrance. Outre ces arrestations et quelques autres, Lauterbourg n'a heureusement à déplorer aucune victime qui soit tombée sous la hache meurtrière du trop fameux Schneider.

Dans les guerres d'invasion de 1814 et de 1815, Lauterbourg paya encore son fort tribut en argent et en peine; d'excessives contributions et l'entretien de l'armée d'occupation des alliés y frappèrent de profondes plaies que vingt-huit années de paix ont cicatrisées à peine.

CHAPITRE VII.

DU MOUVEMENT DE LA POPULATION DE LAUTERBOURG.

§ 1. *Population.*

Nous ne croyons pas que, sous le rapport de la population, Lauterbourg ait jamais occupé une place importante parmi les villes d'Alsace, soit du temps des Romains, soit sous les rois des Francs. C'est la position stratégique qui lui a acquis une certaine célébrité, surtout avant l'invention de la poudre à canon.

Quoi qu'il en soit, on prétend que cette ville, sous la domination romaine, était florissante et bien peuplée; mais, en 451, Attila, roi des Huns, l'incendia et fit périr ses habitants. Lauterbourg se releva avec peine de ses ruines, et la population s'accrut lentement.

D'après un cahier qui a pour titre : *Status animarum* déposé au secrétariat de la fabrique de l'église, la ville comptait, de 1390 à 1500, deux cent trente feux, sauf une légère population flottante.

Suivant un autre document intitulé *Beetbuch* (registre des tailles) de l'année 1649, il n'y avait ici que deux cent treize maisons. La diminution provenait de la guerre de trente ans.

En 1680, après le fameux incendie de 1678, la bourgeoisie s'est trouvée réduite à quarante chefs de famille, non compris les habitants qui ne jouissaient point du droit de cité, connus sous les noms de *Gefreyte*, de *Hintersasz*, et les juifs.

La liste de corvées de l'année 1696, trouvée dans les archives de la ville, porte le nombre des ménages à celui de cinquante-cinq, à l'exception de trente familles de *Gefreyte*, de *Hintersasz* et de juifs.

Selon Schœpflin, il n'existait ici, en 1720, que cent feux; cependant des titres authentiques déposés dans les archives de la commune, attestent que, la même année, deux cent vingt-six maisons habitées se trouvèrent à Lauterbourg. Le grand archéologue est donc dans l'erreur. A la vérité, il ne paraîtrait pas probable de voir la population de 1696, qui en tout ne comptait que quatre-vingt-cinq chefs de famille, s'accroître si subitement dans l'espace de vingt-quatre ans, qu'en 1720 elle pût offrir le chiffre de deux cent vingt-six chefs; il en est toutefois ainsi. La cause de cette augmentation disproportionnée s'explique facilement par le retour de beaucoup de familles émigrées après l'incendie de 1678, et par l'arrivée d'un bon nombre de Français venus de l'intérieur se fixer au faubourg un peu avant 1720.

	Ames.
La population de 1756 s'est élevée à	1442
Elle était en 1765 de	1668

Ames.

En 1788 de   1820

Le recensement de 1794 ne l'a portée qu'à . . .   1453

Les émigrations pendant les orages de la révolution ont produit cette diminution.

Lauterbourg a compté en 1799   1806

en 1807   2160

Depuis que la France n'a plus que quatre-vingt-
six départements, le recensement de 1821, le premier depuis cette époque, a fixé la population de
notre ville à   2430

Celui de 1826 a constaté un chiffre de   2671

Et le recensement de 1831 a eu pour résultat .   2647

Une ordonnance royale en date du 30 décembre
1836 a sanctionné le travail du recensement quin-
quennal de toute la population du royaume. Le
recensement fait en 1831 n'avait pu être soumis à
l'approbation du roi que le 11 mai 1832; le précédent, fait en 1826, n'avait été sanctionné que le
15 mars 1827. Mais l'administration est parvenue
à éviter de faire rendre au roi une ordonnance qui,
en apparence au moins, semblait donner au recensement un effet rétroactif.

Lauterbourg a compté en 1836   2649

et en 1841   2459

Ce dernier chiffre représente : catholiques 1915

Luthériens ou réformés   10

Juifs   275
                                              ———
                                              2200

Garnison   259
                                              ———
                                              2459

7

Il est à remarquer que dans les dénombrements anté-
rieurs à celui de 1841, la garnison n'a pas été comprise;
notre population qui n'est réellement en 1841 que de
2200 âmes a donc sensiblement diminué depuis 1836.
Cette diminution qui se monte à 449 habitants, a pour
cause les nombreuses émigrations pour l'Amérique, dont
Lauterbourg, de toutes les villes d'Alsace, présente l'exemple le plus frappant. Les juifs forment le huitième de la population réelle; nous verrons un peu plus loin quand ils
sont venus se fixer ici.

§ 2. *Nobiliaire de la ville.*

La création de la noblesse appartient plus spécialement
aux Romains; l'esprit de son institution visait au mérite.
Les généraux, les soldats, qui se distinguaient dans les
combats, ou méritaient bien de la patrie, ont été anoblis;
c'est ainsi qu'ont été faits les ducs (*duces*), les comtes
(*comites*), les seigneurs (*seniores*). Les rois de France leur
accordèrent, dans la suite, des bénéfices militaires, appelés
fiefs. Dans le principe le titre de noblesse n'était point héréditaire; le peuple, seul juge et dispensateur des droits
honorifiques, n'en accordait qu'au courage ou au dévouement personnel. Cependant l'ambition usurpa l'exercice de la souveraineté nationale; la noblesse devint un
droit de succession, et sa puissance qui émanait du peuple
servit plus d'une fois à l'opprimer. Les rois même étaient
souvent obligés de se plier à la volonté des nobles; l'histoire nous l'apprend par plusieurs exemples; mais la révolution de 1789 proclama, en France, la liberté et l'égalité
devant la loi, et la révolution de 1830 a confirmé les principes de nos pères.

Voici le recueil des membres de familles nobles qui ont

résidé à Lauterbourg, y ont exercé des fonctions publiques ou y sont enterrés :

1° Le chevalier Wolf (Loup) de Sachsenhaussen; il était, en 1379, dans la société du Lion de Wiesbaden; un descendant de cette famille est inhumé dans l'église de Lauterbourg.

2° Eckinger de Rottenstein; il était aussi membre de la société du lion de Wiesbaden; on croit que c'est lui qui est enterré dans l'église.

3° Schwartz de Sickingen, grand-bailli, en 1393; il repose dans l'église.

4° Jean-Frédéric d'Ensberg, grand-bailli au commencement de 1459; il est enterré dans l'église.

5° Jean de Helmstædt, grand-bailli sur la fin de 1459; Martin de Helmstædt, grand-bailli, en 1643; il est inhumé dans l'église; Reinhardt (Regnard) de Helmstædt, grand-bailli en 1489; Erhard de Helmstædt, grand-bailli en 1497; Eberhard (Everard) de Helmstædt, grand-bailli en 1500; Paul et Jean-Conrad de Helmstædt; les trois derniers sont enterrés dans l'église.

6° Jean, fils de Jean d'Engasz; père et fils sont inhumés dans l'église.

7° George de Cronenberg; il est inhumé dans l'église.

8° Henri de Ramberg; cette famille s'est éteinte vers la fin du quinzième siècle.

9° Sébastien d'Echter; il était docteur en droit et repose dans l'église.

10° Didier, Gérard et Godard de Clée; l'un des trois est inhumé dans l'église.

11° Le chevalier Henri Holtzapffel, Jean-Jacques, Jean-Guillaume et Philippe-Jacques, grands-baillis en 1508, 1585, 1615 et 1650; Jean-Jacques repose dans l'église.

7.

12° Le grand-bailli de Flersheim; il est enterré dans l'église.

13° Balthazar de Rosenberg, grand-bailli en 1533.

14° Jean Speeth de Sultzbourg, grand-bailli en 1540 et en 1551.

15° Oswald-Ernest-George de Franckenstein, grand-bailli en 1547; il est inhumé dans l'église.

16° Le chevalier Jean-Engelbert Riedessel, grand-bailli en 1565; Adam-André Riedessel s'est marié à Lauterbourg en 1618; la ville lui fit présent, le jour des épousailles, d'un gobelet en vermeil; c'était à ce dernier qu'appartenait la bergerie appelée Schaafhof.

17° Jean-Christophe, Jean-Henri et Jean-Wolf (Loup) de Dürckheim; ils demeuraient ici en 1586.

18° Le chevalier Wolf (Loup)-Henri Weingarten, grand-bailli en 1639.

19° Et François-Anselme de Breitenbach, grand-bailli en 1671.

§ 3. *Anciennes familles bourgeoises.*

La plus ancienne famille que l'on connaisse est celle des Hemmerlé (avant Hemmerlein), qui en 1400 déjà figure dans les comptes de la ville; elle s'est reproduite jusqu'à nos jours, de même que les familles suivantes, savoir : celles des Hammer et des Mertz dont l'origine remonte à 1500; celle des Dauer qui existait en 1600; celles des Bender et des Benderitter qui paraissent en 1605; celles des Guckert et des Henck qui se présentent en 1648; celles des Dolich et des Bübler qu'on trouve en 1654; celles des Weissenburger et des Person qu'on rencontre en 1662; celles des Kramer, des Defry et des Pfisterer qui se montrent en 1676; celles des Essig, des Sonntag, des Hessel,

des Illig, des Knœpffler, des Burgard, des May et des Rie-
dinger qu'on découvre sur la fin du dix-septième siècle.

Toutes les autres familles qui existent aujourd'hui à
Lauterbourg sont venues s'y fixer successivement pendant
le dix-huitième siècle et dans le courant du siècle actuel.

§ 4. Juifs.

C'était après l'asservissement de la Judée par les Romains que la plupart des Israélites ont quitté leur patrie
et se sont répandus dans toutes les parties du monde; ils
ont eu la vertu de s'isoler et de maintenir jusqu'à présent
une quasi-nationalité par la seule fermeté de leur croyance
religieuse. On les distingue facilement par le type oriental dont leur face est empreinte encore, et, surtout en Alsace, par leur langage bizarre. Ils sont vigilants, actifs et
commerçants; mais la main-d'œuvre répugne à leurs mœurs.
Les nombreuses persécutions dont ils avaient été l'objet
les rendaient timides; toutefois, depuis qu'ils jouissent de
la protection de la loi, ils ont repris un air d'assurance et
de sécurité. En général ils professent leur religion avec
beaucoup de zèle et gardent leurs jeûnes avec une admirable abstinence. Cette persévérance dans leurs vieilles
maximes religieuses les tiendra toujours dans une espèce
d'éloignement et empêchera, pendant des siècles encore,
leur fusion avec nous. La civilisation, qui brise les préjugés, pourra seule amener un jour à des liens d'alliance
juive et chrétienne, et consolider partout leur existence
dans les temps les plus difficiles. Mais cette dispersion dans
le monde leur paraît comme un esclavage semblable à celui auquel les israélites étaient réduits en Égypte ou à la
captivité de Ninive et de Babylone, et ils attendent un sau-

veur, peut-être un autre Moïse ou un autre Zorobabel, qui les reconduira en triomphe dans le pays de Chanaan où il rétablira leur nationalité!!!

Leur arrivée en Alsace est inconnue; ils n'y vinrent d'abord qu'en petit nombre, se disséminant à la campagne. Au commencement de 1300 une famille juive s'est fixée à Lauterbourg; le nom de la tour appelée *Judenthurm* (tour des juifs), qui existait autrefois à l'angle sud de la ville haute et dans laquelle les juifs de Lauterbourg et des environs ont été enfermés pendant leur persécution commune en 1349, autorise cette assertion; mais ils auront partagé le sort fatal de leurs malheureux coreligionnaires qui, en cette année, ont été massacrés d'une manière affreuse à Strasbourg, prévenus d'avoir empoisonné les fontaines. Peu d'années auparavant, en 1343 et 1345, de pareilles cruautés avaient déjà été exercées contre eux par la barbarie du siècle qui tendait à les exterminer.

Trois familles juives ont demeuré ici en 1636; il n'y en eut que deux de 1648 à 1658. Leur nombre augmenta en 1723. Lauterbourg était, en 1750, la demeure de vingt-six ménages juifs qui, en 1824, se montèrent à quarante-deux. Leur population comprend aujourd'hui le huitième de celle réelle de la ville et s'élève à 275 âmes.

Sous le gouvernement du prince-évêque de Spire les juifs ne pouvaient habiter Lauterbourg qu'à la charge de payer un droit d'admission (*Einzuggeld*) très-considérable, et d'acquitter annuellement, tant au trésor seigneurial qu'à la caisse communale, une imposition particulière pour droit de protectorat.

Enfin la constitution de 1789 reconnaît l'égalité de tous les Français devant la loi, et le décret du 29 messidor an VIII (18 juillet 1800) accorde aux juifs une entière liberté de culte et une égale protection ; ils ont des synagogues consistoriales.

Un autre décret de l'année 1808 leur enjoignit de faire choix d'un nom patronimique.

Depuis la révolution de 1830 les rabbins reçoivent également des traitements du trésor public.

Des sociétés philanthropiques se sont formées dans plusieurs grandes villes de France dans le but d'extirper l'habitude mercantile des juifs et de faire naître dans leur cœur l'amour du travail ; elles n'ont point été trompées dans leur attente. Beaucoup de jeunes israélites se vouent à des professions et se créent ainsi d'honorables positions dans la société ; ils marcheront avec l'esprit de l'époque ; les préjugés s'évanouiront et la civilisation achèvera de produire, un jour, cette sympathie, cette harmonie fraternelle, enfin cette fusion universelle qui feront le bonheur et la gloire des peuples.

§ 5. Langue.

Toutes les fois que les Romains firent la conquête d'un pays qu'ils voulaient incorporer à l'empire, ils eurent soin d'y introduire successivement leurs usages, leurs lois et leur langue ; ils réduisirent, de cette façon, le caractère de sa nationalité, unirent les peuples par un intérêt commun et transformèrent la conquête en une province romaine.

Le langage vulgaire de l'Alsace est l'allemand ; toutefois la majeure partie des actes publics a été rédigée en latin jusqu'à la conquête du pays par les Français.

De 1680 à 1720 il n'y eut à Lauterbourg qu'un seul homme qui parlât français, tellement les Lauterbourgeois montrèrent leur prédilection pour l'allemand ; mais en 1756 il fut établi ici une école française spéciale, et la langue française commença à être du goût du vulgaire.

La loi de 1804 ordonna que tous les actes civils publics, les actes et écritures tant dans l'ordre administratif que dans l'ordre judiciaire, en général tous les actes émanant de fonctionnaires publics fussent écrits en français. Cette sage disposition a déjà porté d'immenses fruits.

Les colléges et les nombreuses écoles disséminées dans les villes et villages d'Alsace répandent l'enseignement de la langue française dans toutes les classes de la société; le service militaire fournit à nos jeunes campagnards l'occasion de s'y instruire; enfin tout jeune Alsacien qui se destine à occuper un jour un emploi public, doit nécessairement s'appliquer à bien posséder le français. Il résultera du concours de toutes ces circonstances qu'avant un siècle la langue vulgaire de l'Alsace, qui se glorifie d'être française de cœur et d'âme, sera celle de la grande nation à laquelle elle appartient.

SECONDE PARTIE.

CHAPITRE PREMIER.

DES ÉDIFICES SEIGNEURIAUX.

Le château.

Aux bords de la Lauter, près du vieux Rhin, s'élève
Un antique château, monument des Romains ;
Il dépérit, hélas ! le cruel temps achève
De détruire ce reste illustre des anciens ;
L'œil frémit à l'aspect du pas des oubliettes ,
Dont les voûtes encor recèlent les débris ;
Et plus d'un chevalier, soustrait aux amourettes ,
Périt indignement dans ces lieux de proscrits.

Les notions sur l'origine du château de Lauterbourg seront toujours problématiques ; plusieurs savants antiquaires de l'Alsace s'en sont occupés , et il ne leur a point été possible de nous donner à cet égard des raisons certaines, incontestables. Tout ce que l'on sait touchant sa fondation se réduit à des conjectures plus ou moins vraisemblables.

Depuis le siècle de Conrad I , jusqu'à celui de Maximilien I , les guerres intestines ne cessèrent de bouleverser l'Allemagne ; elles entretinrent l'esprit guerrier et formèrent les chevaliers dont la bravoure et la vénération du beau sexe étaient les caractères distinctifs. Presque tous les nobles ont été reçus dans l'ordre de ces chevaliers. Ils s'en rapportaient au droit du plus fort, et pour se mettre à l'abri du pillage et du meurtre de leur ennemi, ils se retranchaient dans leurs terres, bâtissant des châteaux fortifiés.

Un des burgraves qui, avant la domination des princes-évêques de Spire, gouvernaient le comté de Lauterbourg, paraît avoir fondé le château actuel, vers le commencement du onzième siècle, sur les ruines de l'ancien fort romain.

De tous les burgraves, on ne connaît que le comte Markedo ; il assistait en 1235, comme auxiliaire, Henri, roi des Romains, qui s'était révolté contre son père, l'empereur Frédéric II ; une action s'étant engagée entre Henri et le marquis de Bade, resté fidèle à Frédéric, Markedo fut tué dans la mêlée. L'infidélité et la désobéissance de ce vassal attirèrent à sa famille la disgrâce des empereurs romains, et en 1254, Guillaume céda le comté de Lauterbourg au chapitre de Spire.

Les princes-évêques habitaient parfois le château ; Rodolphe de Frankenstein y est mort en 1560 ; Lothaire-Frédéric de Metternich y demeurait en 1656 ; mais en 1680, le roi de France ordonna aux évêques d'abandonner cette résidence.

Sur le linteau d'une des portes du château était gravée l'épigramme suivante :

Die Zeit ist kurz und ungewiss,
Der letzten Stund ja nicht vergiss.

Le temps étant court et incertain,
N'oubliez point l'heure suprême.

A diverses époques, le château a subi des modifications dans sa construction, selon le caprice de ses maîtres, et l'aspect des débris actuels ne nous donne qu'une idée de son mode d'existence le plus récent et de son style d'architecture le plus nouveau. Il était entouré de murs flanqués de trois tours. Sur le haut de l'encadrement du soupirail pratiqué dans la tour dont une partie est encore visible à l'angle ouest, est tracé le millésime de 1580, indiquant la date de la construction ou de la réparation de cette tour.

Les Suédois le brûlèrent en 1632, et il fut rebâti en 1655; toutefois sa conservation ne fut point de longue durée; car le grand incendie de 1678 le détruisit derechef. Deux ans plus tard, les Français en ayant pris possession, n'en firent réparer que le pavillon principal du côté sud-ouest, qu'ils convertirent en un arsenal. Ce bâtiment, endommagé par le bombardement de 1705 et le feu que les impériaux y avait mis en 1706, s'écroula. Cette partie du château n'offre plus aujourd'hui que des pans de murs munis de barbacanes sur le devant, et les débris de la tour à l'angle ouest; l'intérieur comprend un emplacement affecté à un bûcher et à un jardin. Quelques-uns prétendent qu'on pouvait s'échapper du château au moyen d'un souterrain qui passait au-dessous de la Lauter et conduisait dans la forêt; mais il ne reste aucun vestige pour justifier cette version.

Le jardin de J. B. Lièvre, vendu récemment à J. Metz, forme une autre portion du château.

Enfin le presbytère, avec toutes ses dépendances, en occupe la dernière partie.

D'après l'ancien terrier, toute la superficie du château était de deux journaux et demi, quatre-vingt-quinze perches, quarante-quatre pieds.

Le jardin du château (*Schlossgarten*) comprenait toute la partie basse du côté ouest et s'étendait le long de la Lauter jusqu'aux glacis; il s'y trouvait un château de plaisance (*Lustschloss*) aux environs de la maison de J. P. Hemmerlé; en 1660 et 1662, ce jardin a été agrandi par les bourgeois servant en corvée; le gouvernement français s'en empara en 1680, y fit asseoir plus tard des fortifications et bâtir, en 1783, le grand magasin à fourrages.

Les écuries (*Marstall*) ont occupé l'emplacemeut de la cour et de la grange de J. B. Lièvre (à présent une dépendance de la maison d'école); le magasin à fourrages se trouvait un peu plus à l'ouest. Ces bâtiments furent consumés par le feu de 1678.

L'étang seigneurial, qui, de 1500 à 1707, existait près du grand bastion vers la rivière, a été comblé lors de l'établissement des nouvelles fortifications.

La place devant le château (*Schlossplatz*) est plantée de platanes et sert de promenade.

Situés dans un angle entre la Lauter et le Rhin, sur une hauteur dominant les bas-fonds jusqu'à ce fleuve, le château et la ville occupent, sous le rapport stratégique, une position très-favorable, dont les Romains, les premiers, apprécièrent les avantages.

> Aux pieds du château [1] court la douce rivière [2],
> Qui lui donne son nom, le protége au besoin,
> Qui parfois empêcha que l'arme meurtrière
> Ne pût rougir de sang ses murs baignés au loin;
> Du haut de ces remparts, jadis inexpugnables,
> Turenne foudroya le superbe Germain,
> Et par ses hauts exploits à jamais mémorables,
> L'Alsace secoua le joug de l'Autrichien.

Bailliage.

Le plus ancien bailliage (*Amthaus* ou *Fauthey*) occupait l'emplacement sur lequel existent aujourd'hui les maisons

---

[1] Château ou fort, en allemand *Burg*.

[2] La Lauter.

De la réunion de ces mots vient l'étymologie toute naturelle de *Lauterburg* (fort sur la Lauter), en français *Lauterbourg*.

de MM. Rieger et Charlabourg et le jardin de M. Marc; il fut entièrement brûlé en 1678. L'évêque ne le fit plus rebâtir et en céda la place à Jean-Michel Reinert, pour cent quatre-vingt-dix florins.

Le grand-bailli établit sa résidence à Wissembourg, jusqu'en 1716, où il revint à Lauterbourg habiter l'ancien bailliage construit l'année précédente. Ce bâtiment existe encore et sert de bureau au génie militaire; en 1765, il fut affecté au service spécial de la recette du bailliage, et le grand-bailli, qui continuait d'y rester encore pendant quelque temps, alla établir son siége dans l'hôtel que l'évêque avait fait construire en 1766. Cette belle propriété conserva sa destination jusqu'à la révolution française; elle fut acquise un peu plus tard par J. B. Lièvre, et appartient aujourd'hui à la ville, qui l'a consacrée à l'instruction primaire.

Le jardin du bailliage (*Amtsgarten*) est la propriété de M. Savagner, notaire.

Recette du bailliage.

Cette recette (*Amtskellerei*) était primitivement établie au-dessus des écuries du château (*Marstall*); étant devenue, en 1678, la proie des flammes, elle fut reconstruite; mais, en 1765, l'évêque l'ayant fait abattre et remplacer par le nouveau bailliage, ordonna de la transférer dans l'ancien hôtel du bailli, où elle resta seulement jusqu'à la fin de 1769; elle fut alors installée dans le pavillon qu'habite actuellement le commandant de place et dans les bâtiments adjacents. Ce vaste édifice, qui porte encore maintenant le nom de *Kellerei*, a été construit, en 1764, d'après les ordres du cardinal de Hutten, prince-évêque de Spire, qui en fit le siége de son gouvernement de 1765 à 1770.

Le receveur l'habita jusqu'à la révolution, époque à laquelle le gouvernement français le déclara domaine national, de même que l'ancien bailliage (bureau du génie militaire); à ce titre, l'État prit en possession ces immeubles, et les conserve de nos jours.

En 1809, le pavillon de devant de l'ex-recette devint la demeure du commandant de place, et les dépendances latérales furent affectées à une caserne d'infanterie.

Maison du chapitre de Spire.

Le chapitre de Spire possédait à Lauterbourg une maison connue sous la dénomination de *Domcapitels-Hof*, avec cour, grange et écuries.

En 1632, ces bâtiments ont péri par les flammes; le terrain resta vide jusqu'en 1783, où il a été converti en jardin dont la jouissance appartenait au grand-bailli. M. Hemmerlé, docteur en médecine, en est actuellement possesseur.

Usine.

Le moulin à blé de Lauterbourg, avec ses dépendances, appartenait au chapitre de Spire, qui le concéda, en 1612, à titre d'emphytéose, à Nicolas Eckert, moyennant une rente annuelle déterminée; en 1791, cette usine a été déclarée domaine national, et la rente emphytéotique s'est trouvée éteinte. La cour royale de Colmar la fit revivre, conformément au titre primordial, par un arrêt rendu entre le cessionnaire de la rente et un des propriétaires du moulin.

Dans l'origine, cet établissement n'avait que peu d'importance; mais après l'incendie de 1678, il a été reconstruit sur un plan plus vaste, tel, à peu près, qu'il existe actuellement.

Un foulon à tan qui ne dépendait point de l'usine principale et qui, en 1736, était exploité par George Guckert, s'est trouvé sur la rive gauche de la Lauter, mu par le canal de décharge; en 1744 il fut démoli; ce foulon était la propriété de la ville.

Magasin à farine.

C'était du temps du cardinal de Hutten que presque tous les édifices publics ont été construits à Lauterbourg; son dessein allait même jusqu'à fixer sa résidence ici, au moins pendant une certaine saison de l'année. Dans ce but, et pour embellir la ville qui était dans ses faveurs, il y avait établi son gouvernement et augmenté les propriétés seigneuriales. La situation du magasin à farine, à côté de l'ex-bailliage (bureau du génie militaire), dans la Grand'rue et sur la même ligne que la recette (*Kellerei*), a dû lui convenir; après l'avoir reçu en échange du gouvernement français, qui lui-même le tenait du chapitre de Spire depuis 1700, il le fit démolir et rebâtir en 1769, sur un plan qui laisse apercevoir encore maintenant le projet de réunion de ce bâtiment avec l'ex-bailliage. En contre-échange, le cardinal a donné à l'État le magasin sis derrière le jardin Illig, qu'il a fait construire en la même année comme condition du contrat.

A la révolution de 1789, le magasin seigneurial fut déclaré domaine national et acquis à l'État.

CHAPITRE II.

DE QUELQUES MAISONS DE NOBLES.

Maison de la famille Ramberg.

On en voit les ruines près de la poterne sous le grand

bastion nommé vulgairement la haute batterie; elle occupait l'emplacement du jardin du magasin à poudre et celui du jardin de M. Vogel, dont les murs présentent encore quelques croisées; une cave voûtée, très-bien conservée, qui cependant ne paraît pas avoir été la cave principale du bâtiment, existe encore. Il était défendu d'un côté par la tour dite *Pulverthurm,* de l'autre par une des tours du château.

Après l'extinction de la famille Ramberg, vers la fin du quinzième siècle, cette maison est avenue à la famille Cronenberg, qui la posséda jusqu'en 1600; lors de l'incendie de 1678, qui la réduisit en cendres, la famille Durckheim en était propriétaire. En 1706, le gouvernement français employa une partie de l'emplacement à y asseoir des fortifications; le reste a été converti en jardins.

Outre cette propriété, la famille Durckheim possédait douze journaux de prés au ban de Lauterbourg.

Maison Riedessel.

Adam-André Riedessel acquit, en 1640, trois maisons sises ensemble près de la tour dite *Storchenthurm;* il les fit abattre et surbâtir le sol d'une belle maison d'habitation qu'il conserva jusqu'en 1678, où elle fut brûlée. Ses héritiers en cédèrent la place au prince-évêque, à qui succéda l'État français, lequel, en 1728, fit construire la manutention sur une partie, et, en 1767, le corps-de-garde sur le reste de l'emplacement.

Maison Holtzapffel.

Après le décès de la veuve de Philippe-Jacques Holtzapffel, arrivé en 1680, la maison qu'elle habitait est échue au prince-évêque qui l'utilisa jusqu'en 1764; en cette année il la fit démolir et éleva à sa place la recette (*Kellerei*).

Cette famille était encore propriétaire de quelques maisons situées en ville, qu'elle a successivement acquises et revendues.

Maison *Weingarten.*

L'ancien bailliage appartenait à Loup-Henri Weingarten, grand-bailli en 1639; cette propriété a été remplacée par la maison de MM. Rieger et Charlabourg; elle était défendue par la tour appelée *Judenthurm;* après avoir été abandonnée au chapitre de Spire, elle devint, en 1678, la proie des flammes.

CHAPITRE III.

DES BATIMENTS ET AUTRES PROPRIÉTÉS DE LA COMMUNE.

Nous comprendrons dans la série de ce chapitre, les bâtiments communaux actuels, ceux qui ont été donnés à l'État par la ville, et ceux qu'elle a vendus ou qu'elle a possédés sous l'ancien régime, mais qui n'existent plus.

§ 1. *Hôtel-de-Ville.*

On ignore la date de la fondation de l'ancienne maison de ville; elle a été bâtie sur pilotis, et réparée dans les années 1580 et 1615. L'incendie qui s'y est maintenu pendant trois jours, lorsqu'en 1678 les Français brûlèrent la ville, l'a détruite presque entièrement; rétablie en 1701, elle est redevenue la proie des flammes en 1706, à l'occasion d'une rencontre entre les impériaux et les Français.

A défaut d'Hôtel-de-Ville, on disposa la maison communale, sur le sol de laquelle se trouve aujourd'hui le corps-de-garde près de la porte de Wissembourg (*Storchenthor*), à servir provisoirement de lieu de réunion du magistrat, qui y tint ses séances jusqu'en 1731. En cette année fut achevée la bâtisse de l'Hôtel-de-Ville actuel qui s'élève sur l'emplacement de l'ancien.

Sa construction est d'architecture moderne; le portail en est remarquable par la simplicité de sa sculpture et sa forme monumentale. L'entrée présente une belle halle dont la voûte, reposant sur des arcs-boutants, ajoute à la solidité du bâtiment. Cependant on voit, près de l'angle est, une lézarde qui paraît provenir du tremblement de terre de 1760. En 1763, l'intérieur a reçu des embellissements.

Greffe.

La ville acheta, en 1740, une maison à côté de l'Hôtel-de-Ville, pour servir de greffe; comme elle était dans un état de délabrement, le greffier en sortit et la ville la fit refaire à neuf en 1765. Le procureur fiscal y entra ensuite en qualité de locataire et y resta jusqu'à la révolution française, époque de l'aliénation de cette maison, qui est actuellement occupée par M. Léon Auscher, le jeune.

Hôtel du commandant de place.

En 1708, la ville prit à bail la maison de la dame veuve Neubeck, et en fit le logement du commandant de place; après en avoir acquis la propriété en 1755, elle la fit démolir et rebâtir l'année suivante sur un plan vaste et bien conditionné.

Cet immeuble, vendu en 1795, appartient aujourd'hui à M. Huber, docteur en médecine.

Les commandants qui se sont succédé habitèrent ensuite des maisons particulières jusqu'en 1809, où le gouvernement leur affecta pour demeure le pavillon de devant de l'ex-recette du bailliage.

Hospices civils et militaires.

L'ancien hospice civil comprenait, en 1500, les maisons de MM. G. F. Dudenhœffer, M. Déprés et N. Weissenbach; la maison Jacob en formait la grange, et la place qui sépare les maisons Dudenhœffer et Jacob en servait d'entrée. Entre 1600 et 1700, cet établissement fut partiellement cédé à des particuliers. Pour le remplacer, la ville acquit, en 1738, l'hospice civil au quartier dit *Fischerberg,* composé des propriétés de MM. Christophel, Dauer, Heintz, Molck et autres. Le sol contenant les maisons Christophel et consorts, a été concédé, avant la révolution, à leurs prédécesseurs moyennant des rentes foncières, et les portions des maisons de Heintz et de Molck leur ont été récemment vendues par la ville.

En 1735, elle fit construire l'hôpital militaire, près du moulin, sur l'emplacement de la maison de bains ; abandonné à l'État, qui le transforma en caserne dans l'année 1785, il fut rendu, en 1798, à la commune. Ce bâtiment, redevenu la propriété de l'État, fut abattu et le terrain affecté à la promenade dite *Bouquet du couronnement.*

L'hospice civil que la ville possède actuellement, était une maison particulière que Pierre Stupffel fit bâtir en 1770, et qu'elle acquit de lui en 1784; elle le donna, en 1785, à l'État, qui le lui rendit en 1809. Le jardin de devant y a été ajouté, il y a quelques années, en vertu d'un échange; quant à celui derrière l'établissement, la ville en était déjà devenue partiellement propriétaire dans les années 1732 et 1747.

Enfin l'hospice, pour s'arrondir, acquit, en 1840, de M. Spisser, curé, qui lui-même était l'acquéreur des héritiers Weigel, une maison avec jardin et dépendances.

8.

Deux sœurs de charité sont ordinairement attachées au service de l'établissement, qui peut commodément recevoir une population de soixante malades.

Ses revenus ordinaires, d'après le budget de 1842, sont de 14,858 francs 88 centimes.

Casernes et écuries.

La ville, poussée par le gouvernement, qui lui avait fait comprendre les avantages que lui procurerait une garnison, prit, en 1737, des mesures propres à faire construire une caserne; mais, comme elle manquait de moyens d'exécution, elle eut recours à un emprunt de huit mille livres qu'elle fut autorisée à contracter. On commença la bâtisse en 1739. Le sol de l'édifice et la cour étaient des jardins dont la ville avait fait l'acquisition.

Pour rendre l'avenue facile et en même temps bien commode, elle fit percer la rue actuelle de la caserne.

Le plan de construction et les fondements même achevés étaient d'un tiers plus étendus que le bâtiment tel qu'il existe de nos jours; mais l'absence des moyens pécuniaires ne permit point à la ville de faire exécuter le tracé primitif.

Cet édifice, solidement construit, présente les conditions d'une parfaite salubrité; son isolement le rend accessible à l'air pur qui règne constamment dans ce quartier de la ville basse. La cavalerie et une partie de l'infanterie y sont logées. D'après l'assiette du casernement, ses trente chambres peuvent contenir un effectif de 376 hommes.

Les écuries qui se trouvaient derrière la maison de M. Lauer, au pied du rempart, à proximité de la caserne, ont été bâties par la ville, en 1779, au nombre de onze, sur un emplacement autrefois cultivé en jardins acquis par elle et qui s'étendaient de l'angle du grand bastion jusqu'au magasin; la maison Lauer en occupe aussi une portion.

En 1767, la caserne fut cédée à l'État, et la ville lui abandonna de même, en 1782, les écuries, à charge par l'État de mettre dans la place une garnison permanente de cavalerie. A l'instigation du génie militaire, les écuries ont été abattues en 1837, sauf les trois adossées à la maison Lauer.

Une autre caserne, l'ancien hôpital militaire, que la ville possédait non loin du moulin, fut démolie en 1798; l'emplacement figure parmi les propriétés de l'État.

Le département fit construire, en 1816, une caserne de cavalerie dans la demi-lune, près de la poterne, au Fischerberg, pour y loger des troupes étrangères; elle fut également abattue en 1835.

En remplacement de toutes ces démolitions, le gouvernement affecta à une caserne d'infanterie les bâtiments dépendant de la ci-devant recette du bailliage, derrière le pavillon du commandant. Elle contient un effectif de 178 hommes.

L'État fit aussi approprier les écuries au-dessus desquelles est le magasin dit au Fischerberg, bâti par lui en 1783; ces écuries sont occupées par les chevaux de la cavalerie et peuvent en recevoir 81.

Avant 1739, Lauterbourg n'ayant point de caserne, la garnison était logée chez les bourgeois. Notre ville, quoique petite, ne laisse cependant pas d'offrir les ressources d'une bonne garnison, surtout de cavalerie : une situation élevée où l'air se renouvelle librement, des manéges au voisinage de la caserne, l'abondance et le bon marché de vivres et de fourrages de bonne qualité. Aussi, au grand regret des habitants, a-t-on fait abattre les écuries derrière la maison de M. Lauer, que la ville cherchait à maintenir et qui, au moyen de quelques réparations, auraient existé bien longtemps encore. Mais cette perte ne sera point irréparable, les deux casernes et les écuries du magasin étant susceptibles de recevoir des agrandissements, soit par l'exhaussement, soit par le prolongement de leurs pavillons.

Corps-de-garde.

Les gardes de la ville étaient logés dans les tours jusqu'au milieu du seizième siècle, où la commune leur fit construire des corps-de-garde. Il n'y en eut d'abord que trois, dont l'un se trouvait à la porte de Wissembourg (*Ober-* ou *Storchenthor*), l'autre à celle de Landau (*Unter-thor*) et le troisième à la porte du Mittelthurm (*Mittelthor*).

Le corps-de-garde qui en ce moment existe à la porte de Wissembourg, a été bâti en 1767, à la place d'un autre qui avait été reconstruit en 1668.

Celui qui est près du Mittelthurm a été élevé en 1690 sur le sol de l'ancien, qui y avait pris place en 1624.

Et le corps-de-garde à la porte de Landau, bâti en 1755, remplace un autre qui était placé hors de la ville.

L'insuffisance de ces trois corps-de-garde a dû porter le gouvernement à en augmenter le nombre; en effet, l'État fit construire, en 1763, celui près de la porte du Moulin (*Mühlthor*); en 1767, celui de la porte extérieure du faubourg, et plus tard un troisième au quartier dit Fischerberg, auquel fut adossée, en 1816, une forge pour le service de la maréchalerie militaire.

Maison d'école.

On ne peut déterminer d'une manière précise quand la

première école publique fut créée ici; cependant il appert des comptes communaux de 1612 que dans la demeure actuelle du sacristain, qui était une maison vicariale des matines (*Frühmesshaus*), il a été tenu école vers le milieu de 1500.

L'ancienne maison d'école que la ville acquit, en 1715, de J. G. Mertz, était d'abord destinée à servir de presbytère; mais on y établit l'école qui, dès cette année, fut fréquentée par les enfants des deux sexes, sous la direction d'un maître, jusqu'en 1822, où l'école des filles fut séparée de celle des garçons et confiée aux soins de deux sœurs institutrices. Le maître resta dans la maison d'école, et la ville prit à louage un local particulier pour les sœurs. Cet état auquel le besoin forçait à recourir, dura jusqu'en 1837. Cependant le nombre des garçons qui allaient à l'école augmentant chaque année, l'ancienne maison devint trop petite pour les contenir; et le renouvellement du bail de l'école des filles, mal appropriée dans une maison particulière, rencontrait souvent des inconvénients. Pour y remédier, il fallait ou reconstruire la maison d'école sur un plan plus vaste, ou acquérir un bâtiment spacieux dans lequel les deux instructions pourraient être réunies. La ville s'arrêtant à ce dernier parti, fit, en 1837, l'acquisition de la maison de J. B. Lièvre, pour laquelle elle sacrifia toutes ses ressources.

Cette belle habitation, par suite des modifications faites dans la distribution de l'intérieur, tient lieu aujourd'hui d'école séparée aux garçons et aux filles, et de logement à l'instituteur et aux sœurs institutrices.

Cent quatre-vingts garçons reçoivent l'instruction dans cette école présidée par un maître et un aide; cent soixante filles fréquentent celle des sœurs. On suit dans les deux la méthode d'enseignement mutuel du français et de l'allemand.

L'ancienne maison d'école a été vendue par la ville au menuisier Dauer.

Elle possédait aussi, en 1767, une maison d'école française spéciale qu'elle reçut en échange contre la maison des pâtres et qui fut aliénée en 1791. C'est la petite maison de M. Getto, sise place du Marché, à côté de son atelier de maréchal-ferrant. Avant 1767, l'école française se tenait dans une maison privée.

Maison du sacristain.

Le maître d'école remplissait d'ordinaire les doubles fonctions d'instituteur et de sacristain; elles furent séparées en 1728, et le sacristain fut logé dans la maison vicariale des matines qu'il occupe encore de nos jours.

Suivant échange conclu nouvellement, cet immeuble est devenu la propriété de la fabrique de l'église, à la place du cimetière donné à la ville.

Maison de bains.

De temps immémorial, la ville entretenait proche de la Lauter, à côté du moulin, des bains publics pourvus d'un beau puits creusé en 1614. Cet établissement fut loué jusqu'en 1658, ensuite vendu à George Ette, baigneur, qui, ne pouvant payer le prix de vente, prit la fuite. La ville rentra dans cette propriété, la fit réparer et la donna derechef à bail. En 1663, elle fut vendue à Pierre Lucas, pour trois cents florins; cet acquéreur ayant pareillement été hors d'état d'en acquitter le prix, la rétrocéda à la ville qui la fit démolir et éleva à sa place l'hôpital militaire. (Voyez hospices civils et militaires.)

Il est à regretter que nos pères aient détruit cet établissement dont la création ne put avoir d'autre cause que l'intérêt de la santé; de longues années passeront probablement avant que Lauterbourg puisse de nouveau jouir d'un bienfait aussi inappréciable.

Maison des pâtres.

La ville avait toujours deux maisons de pâtres; l'une, au Fischerberg, près du ci-devant hospice civil, mentionnée dans les états communaux de 1649, et rebâtie en 1763 ; le gouvernement s'en étant rendu propriétaire, la vendit; la ville en racheta la moitié qu'elle possède encore ; l'autre, sise hors de la porte de Landau, fut abattue en 1706, mais remplacée par l'acquisition de la maison *au Fischerberg* (actuellement à la dame veuve Hæusser), échangée en 1767 contre la maison d'école française.

Tuileries et briqueteries.

Les comptes communaux de 1673 mentionnent deux tuileries ou briqueteries que la ville faisait exploiter jadis, l'une à côté, et l'autre, hors de la porte de Landau, à l'endroit où se voit la tuilerie actuelle. L'une d'elle a été démolie dans l'année 1673. Jean Vierling fut le locataire de l'autre, en 1627. Mathieu von der Pforten devint son successeur en 1654 ; refaite à neuf l'année suivante, la ville la donna, en 1677, à titre d'emphytéose, à Jacques Hensky, qui la négligea tellement, qu'en 1683 elle fut encore reconstruite. Christophe Horrer l'acquit dans le courant de 1685, mais la rétrocéda à la ville, qui, en définitive, la vendit à Christophe Kornbrobst, dans l'année 1723.

Le même Horrer fit bâtir, en 1679, une tuilerie, non loin de la Chapelle, qu'il vendit ensuite à la ville ; elle la loua à Chrétien Sachser. Lorsqu'en 1706 Lauterbourg était ceint d'ouvrages de fortifications, cette tuilerie fut démolie.

On a aussi trouvé des vestiges d'une briqueterie au pied du jardin de M. Müller, dans la propriété de M. Burckart.

Salpétrière.

Conformément aux ordres du gouvernement, la ville fit établir, en 1772, une salpétrière sur un terrain communal, devenu depuis bien privé couvert en jardin dépendant de la maison de Mme Illig. De là, elle a été transférée, en 1774, proche du Rhin, et dix ans plus tard, au lieu dit Hæmelsberg, où cette entreprise a été abandonnée.

Magasin à foin.

En 1732, la ville ayant en cantonnement un corps de cavalerie, acheta la maison de George Diedert, la fit abattre et construisit sur le sol un magasin à foin, qui, devenu trop petit dans la suite, fut agrandi, en 1747, au moyen de l'acquisition de la grange de Jacques Schwartz. Il tomba en ruines dans l'année 1796; son emplacement forme le grand jardin de l'hospice civil.

Il existait également de 1768 à 1779, à côté du chantier communal, sur le sol de la maison de M. Lauer, un grand hangar où étaient emmagasinés des fourrages pour les chevaux de remonte dont il se trouvait ici un dépôt.

Halle au blé.

Le plan de construction de l'ancienne maison de ville paraît avoir été semblable à celui de l'Hôtel-de-Ville actuel quant au rez-de-chaussée, dont l'enceinte contenait une halle peut-être plus vaste où se tenait le marché au blé en 1615.

Un autre marché couvert au pain et à la farine était établi près du Mittelthurm, sur le sol de la maison de M. Trapp. Les comptes communaux mentionnent une réparation faite, en 1613, à la balance de ce marché.

Abattoir.

Le registre des propriétés de la ville, de l'année 1613, porte que dans l'intérêt de la salubrité publique et de la police, et pour la commodité des bouchers, elle leur fit construire un abattoir pourvu d'une balance. Il a été impossible d'en découvrir l'emplacement, qui, selon toute apparence, se trouvait au-dessous du moulin, au bord de la rivière.

On ne saurait trop recommander à notre ville, qui a un octroi, la construction d'un abattoir. Les arguments, pour l'ordinaire hostiles, du génie militaire, tomberont en présence de la nécessité et de l'intérêt public; et ce ne sera que par des démarches hardies et persévérantes que l'on parviendra à obtenir de l'État un emplacement le long de la Lauter.

Maison de tir.

Après l'invention de la poudre à canon, il s'est formé dans presque toutes les villes de l'Alsace des sociétés d'arquebusiers auxquels se sont joints d'autres amateurs s'exerçant au tir et au maniement des armes à feu. Notre ville ne resta point en arrière. A cette fin, elle concéda, en 1616, aux arquebusiers, une maison avec un jardin qui se trouvait hors de la porte de Wissembourg, sur la hauteur, à proximité du jardin de M. Müller.

Romaine.

La ville la fit construire, en 1783, au faubourg, vis-à-vis du grand magasin à fourrage. Elle existe encore et ses recettes entrent dans la caisse communale.

Maison de correction et instruments de justice.

Lorsque l'empereur Guillaume octroya des priviléges et des immunités à la ville, il lui recommanda, en même temps, la punition des coupables. Elle entretenait, à cet effet, une maison de correction, qui fut réparée en 1613. On ne sait où elle était située.

Il appendait sous la porte du Mittelthurm un tourniquet (*Triller*) sur lequel les délinquants étaient attachés et qui était tourné avec une vitesse extrême, jusqu'à ce qu'ils fussent purifiés de leurs péchés par le vomissement de tout ce qu'ils avaient d'aliments dans l'estomac.

La bastonnade était appliquée en public, et pour éviter tout mouvement de la part du condamné, le correcteur en fixait les pieds et les mains sur deux blocs de bois (*Sprenger* ou *Block*). Un autre genre de supplice consistait en un panier à bascule dans lequel était lié le malfaiteur, qu'on trempait ensuite dans l'eau, d'où il n'était retiré que lorsqu'il était lavé de ses péchés, c'est-à-dire à peu près noyé.

Enfin deux gibets ont dû inspirer de la terreur aux criminels; l'un était planté, en 1500, hors de la ville, au canton dit Steinerne-Kreuz, d'où il a été transféré au Galgenberg; il a été renversé en 1789. L'autre se trouvait apparemment dans le voisinage du château.

Prisons civile et militaire.

Le Metzgerthurm était affecté à l'incarcération civile jusqu'en 1761, où le prince-évêque obligea la ville de faire construire la prison civile actuelle adossée au Mittelthurm et à la fausse-braie (*Stadtzwinger*). Le sol avait été acquis, en 1743, de Michel Schwartz.

Le Mittelthurm servait toujours de prison militaire.

Lavoir.

Il existait, en 1612, au-dessus du moulin, et fut abattu en 1662; reconstruit près du pont, il fut détruit en 1790. Le lavoir actuel dépendant de la buanderie militaire, appartient à l'État.

Puits.

Les différents puits dont mention est faite dans les comptes de la ville, sont les suivants:

1° Le puits dit *Stadt-* ou *Marktbrunnen*; c'est le plus ancien et se trouve devant la ci-devant auberge du Soleil, maintenant la propriété de M. Lambert.

2° Celui appelé *Schlossbrunnen*, place du Château, à l'angle nord de la maison d'école.

3° Le puits nommé *Hechtbrunnen*, place du Marché, devant la maison de M. Guckert.

4° Le puits à l'entrée de la rue de la Caserne, devant la maison de M. Dudenhœffer.

5° Celui qui existe dans la rue de l'Hôpital, ci-devant rue dite Fauthsgasse.

6° Celui dans la rue des Trois-Rois (précédemment la Hintergasse), devant la maison de M. Pétrié.

Les deux derniers furent creusés en 1654.

7° Le puits dans la rue du Moulin.

8° Celui près de l'ancien hospice civil, au Fischerberg.

9° Celui des bains couverts, qui n'est plus.

10° Le puits du faubourg, creusé en 1617; il fut refait en 1753.

11° Celui dans le jardin de l'ex-hôtel du commandant de place (maison de M. le docteur Huber).

12° Les deux puits, place de la Grande-Caserne.

Tous les autres étaient des puits particuliers; cependant la ville en a fait creuser un, il y a une dizaine d'années, devant la maison de M. Schranck, rue du Fischerberg, et il en existe un autre que l'État fit établir devant les écuries du magasin, quartier du Fischerberg.

Pompes à incendie.

La commune acheta, en 1732, quatre pompes à feu, dont deux, mises hors de service, furent remplacées, en 1748, par des neuves; les deux autres, détraquées en 1786, ont été échangées; les quatre, réparées en 1788, sont les mêmes dont on se sert à présent.

Glacières.

La ville fit creuser, en 1707, trois glacières; l'une était près de la maison de M. Neis, place du Marché; l'autre se trouvait derrière la maison de M. Hammer, rue des Trois-Rois, et la troisième était placée à l'est de la grande caserne; elles furent comblées, en 1789, toutes les trois.

De tous les bâtiments dont nous venons de faire la description, la ville ne possède plus actuellement que l'Hôtel-de-Ville, l'hospice civil, la maison d'école, la moitié de la maison des pâtres, la romaine et la prison civile.

§ 2. *Église.*

Alors que le christianisme triomphait du paganisme, on convertit en églises les temples des Romains là où leur puissance avait décliné; on entreprit aussi d'en bâtir de nouvelles, mais dont la simplicité de la construction et

des ornements répondait à celle du premier âge du culte
chrétien.

Vers le sixième siècle, des églises surgirent dans plusieurs
villes de l'Alsace; Strasbourg vit, en 510, achever sa première église à l'endroit où se trouve aujourd'hui sa fameuse
Cathédrale; Wissembourg s'enorgueillit de voir l'église de
son chapitre s'élever entre 674 et 679.

Aucun document n'indique l'origine de la fondation de
la première église de Lauterbourg; son existence ne paraît
remonter qu'au douzième siècle. Nous trouvons, dans le
registre des propriétés de la ville de l'année 1683, quelques détails sur sa disposition intérieure. Le maître-autel
était placé, du temps de l'évêque Raban de Helmstædt (1398),
sous la voûte de la tour, et avait occupé l'espace de l'autel
de la Sainte-Croix (*Kreuzaltar*) dressé en 1683. Un nouveau grand-autel fut inauguré en 1685. Conrad Baumann
fit construire, en 1434, le petit chœur dans lequel étaient
placés, en 1683, les fonts baptismaux, ainsi que l'atteste
la pierre sépulcrale du fondateur enclavée dans le mur
près de l'autel dédié à la sainte Vierge.

Le chœur actuel fut bâti en 1467; on y fit des réparations
en 1613 et 1691. Lors du grand incendie de 1678, la nef
de l'ancienne église brûla; elle fut restaurée et inaugurée
en 1683.

Cependant cette église devenant trop petite pour une
population toujours croissante, la ville avisa à son agrandissement. Après avoir acquis, en 1711, plusieurs maisons
aux environs de l'église, elle les fit démolir et en affecta
le sol à la nouvelle œuvre. Le chœur resta; mais l'ancienne
nef fut agrandie d'une manière notable. Cette restauration
est celle de la basilique actuelle. Le cimetière entourant
l'édifice et dont dépendait la place aux Tilleuls (*Linden-*

platz), profita de l'excédant du sol des maisons abattues et fut ceint du mur qui existe présentement.

La date de la reconstruction de la nef, qui remonte à l'année 1716, se déchiffre par les lettres romaines majuscules faisant contexte avec l'inscription suivante tracée dans l'encadrement du portail :

hIC sVM faVente Deo, paCe et Vrbe.

(J'existe par la grâce de Dieu, la faveur de la paix et le secours de la ville.)

En 1719, l'église fut inaugurée.

Le chœur est d'architecture ancienne; il se distingue par ses hautes croisées à ogive. La nef, dont la construction est de style moderne, figure sur chacune de ses faces extérieures une colonnade en relief dont les chapiteaux semblent supporter l'entablement; au-dessous de ses hautes croisées à demi-cintre en sont pratiquées de petites remarquables par leur forme fantasque. Le maître-autel occupe le centre du chœur et dans le fond s'élève majestueusement un grand beau tableau représentant la Trinité, patronne de l'église.

En 1841, les vieilles poutres dont l'état de pourriture faisait craindre l'écroulement du toit de la nef, furent remplacées par de nouvelles; l'extérieur des murs de la basilique a été crépi et badigeonné; l'intérieur en a été réparé et blanchi. Pendant ces opérations, l'office divin a été célébré dans la grande salle de l'Hôtel-de-Ville.

Le clocher est une tour carrée qui joint la nef au chœur; l'origine n'en est point connue; il paraît être aussi ancien que les autres tours de la ville; le feu en dévora une partie en 1678. A sa base et de chaque côté de la tour, une

arcade à ogive ouvre, intérieurement, le passage au chœur ;
celle vers la nef au-dessus de laquelle est suspendu un beau
crucifix et celle regardant le chœur, ont des dimensions
bien plus hautes et plus larges que les deux arcades latérales. Le toit en appentis de la nef des deux côtés du clocher, autant qu'en permet la largeur des murs, forme
comme deux petites chapelles renfermant l'une l'autel dédié à la sainte Vierge, l'autre celui consacré à saint Joseph.
Le fondement du clocher et la voûte qui lui sert de sup-
port, sont d'une maçonnerie très-solide ; mais, en 1732,
un terrible ouragan en a renversé la flèche qui n'a pas été
rétablie jusqu'à présent.

En 1613, l'église ne possédait qu'une cloche de *Salve ;*
mais, en 1624, il en fut fondu une du poids de trente
quintaux. La grosse cloche fut coulée en 1662. Une autre
pesant cinq quintaux a été achetée en 1670. L'intensité
de l'incendie de 1678 était telle que ces quatre cloches se
liquéfièrent. On eut alors recours à une sonnette pour
avertir les fidèles de l'heure de l'office divin. Le remplacement des cloches se fit promptement, et avant 1740, l'é-
glise en eut encore une fois quatre. Cependant, en vertu
d'un décret de l'assemblée nationale, deux ont été enle-
vées et converties en monnaie-billon ; la grosse, du poids
de quatorze quintaux et demi, fondue en 1707, du temps
des bourguemestres Defry, Dominique, et Mertz, Jean-
George, resta, ainsi qu'une petite échangée depuis contre
une autre fondue en 1808, sous l'administration d'André
Hertzmann, maire, et de George-Antoine Dudenhöffer,
adjoint. Ce sont les mêmes qui existent aujourd'hui dans
le clocher. La libéralité de M. Spisser, curé, a doté l'église
d'une troisième cloche fondue en 1842.

Il se trouvait déjà, en 1580, une horloge dans la tour

de l'église; en 1612, la ville en acheta une neuve, remplacée en 1707 par une autre qui est l'horloge actuelle.

Les comptes de la commune mentionnant, en 1618, des réparations faites aux orgues, leur existence dans l'église doit remonter au delà de cette époque. En 1661, la ville en acheta de neuves qui furent détruites en 1678 et remplacées en 1686. Elle en acquit aussi de neuves, après la reconstruction de la nef, qui, en 1769, étaient déjà totalement détraquées. Les orgues actuelles, composées de plus de 2,000 tuyaux, furent achetées en 1778 et réparées en 1841. La tribune où elles sont placées a été construite en 1717.

Les vases sacrés et les ornements de l'église ont toujours fait l'objet des largesses de la ville. C'est ainsi qu'en 1663, elle lui donna un soleil en vermeil; en 1677, un ciboire, et en 1699, un beau soleil neuf. En 1715, elle lui fit don d'un crucifix et de la statue de saint Antoine, placée, en 1719, au-dessus des fonts baptismaux. De plus, la ville lui acheta, en 1729, un dais en damas rouge et fit les frais de l'établissement des bancs dans l'église. A la révolution, les vases sacrés, les ornements et le mobilier ont été enlevés ou brûlés; mais le tout a été remplacé depuis par les soins de la fabrique.

Les changements, les nouvelles constructions et le vandalisme de 1793 ont fait disparaître dans l'église les nombreuses épitaphes sur le pavé et sur les murs de personnages d'un haut rang qui y sont enterrés. La pierre tumulaire, murée dans la tour, en avant de l'autel dédié à saint Joseph, à la mémoire d'Élisabeth Holtzapffel de Herxheim, née de Rathsamhausen-zum-Stein, décédée le 2 août 1620, est la seule dont l'inscription soit encore bien conservée. Le *Status animarum* nous a fait connaître une partie des autres tombeaux que l'église renferme; ce sont ceux que nous avons déjà indiqués au paragraphe des familles nobles de la ville.

Chapelle de saint Michel.

La forme tant extérieure qu'intérieure de la chapelle consacrée à saint Michel, lui assigne une place dans la haute antiquité; elle passe pour être le plus ancien édifice de la ville et paraît avoir une origine commune avec le château, les tours et le mur d'enceinte de la ville haute. C'est peut-être le plus ancien oratoire des fidèles de Lauterbourg. Au rez-de-chaussée, le bâtiment, de figure oblongue, est divisé en deux compartiments séparés par un mur épais; l'un renferme la chapelle de saint Michel, et l'autre, couvert d'une voûte à ogives, servait jadis d'ossuaire. Deux grandes portes à plein cintre sont pratiquées dans le mur du rez-de-chaussée du côté ouest. La même distribution se répète dans l'étage supérieur avec les mêmes particularités du gros mur de séparation et d'une voûte à ogives à la partie au-dessus de l'ossuaire; mais les deux pièces ne sont affectées à aucun service. On montait au premier au moyen d'un escalier en pierre de taille, qui était extérieurement adossé à la face donnant sur la sacristie de l'église; à défaut d'entretien, les marches en sont tombées et l'escalier a disparu. Les croisées ne présentent entre elles aucune symétrie : les deux, au-dessus de l'ossuaire vers l'ouest, sont à ogives et toutes les autres de forme oblongue. Une issue à présent murée était ménagée dans la façade vers le Mühlteich, d'où la chapelle, liée par le mur d'enceinte, était également accessible. La belle cave voûtée au-dessous du bâtiment et d'autres indices portent à croire que la partie est en était autrefois habitée, tandis que le reste était consacré au culte. On voit près de l'angle nord-est-est un coup de mitraille qui semble dater de la guerre de trente ans.

Les bouchers et les boulangers firent construire dans l'année 1478, en avant de la chapelle, une arcade, abattue il y a quelque temps, sous laquelle les membres de ces deux corporations étaient enterrés ; des dates indiquant les décès sont encore visibles au socle du mur.

Ce bâtiment, réparé en 1708 et 1759, est, pour ainsi dire, abandonné aujourd'hui.

Chapelle de Notre-Dame-de-Secours.

Elle est située hors de la ville, au pied des fortifications du côté sud-est, et doit son existence à la circonstance suivante : Lorsqu'en 1666, la peste régnant à Lauterbourg, en décimait les habitants, ceux-ci, dans la pieuse intention de conjurer le fléau, vouèrent une chapelle à la sainte Vierge, sous l'invocation de saint Sébastien et de saint Roch. Elle a été élevée la même année et ne comprenait d'abord que le chœur. Les Autrichiens qui, sous les ordres du duc de Lorraine, campèrent, en 1667, dans les environs de la ville, firent construire à leurs frais la petite nef. Sur sa façade de devant, on voit les niches des trois patrons de la chapelle, avec ces inscriptions : *Maria hilf* (sainte Marie nous soit en aide), *S. Sebastianus, ora....* *S. Rochus, ora....*

Des pèlerins viennent visiter ce lieu de dévotion, où il est officié tous les samedis.

Il ne fut procédé à l'inauguration de la chapelle qu'en 1669 ; elle possédait aussi des orgues. Abandonnée pendant les années de la révolution, elle a été restaurée depuis et rendue au culte.

La place qui l'entoure renferme une grande quantité

d'ossements provenant des victimes que la peste enleva.

Prébendes.

Les prébendes (*Pfründen*) durent leur origine aux différentes donations que les fidèles avaient faites tant en biens-fonds qu'en effets mobiliers, en l'honneur d'un saint choisi pour patron de la fondation. En 1390, il en existait quatre à Lauterbourg, dont chacune avait une chapellenie dans le voisinage de l'église. C'étaient celles de la Sainte-Croix, de sainte Madeleine, de sainte Anne et de saint Martin. Tout porte à croire que la chapelle de saint Michel était jadis affectée à de pareils bénéfices.

La régie de leurs biens appartenait au curé, qui prélevait de droit, pour lui et l'instituteur, une somme quelconque sur les revenus annuels; le surplus servait à régler le temporel du collataire. Le chœur actuel de l'église fut construit de la bourse de ces institutions; elles ont été supprimées avant la révolution déjà, et leurs biens et revenus ont été confondus avec ceux de la fabrique de l'église.

Presbytère.

L'ancien presbytère fut élevé sur une partie de l'emplacement du château; les baillis l'occupèrent d'abord, mais pendant peu de temps; tombé en ruines, il fut reconstruit en 1756, tel qu'on le voit à présent.

Le cabinet du jardin curial est posé sur les fondements de l'une des trois tours du château.

Lieux de sépulture.

L'ancien cimetière comprenait la partie nord-est et sud-est de la place autour de l'église; le reste, plus petit, portait le nom de *Lindenplatz* (place aux tilleuls), parce qu'il était planté d'arbres de cette essence. Ce cimetière a la même origine que l'église, et fut entouré d'un premier mur en 1449; considérablement agrandi en 1711, il fut clos du mur actuel en 1716.

Les bouchers et les boulangers étaient enterrés sous l'arcade devant la chapelle de saint Michel; on inhumait dans l'enceinte même de l'église les personnages d'un rang élevé.

Cependant dans l'intérêt de la salubrité publique, les inhumations dans l'église ont été défendues. Le même motif porta le gouvernement à ordonner que les cimetières des communes populeuses fussent choisis au dehors du lieu habité. C'était pour se conformer à ces règlements qu'en 1794 le cimetière fut établi au *Galgenberg* (lieu où était planté le gibet); mais ce choix indigne, fait par un terroriste de l'époque, révolta nos pères, qui, ayant horreur de reposer un jour sous le gibet, transférèrent l'année suivante le lieu de sépulture dans un champ appartenant à la fabrique de l'église. C'est le cimetière actuel; la propriété en appartient aujourd'hui à la ville, en vertu d'un contrat d'échange. (Voyez la maison du sacristain.)

L'enclos de l'ancien cimetière est maintenant connu sous la dénomination de *place de l'Église;* ombragé par des marronniers sauvages, il sert de promenade très-agréable.

Lauterbourg avait, dit-on, le droit d'enterrer ses morts dans le cimetière de la commune d'Au (grand-duché de Bade), apparemment une ancienne dépendance de notre ville; ce privilége, sinon singulier, du moins coûteux à cause de la traversée du Rhin qui sépare Au de Lauterbourg, nous paraît une imitation de la fable du nocher

Caron qui transportait dans sa barque les âmes des défunts de l'autre côté du Styx.

Plantations de croix et de crucifix.

C'était après les croisades que l'on commençait à planter des croix et des crucifix au dehors des églises.

L'évêque de Spire fit présent, en 1489, aux corporations des bouchers et des boulangers d'un crucifix qui fut érigé sur le cimetière et auprès duquel on disait le chapelet tous les soirs; il a été renversé en 1794. Celui qui existe aujourd'hui sur la place de l'Église, en remplacement du premier, a été élevé en 1810, par Françoise Thibolt, et porte l'inscription suivante:

Efflgies ChrIstI CrVCIfIXI, VeterIs LoCo, bIs oCto antè annIs Insanè DestrVCtæ, pIetate FranCIsCæ ThIboVLt LaVterbVrgensIs EreCta atqVe ConseCrata.

A. P. R. D. H. W. *Spisser, parocho. 1810.*

De toutes les croix dressées avant la révolution, il ne reste sur pied que celle que Jean Arnold fit planter, en 1731, au canton appelé Steinerne-Kreuz.

Depuis et en 1835, Joseph Keller et sa femme firent élever le crucifix sur le cimetière actuel, et un autre à côté du chemin de Mothern, en 1834.

Nicolas Weigel érigea, en 1830, le crucifix près de la tuilerie à l'entrée du chemin de Scheibenhard.

Et les époux Jean Helfrich plantèrent, en 1842, le crucifix hors de la porte de Wissembourg.

Fête. Lauterbourg fête le 12 juillet (*Hagelfeiertag*), jour anniversaire où la foudre, pendant un violent orage accompagné de grêle, tomba en 1719, dans l'auberge à l'Aigle.

CHAPITRE IV.

DES BATIMENTS MILITAIRES ACTUELS.

Grande-Caserne.

Elle est cotée lettre A. Nous avons déjà vu au chapitre des bâtiments communaux, qu'elle a été construite par la ville en 1739, et donnée par elle à l'État en 1767 ; ses fondations s'étendent jusqu'à la maison Lauer.

Voici l'état détaillé indiquant l'effectif des hommes de chaque chambre de cette caserne :

NOMS de la caserne	NUMÉROS des corridors	ÉTAGES.	NUMÉROS des chambres.	EFFECTIF EN LITS de chaque chambre.	OBSERVATIONS.
CASERNE A.	1ᵉʳ CORRIDOR.	Rez-de-ch.	1	11	Pour soldats.
		Idem.	2	»	Salle de police des sous-offic.
		Idem.	3	11	Pour soldats.
		Idem.	4	11	Idem.
		1ᵉʳ étage.	5	23	Idem.
		Idem.	6	23	Idem.
		Idem.	7	2	Pour sous-officiers.
		2ᵉ étage.	8	23	Pour soldats.
		Idem.	9	23	Idem.
		Idem.	10	2	Pour sous-officiers.
	2ᵉ CORRIDOR.	Rez de-ch.	11	»	Cuisine.
		Idem.	12	11	Pour soldats.
		Idem.	13	11	Idem.
		Idem.	14	11	Idem.
		1ᵉʳ étage.	15	23	Idem.
		Idem.	16	23	Idem.
		Idem.	17	2	Pour sous-officiers.
		2ᵉ étage.	18	23	Pour soldats.
		Idem.	19	23	Idem.
		Idem.	20	2	Pour sous-officiers.
	3ᵉ CORRIDOR.	Rez-de-ch.	21	11	Pour soldats.
		Idem.	22	»	Salle de police des soldats.
		Idem.	23	11	Pour soldats.
		Idem.	24	»	Corps de-garde de police.
		1ᵉʳ étage.	25	23	Pour soldats.
		Idem.	26	23	Idem.
		Idem.	27	2	Pour sous-officiers.
		2ᵉ étage.	28	23	Pour soldats.
		Idem.	29	23	Idem.
		Idem.	30	2	Pour sous-officiers.
		TOTAL.		376	

Petite-Caserne.

Deux corps de bâtiments faisant partie de l'ex-recette du bailliage et marqués, l'un du numéro 51, l'autre du numéro 52, composent cette caserne; d'après l'assiette du casernement elle peut contenir l'effectif suivant :

NOMS des casernes.	ÉTAGES.	NUMÉROS des chambres.	EFFECTIF EN LITS de chaque chambre.	OBSERVATIONS.
CASERNE 51.	Rez-de-ch.	1	»	Corps-de-garde de police.
	Idem.	3	4	Pour sous-officiers.
	Idem.	4	»	Salle de police des soldats.
	Idem.	5	4	Pour soldats.
	Idem.	5 bis	4	Idem.
	1er étage.	10	24	Idem.
	Idem.	11	2	Pour sous-officiers.
	Idem.	12	4	Idem.
	Idem.	13	6	Pour soldats.
	Idem.	14	»	Salle de police des sous-officiers.
	Rez-de-ch.	Cuisine	»	
	TOTAL.		48	
CASERNE 52.	Rez-de-ch.	1	30	Pour soldats.
	1er étage.	2	48	Idem.
	Idem.	2 bis	2	Pour sous-officiers.
	2e étage.	3	48	Pour soldats.
	Idem.	3 bis	2	Pour sous-officiers.
	Rez-de-ch.	Latrines	»	
	TOTAL.		130	
	TOTAL GÉNÉRAL.		178	

Écuries de cavalerie.

Elles sont situées au quartier dit Fischerberg et portent, ainsi que le magasin qui est au-dessus, la cote de la lettre S. L'État fit construire ce bâtiment en 1783. Dans les écuries peut être placé le nombre de chevaux suivant :

NOM DES ÉCURIES.	NUMÉROS DES ÉCURIES.	EFFECTIF DES CHEVAUX de chaque écurie.	OBSERVATIONS.
ÉCURIES S.	2	»	Sellerie.
	3	10	Chevaux de troupe.
	4	20	*Idem.*
	5	20	*Idem.*
	6	20	*Idem.*
	7	20	*Idem.*
	TOTAL.	90	

Quant aux écuries cotées I, derrière la maison Lauer, bâties par la ville en 1779 et données à l'État en 1782, elles existaient au nombre de onze, dont huit ont été démolies en 1837; les trois autres sont encombrées de matériaux appartenant au génie militaire.

Bâtiment près du moulin.

Sa cote est la lettre H; après avoir été construit aux frais de la ville en 1735, affecté à un hôpital, donné à l'État en 1785, converti en caserne, rendu à la ville, ce bâtiment redevenu la propriété de l'État, fut enfin démoli et la place plantée de planes.

Ancienne caserne de cavalerie.

Elle existait dans la demi-lune près de la poterne au Fischerberg; le département la fit construire en 1816 et abattre en 1835; elle est marquée du numéro 29.

Corps-de-garde.

Il y en a six dans la ville :

1° Le corps-de-garde à la porte extérieure de Wissembourg, coté G.

2° Celui près de la porte intérieure de Wissembourg, coté Q.

3° Un autre à la place, près de la tour dite Mittelthurm, coté N. Mme Helfrich a la jouissance gratuite du grenier de ce corps-de-garde.

4° Celui près la porte de Landau, coté F.

5° Le corps-de-garde à la porte du Moulin, coté E.

6° Et le dernier au Fischerberg, coté numéro 13, auquel est adossée la forge, cotée lettre H. (Voyez chap. III, *Bâtiments communaux*.)

Deux corps-de-garde, l'un appelé du Retranchement, marqué du numéro 37, l'autre dit Près du Rhin, figurant à la suite des six premiers sur l'état nominal des bâtiments militaires, n'existent plus.

Logement du commandant de la place.

Il comprend le pavillon numéroté 50, qui dépend de la ci-devant recette du bailliage (*Kellerei*) et donne sur la Grand'rue. La Petite-Caserne est derrière ce bâtiment.

Pavillon au-dessus de la porte de Landau.

Un des portiers de la ville l'occupe; sa cote est numéro 36. Les anciennes armes de France étaient sculptées sur le côté tourné vers l'Allemagne; en 1792 elles ont été biffées et remplacées par une figure représentant le soleil.

Bureau du génie militaire.

Il est établi dans le pavillon coté numéro 53, où loge aussi le garde du génie. Les baillis l'habitaient avant 1766; ce qui lui a fait conserver la dénomination d'*ancien bailliage.*

Magasin du bois de chauffage militaire.

L'enclos du château, coté C, renferme ce magasin, celui du génie militaire et un jardin.

Manutentions.

L'une est cotée lettre B; elle a été bâtie par le gouvernement français, en 1728, sur le sol de la maison du chevalier Riedessel, et restaurée depuis à plusieurs reprises; le maître boulanger y a sa demeure; l'autre porte le numéro 54 et comprend le ci-devant magasin à farine dont la construction fut faite aux frais du chapitre de Spire, en 1769.

Petit magasin près le presbytère.

Le cardinal de Hutten l'a fait élever en 1769 et l'a donné en échange à l'État français contre la manutention 54; il est coté *b*.

Grand magasin à fourrage.

Le gouvernement français fit bâtir, en 1783, ce beau et vaste magasin sur une partie du jardin du château; il est coté lettre R.

En 1809, des citoyens de Lauterbourg conçurent le projet à la fois grand et généreux, de faire convertir ce magasin en une caserne, et de pourvoir aux frais de construction au moyen d'une cotisation volontaire entre eux. Ils réalisèrent, en effet, la somme de trois mille francs, qu'on dépensa à faire jeter les fondements; mais, soit que la bourse fût épuisée et qu'une nouvelle collecte parût trop onéreuse, ou que la dépense excédât les prévisions, le projet a été abandonné et l'exécution en a été léguée à la postérité.

Bureau du garde-magasin des fourrages.

C'est le bâtiment coté T, sis vis-à-vis du grand magasin

à fourrage, derrière l'auberge *à l'Ange;* il a été construit en 1783 aux frais de l'État, et est loué à un particulier.

Buanderie et lavoir.

La buanderie près le moulin porte la cote K; l'État la fit construire en 1791; elle est habitée. Le lavoir coté L, presqu'en regard de la buanderie, fut établi la même année.

Magasin et sécherie.

Le magasin est un beau bâtiment où l'on conserve le linge des lits militaires; l'État l'a fait élever en 1791; il est coté lettre P. La sécherie abritée en partie par un hangar est cotée M et s'étend derrière le magasin.

Magasin à poudre.

Il est coté D; c'est encore l'État qui l'a fait construire en 1708 à la place de l'ancienne tour à poudre; depuis il a été restauré. Un jardin, dont la jouissance appartient au commandant de la place, entoure ce magasin.

Tours.

Il n'existe plus aujourd'hui que les deux tours, cotées l'une n° 34, appelée *Metzgerthurm* (tour des bouchers), derrière la maison de M. Lambert, juge de paix; l'autre numérotée 35, nommée *Mittelthurm* (tour au milieu), affectée à la prison militaire, et qui sépare la ville haute de la ville basse.

Nous parlerons des tours en particulier au chapitre des fortifications.

Au-dessus et sur l'arc même de la porte cochère de la manutention cotée B, est gravé le millésime de 1612, qui n'est certes point l'année de construction de ce bâtiment élevé seulement en 1728 ; nous croyons que l'encadrement de cette porte provient de matériaux de démolition, et qu'il a encore été propre à l'emploi qu'il occupe lors de la bâtisse de la manutention ; du reste, les chiffres que cachait une couche de mortier ne devaient point être visibles. La même remarque nous paraît applicable au millésime de 1699, inscrit sur une porte de cave murée, pratiquée autrefois dans le mur de devant joignant le bureau du génie militaire n° 53 (l'ancien bailliage) et la maison d'école (le nouveau bailliage), construits, le premier en 1715, et l'autre en 1766.

CHAPITRE V.

DES MAISONS PRIVÉES ET DES RUES.

Les maisons particulières de Lauterbourg sont en général petites et d'une construction peu solide ; presque toutes sont bâties avec du bois et des briques. Mais leur distribution intérieure répond assez aux besoins des propriétaires qui se livrent à l'agriculture ; aussi la plupart des maisons ont-elles des granges. C'est au faubourg et au Fischerberg que l'on voit les plus petites ; parmi ces maisonnettes, il y en a dont le sol ne contient point cinq mètres carrés ; souvent leur hauteur n'est que de huit mètres.

En revanche, Lauterbourg possède aussi de belles maisons présentant toutes les conditions d'une habitation commode et salubre. Les plus remarquables dans la ville haute sont les maisons de MM. Lambert, juge de paix ; Hemmerlé, docteur en médecine ; Valentin Düdenhœffer,

brasseur, et Dufour (M. Savagner, notaire). On distingue
dans la ville basse les maisons de MM. Lambert, maire;
Helfrich; Trapp; Savagner, notaire; Huber, docteur en
médecine; Thaler (M. Auscher, fils); G. F. Dudenhœffer;
les ci-devant auberges à la Croix (MM. Bonhomme et Levy);
à la Rose (M. Valentin Dudenhœffer); à l'Agneau (M. Godard); les auberges à l'Aigle (M. François Dudenhœffer); à
l'Ancre (M. Burckart, maître de la poste aux chevaux); aux
Trois-Nègres (M. Sonntag, adjoint au maire); l'ancien hôtel de la poste aux chevaux (M. Lambert, juge de paix), où
sont établis les bureaux des douanes, et qui est la maison
la plus spacieuse de la ville, bâtie en 1588; et quelques
autres.

L'alignement est plus ou moins satisfaisant dans la
Grand'rue, la rue des Pêcheurs et sur la place du Marché,
dans les rues du Moulin et de la Caserne; presque partout .
ailleurs ce sont des groupes de maisons disposées sans ordre.

La principale et la plus belle rue, c'est la Grand'rue;
elle a six mètres de largeur dans toute sa longueur, et est
pavée; passant par le faubourg, la haute et la basse ville,
elle divise la ville en deux, de l'est à l'ouest. Avant l'organisation moderne touchant les ponts et chaussées, la ville
l'entretenait; les comptes communaux mentionnent des
pavages qu'on y a faits en 1663 et 1669; elle fait partie de
la route royale, n° 68, et l'entretien en appartient aujourd'hui à l'État. Le pavé y est renouvelé en ce moment.

Les rues latérales, passablement larges, sont dans un bon
état; on y remplace le pavé par un empierrement établi
avec soin; l'autorité locale qui dirige les travaux mérite à
cet égard des éloges.

Il y a à Lauterbourg vingt-deux rues, cinq places et
une impasse, savoir :

La Grand'rue, qui traverse toute la ville; ensuite au faubourg, la rue de la Romaine, la place devant le magasin de fourrages et la rue du Magasin-de-Fourrages.

Dans la haute ville : l'avenue à côté de la Charrue; la ruelle derrière la Manutention, n° 54; la place du Château; la rue du Presbytère, autrefois appelée *Fœrergasse;* la rue du Magasin-de-Poudre; la Petite-rue-de-l'Église; la rue de l'Église; la place de l'Église; la rue du Lion (autrefois la rue des Juifs), et l'impasse J. P. Wugely.

Dans la ville basse: la place du Marché (Mühlteich); la rue du Marché; la rue du Moulin, jadis connue sous le nom de *Hafnergœssel;* la ruelle de l'Ancre dite Winckel, anciennement nommée *Franckengœssel;* la rue des Trois-Rois, encore appelée *Hintergasse;* la rue du Rempart, à côté de la maison Kühr, vis-à-vis de la rue des Écuries; la rue des Écuries; la place de la Caserne; la rue de la Caserne; la rue de l'Hôpital, autrefois nommée *Fauths'gasse* ou *Pferd'sgasse;* la rue des Pêcheurs; la rue des Pâtres; la rue de la Forge et la ruelle Schmoll.

On voit ces noms sur des plaques de pierre nouvellement fixées dans les façades des maisons regardant les rues.

Les rues des Écuries, des Pêcheurs, des Pâtres, de la Forge et la ruelle Schmoll forment l'ancien quartier du Fischerberg. L'Olpmansberg comprenait la hauteur au sud-est du Fischerberg; il était hors de la ville et cultivé en nature de jardin; l'État y fit établir, en 1706, les ouvrages à cornes du Rhin et autres travaux de fortification.

La longueur de la ville, de l'est à l'ouest ou de la porte de Landau à celle extérieure du faubourg, est de 667 mètres; sa plus grande largeur, du nord au midi ou de la porte du Moulin à l'ancien hospice du Fischerberg, est de 448 mètres. Avant 1720, la longueur n'était que de 484

mètres, vu que le faubourg , qui existe seulement depuis
cette époque, n'était point compris; mais la largeur était
autrefois de 500 mètres, parce que, avant l'établissement
des fortifications modernes, les maisons de la ville s'étendaient, du côté du moulin , jusqu'à la rivière. La superficie de la haute et basse ville avec le faubourg est de
10 hectares 70 ares et 78 centiares les rues et places
publiques non contenues.

Lauterbourg, sans compter les passages divers, a trois
portes principales, qui sont celles de Wissembourg (*Ober-
thor*), de Landau (*Unterthor*) et du Moulin (*Mülhthor*).
Depuis que les murs sont renversés , la ville est accessible
de tout côté au piéton.

CHAPITRE VI.

DES FORTIFICATIONS.

Avant l'invention de la poudre, dit le chevalier Allent
dans son *Précis de l'histoire des arts et des institutions
militaires en France*, les forteresses n'étaient que des en-
ceintes flanquées de tours, et offraient partout ce type
simple et uniforme dont l'origine se perd dans la plus
haute antiquité. Cette manière de fortifier avait subsisté
sous les Francs, telle à peu près qu'ils l'avaient reçue des
Romains. Mais l'art des siéges était oublié, quand Phi-
lippe-Auguste et Louis IX ramenèrent en France, avec la
balistique, les ouvrages et les machines de brèche et d'approche, conservés en Orient par les Grecs et les Arabes.
Deux lignes de retranchements, antique fortification des
Romains, renfermaient l'armée de siége et opposaient une
circonvallation aux entreprises des armées de secours, une

contrevallation aux sorties de la garnison. Les chats-chas-
teils, les beffrois, les taudis, les mantelets, les tortues et
les hélépoles, espèces de murs, de galeries ou de tours en
charpente, protégeaient, élevaient au niveau des remparts
ou conduisaient à leurs pieds, les gens de trait, les machines
de siége et le mineur. Avec la tarière, les béliers et les cor-
beaux, on perçait, on enfonçait, on démolissait les murailles. Des galeries souterraines portaient le mineur sous
les murs; il les sapait, soutenait, par des étais, le plafond
de la mine, les entourait de matières combustibles, y mettait le feu et se retirait : les étais se consumaient et le mur
s'écroulait sous son propre poids. Malgré ces ressources, les
siéges étaient longs et sanglants. Les forteresses opposaient aux coups de l'ennemi des murailles nues, mais
hautes, escarpées, larges et construites avec soin en
pierres dures, et quelquefois en maçonnerie liée par des
poutres. Les projectiles des plus fortes machines de balistique, ayant peu de vitesse, effleuraient à peine les escar-
pes. Souvent un fossé, revêtu d'un mur de contrescarpe,
enveloppait l'enceinte : il fallait ouvrir ce mur ou combler
le fossé pour faire arriver les machines et le mineur jusqu'aux tours et aux courtines. Ce n'était qu'après avoir
ouvert à la main une sape longue et pénible qu'on voyait
la cohésion de leurs éléments céder enfin à la pesanteur
de leur masse. Les défenseurs opposaient à l'assaillant la
mine redoutable aux hélépoles, et les machines plus
puissantes contre elles-mêmes que contre les maçonneries.
Souvent les galeries souterraines de la place rencontraient
celles de l'assiégeant. Dans ce champ de bataille étroit, on
ne pouvait combattre que de front; les rencontres étaient
des espèces de luttes; le peu d'espace laissé aux mouvements y rendait la pesanteur des armes moins fâcheuse; la

force, l'adresse, la science de l'escrime y prévalaient, et l'obscurité même donnait à ces luttes souterraines quelque chose de mystérieux et de plus terrible. Elles plurent aux chevaliers : ils en firent le lieu de la veille des armes et des épreuves qui précédaient l'accolade : ils s'y livraient des combats corps à corps avec l'épée et la dague; et ces combats, ces défis, la concurrence des chevaliers jaloux de s'éprouver, rendaient interminable cette guerre souterraine.

Mais après la découverte de la poudre, le canon tint lieu des machines de balistique et de brèche. Seul, de loin, en peu d'heures, il ruine les murs élevés et nus des forteresses. Les décombres forment de larges rampes dans le fossé. Les troupes, la pique et la fascine en main, franchissent à la course l'intervalle entre les batteries et la place, jettent leurs fascines, gagnent la rampe et se précipitent sur la brèche. Ainsi tombèrent, vers la fin du quatorzième et dans le quinzième siècle, la plupart des châteaux et des places.

Il fallut, après tant de siècles, chercher une fortification nouvelle; on vit publier une foule de ces types généraux, sous les noms de *Méthodes* ou de *Systèmes de fortification*. Vauban parut enfin et les perfectionna. L'enceinte, une ligne de dehors, le chemin couvert; dans les grandes places, une seconde ligne d'ouvrages extérieurs, et, dans certains cas, un fort ou quelques pièces détachées, telle est, en général, la composition de ses places. Dans toutes, les dehors sont subordonnés à l'enceinte et le reste aux dehors. Le front bastionné, à flancs simples, doubles ou avec oreillons, des cavaliers ou des tours bastionnées, la tenaille, la demi-lune simple ou avec réduit, la lunette et la redoute; sur quelques fronts la contre-garde, et sur d'autres des ouvrages à corne ou à couronne, enveloppés par le chemin couvert, et tantôt développés à la queue du glacis, voilà, dans le tracé, les éléments de ses combinaisons. Le rempart à terrasse, soutenu par un mur d'escarpe, couronné d'un simple parapet, précédé d'une contrescarpe, et caché par un glacis, forme le relief général de ses ouvrages. Les tours bastionnées, quelques contre-gardes, et les risbans ou les tours des côtes offrent seuls un petit nombre de casemates. A ces ouvrages on ajouta, pendant le siége, des palissades, des traverses, des coupures, des retranchements et des lignes de contre-approche. Telle est, si l'on fait abstraction du terrain, toute la fortification de Vauban, qui, dans son assiette, prenait ainsi des formes très-variées et était susceptible de recevoir une infinité de figures, tandis que dans l'antiquité la fortification n'avait qu'une face unique et constante.

§ 1. *Fortification ancienne. Mur d'enceinte.*

L'ancienne fortification de Lauterbourg ne consistait qu'en un mur crénelé, flanqué de quinze tours entourant la ville haute et la ville basse; des marécages, un large fossé bordé d'arbres fruitiers et la Lauter enveloppaient de plus les contours.

La ville haute se déploie sous la figure d'un quadrilatère; la ville basse, sise à l'est de la première, a la forme d'un demi-cercle; elles sont séparées par l'ancien mur d'enceinte de la ville haute, s'étendant du nord au sud, flanqué de la tour dite *Mittelthurm,* qui offre le passage; au pied de ce mur s'est trouvé jadis le fossé appelé *Mühlteich,* comblé vers la fin du dix-septième siècle. A l'ouest de la ville haute le faubourg occupe un emplacement entre le corps de la place et les dehors.

C'est la ville haute qui comprend l'ancien Lauterbourg

(*Tribuni*, *Concordia*); son mur d'enceinte et ses tours ont été élevés sous l'Empereur Otton III; le millésime 1001 qu'on voit sur le Mittelthurm, au pied de la statue de la sainte Vierge, nous en atteste l'authenticité. Le mur d'enceinte et les tours de la ville basse, dont la fondation est bien plus récente, n'ont été bâtis que vers la fin du règne de Frédéric II (1246-1250).

De temps en temps le mur de la ville a été restauré; en 1575 fut reconstruit le pan à partir du Storchenthurm jusqu'au Metzgerthurm; on rétablit en 1596 la muraille entre cette dernière tour et le Schnellerthurm, et des réparations furent faites au mur d'enceinte du château en 1613 et 1672. Les comptes communaux mentionnent ces différents travaux.

Pendant la guerre de la succession d'Espagne, Lauterbourg ayant été pris et repris plusieurs fois, les Français renversèrent, en 1706, les murs et les tours et détruisirent les fortifications modernes autrichiennes dont il va être parlé. Quelques pans ou plutôt des débris de mur d'enceinte sont encore visibles aujourd'hui dans tout le contour de la ville.

On prétend que du côté sud, Lauterbourg était autrefois baigné par le Rhin, qui, avant sa direction actuelle, roulait ses ondes devant la chaîne de collines s'étendant de Mothern jusqu'à Hagenbach. .L'existence du grand bassin, appelé anciennement *Waag* ou *Woog*, dont une partie est aujourd'hui connue sous le nom vulgaire de *Précipice*, naguère desséché, donne quelque fondement à la conjecture. La dénomination du Fischerberg (Montagne des Pêcheurs), qui forme un des quartiers de la ville, bâti sur les bords du bas-fonds, le voisinage de cette eau nommée *Altrhein* (vieux Rhin) et le site en général, donnent même à la tradition un caractère de vraisemblance. Lauterbourg, vu du sud, présentait alors un véritable promontoire défendu par le Rhin et par la Lauter. On ne s'étonnera donc plus que les Romains aient dû faire de cette position une de leurs places de guerre les plus importantes sur le Rhin.

Tours.

Le mur d'enceinte était flanqué de quinze tours, dont voici la désignation nominale :

Oberthurm.

Cette tour était placée à la porte intérieure de Wissembourg, en avant du corps-de-garde, vis-à-vis de l'auberge à la Charrue; elle portait aussi le nom de *Storchenthurm*, d'un nid de cigognes assis sur le sommet. Sa forme était carrée et la face qui donnait sur la ville était percée de hautes croisées ogivales; elle avait une porte voûtée, qui était une de celles de la ville dont les baillis gardaient les clefs sous la domination des princes-évêques de Spire, la clef de la porte extérieure du faubourg étant la seule confiée aux bourguemestres. En 1471, elle fut décorée de la statue de la sainte Vierge, qui, plus tard, a été placée au Mittelthurm. A commencer de 1612, des gardes y demeuraient jusqu'à l'établissement de corps-de-garde. En 1617 on y suspendit une clochette. Elle fut l'objet de réparations faites en 1624, et pourvue, en 1632, de battants neufs. Fortement endommagée par les troupes de Weimar, elle a été restaurée en 1661, et haussée de huit étages compartis en chambres d'habitation. L'incendie de 1678 en consuma la charpente.

En 1705, des mineurs français entreprirent de la renverser; mais ayant résisté à la sape, elle fut réparée de nouveau. Au commencement de la révolution française une partie en fut abattue et le reste totalement démoli en 1800.

Mittelthurm.

C'est une tour carrée dont les angles sont tournés vers les quatre points cardinaux; six croisées à ogive étaient pratiquées dans la façade qui regarde la ville haute; on les a murées; mais on en distingue encore facilement leur configuration. En 1613, cette tour fut couverte d'un toit; une maisonnette de gardes (*Thorhæusslein*) y a été adossée en 1624. Elle possédait, en 1626 déjà, deux clochettes et une horloge. Les battants de sa porte voûtée ont été renouvelés dans l'année 1632, ce qui nous apprend qu'on fermait alors ce passage libre aujourd'hui. La maisonnette de gardes actuelle y fut construite en 1746; la tour elle-même a été totalement réparée et décorée de la statue de la sainte Vierge en 1748. Cette année est représentée dans les lettres majuscules romaines de l'inscription suivante tracée au-dessus du cadran du côté de la ville basse :

Vrbs Me DIVa tVo VIrgo sIC ornat honorI ; aVspICIo tVa sIt natIo
tVta tVo.
(Pour la gloire, ô sainte Vierge [1], la ville me décore ainsi; que ton peuple (la ville), soit sous la constante protection).

Des inscriptions existaient sur les quatre faces de la tour; le temps les a rendues illisibles; on n'en aperçoit plus que des caractères isolés.

L'horloge d'aujourd'hui y a été placée en 1756, et les deux clochettes, dont une d'alarme, l'ont été en 1758 et 1762.

[1] La sainte Vierge est la patronne de la ville de Lauterbourg.

Cette tour est transformée en une prison militaire.

C'est le principal monument de la ville que le temps et les ravages de la guerre ont épargné; il élève encore majestueusement la tête, et le millésime 1001 gravé sur son front, transmettra aux générations futures l'antiquité de Lauterbourg.

Unterthurm.

La forme de cette tour était aussi carrée; elle avait une large porte voûtée et occupait le même emplacement que le pavillon au-dessus de la porte de Landau; une habitation y était ménagée, en 1615, pour un garde de nuit; on y suspendit, en 1629, une clochette. Elle fut pourvue, en 1632, comme les deux tours précédentes, de battants neufs, et, en 1683, d'un toit.

Mais en 1706 elle fut renversée; plus tard l'État fit construire, à sa place, le pavillon actuel d'un des portiers de la ville.

Schnellerthurm.

Cette tour était placée au Fischerberg, un peu en avant et du côté ouest du magasin, à l'angle du mur d'enceinte, non loin de l'ancien hospice; elle était habitée par un garde en 1612; sa porte a été réparée en 1624 et 1647. Elle fut renversée en 1706 et il n'en reste plus de vestige aujourd'hui.

Judenthurm.

On présume que cette tour était une des plus fortes de la ville; elle avait des créneaux et s'élevait à l'extrémité de la rue des Pêcheurs entre le jardin de Mme Marc et celui de M. Schœnagel; des juifs y furent enfermés en 1349, et de cette circonstance il lui est resté le nom de *Judenthurm* (tour des Juifs).

Jean-Guillaume Holtzapffel obtint, en 1611, la permission d'y adosser une cuisine à la charge par lui d'entretenir la tour. Les Français la renversèrent en 1706.

Metzgerthurm.

Cette tour existe encore à présent derrière la maison de M. Lambert, juge de paix; elle est connue sous le nom de *Metzgerthurm* (tour des bouchers) et sous celui de *Gabrielsthurm* (tour de Gabriel), parce qu'un criminel du nom de Gabriel, qui était condamné à mort, parvint à s'en échapper. En 1613 on y a fait des réparations. Elle était affectée à l'incarcération civile jusqu'en 1761, où fut achevée la construction de la prison civile actuelle. Dans ce moment elle n'a point de destination.

Thürmel ou *Neubau.*

Le nom de cette tour indique qu'elle n'était pas aussi élevée ni aussi spacieuse que les autres tours; placée près du Storchenthurm, vis-à-vis de la maison de M. Jean Dauer, le jeune, elle a été réparée en 1624 et renversée en 1706.

Schloszthürme.

Ces tours, dont était flanqué le mur d'enceinte du château, existaient au nombre de trois; les débris de l'une d'elles sont encore visibles à l'angle ouest, et portent les restes d'un encadrement de soupirail, sur lequel est gravé le millésime de 1580, qui annonce la construction de cette tour ou sa restauration.

L'autre occupait la place du cabinet du jardin curial.

La troisième s'élevait à l'extrémité de la grange dépendant du presbytère.

Les deux dernières n'ont été démolies qu'en 1764.

Pulverthurm.

Il paraît que cette tour a pris son nom d'un dépôt de poudre qu'elle renfermait ordinairement; elle était placée derrière le magasin actuel à poudre et adossée contre l'ancien mur d'enceinte de la ville haute, non loin de la maison Zugmeyer (M. Burgard). On y fit des réparations en 1624 et 1665, et les mineurs français la renversèrent en 1706.

Bartholomæusthurm.

Quelques restes de cette tour, dite de Barthélemi, se remarquent encore derrière la buanderie près le moulin, au pied du rempart. Elle a été réparée en 1624 et renversée en 1706.

Losen ou *Lotzenthurm.*

La base de cette tour subsiste encore; elle tient au rempart un peu au-dessous de la tour de Barthélemi, vis-à-vis du hangar de la sécherie militaire. Sa construction n'a pas une apparence de grande ancienneté, puisque dans la maçonnerie on a fait emploi de pierres calcaires, dites de *Büchelberg*, inconnues au quatorzième siècle. Elle était habitable et a été renversée en 1706.

Rückkorbthurm.

Cette tour, qui portait le nom bizarre de *Hotte*, ne laisse plus de vestige; c'était près des maisons Barlemann et Hammer, ci-devant la propriété de N. Hüll, au fond de la rue des Trois-Rois, qu'elle était placée; elle fut habitée en 1612, réparée en 1624 et renversée en 1706.

Lauterthurm.

La Lauter a donné son nom à cette tour qui s'est élevée

sur ses bords; elle semble avoir été une sentinelle avancée
de la ville. Des gardes y ont demeuré en 1614; elle a été
renversée en 1706.

Toutes ces tours, hormis le Lauterthurm (qui paraît
avoir eu un emplacement isolé, inconnu jusqu'à présent),
étaient liées par le mur d'enceinte dont les vestiges se
voient encore tout le long de l'escarpement du Fischerberg, depuis le Judenthurm jusqu'au Schnellerthurm,
joint à l'Unterthurm par la muraille qui enveloppait,
avant 1706, la rue actuelle des Écuries. De l'Unterthurm
le mur allait au Rückkorbthurm, puis au Lotzenthurm, où
le rempart en découvre encore une partie; de là à la tour
de Barthélemi, qui elle-même était unie au château par la
muraille passant derrière la haute batterie près la poterne.
Le mur d'enceinte du château qui, de ce côté, ceignait
également la ville, s'étendait au Thürmel, ensuite à l'Ober-
thurm, d'où le mur de la ville se dirigeait au Metzgerthurm et au Judenthurm.

Le Pulverthurm et le Mittelthurm ont garni l'ancien
mur d'enceinte de la ville haute. (Voyez le plan de la ville.)

§ 2. *Fortification moderne. Garnison.*

Nous avons déjà vu qu'après l'invention de la poudre
les murs nus des forteresses n'offrirent presque pas de sûreté à l'assiégé et qu'il fallut chercher une fortification
nouvelle qui résistât au feu du canon. L'invention fut
simple; on imagina de couvrir les portes et les issues des
villes et faubourgs par des boulevards, ouvrages en terre
à l'épreuve du boulet. C'est ainsi que, dans la guerre des
Pays-Bas, les Autrichiens, forts de dix mille hommes,
maîtres de Lauterbourg, en 1676, commencèrent, sous la
conduite de leur général, comte d'Archheim, à envelop-

per, pour la première fois, la ville de forts et de redoutes, et à établir les fameuses lignes ou levées en terre, qui de Lauterbourg s'étendaient jusqu'à Wissembourg. Dans l'intérêt de la fortification et de la défense, le général, comte Uetsch, qui remplaça Archheim, fit démolir dans la ville un grand nombre de maisons. Cependant les ouvrages autrichiens, loin de former une enceinte continue, ne consistaient qu'en quelques portions de front ou pièces détachées, tels que le fort ou la citadelle sur la route de Wissembourg (*obere hohe Strasse*); le fort dit *Léopoldsbourg*, près de la porte du Faubourg; les redoutes appelées *Opera Dei*, à côté de la chapelle de Notre-Dame-de-Secours; le fort étoilé non loin du pont nommé *Rothbrück*; l'étoile Saint-André-au-Canton, dit *Lausangel*; l'étoile Sainte-Catherine, à proximité du lieu dit *Bruchrhein*, et la tête du pont du Rhin.

Mais en 1706, les Français ayant repris Lauterbourg, détruisirent les ouvrages autrichiens et construisirent les fortifications qui existent aujourd'hui.

Le maréchal de Villars fit relever les lignes depuis le Rhin jusqu'à Uttlingen, près Saarunion, et établir quatorze écluses sur la Lauter, afin de couvrir plusieurs fronts d'une inondation large et profonde. Le Trippelacker fut retranché; des places privées, communales et seigneuriales ont été acquises par le gouvernement français, des maisons ont été abattues dans le contour de la ville, et le terrain a été affecté à des ouvrages de fortification. Les quatre passages de la ville furent pourvus de ponts-levis. Broglio, après Villars, ordonna la continuation des travaux qui, souvent interrompus, durèrent de 1706 à 1728.

La fortification, en 1740, a été étendue du côté du Mühlthor.

Dans la guerre de la succession d'Autriche, en 1744, Lauterbourg fut pris par le prince Charles; le comte de Gensac, qui commandait dans la place, n'en fit cependant la reddition qu'à la suite d'une capitulation qui fut signée le 4 juillet. Voici la teneur de cette pièce [1] :

État des propositions de capitulation faites avec le prince de Waldeck, de la part de M. le comte de Gensac, lieutenant-général des armées du roi, commandant pour Sa Majesté Très-Chrétienne à Lauterbourg, en conséquence de la reddition de ladite place :

Art. 1er. M. le comte de Gensac en sortira avec sa garnison, état-major de ladite place, commissaire des guerres, ingénieurs, commandants d'artillerie et tous les officiers de guerre avec tous les honneurs de la guerre. (Accordé à condition que la garnison ne servira point, ni contre la reine, ni contre ses alliés pendant un an et un jour, à la réserve de M. le commandant, comte de Gensac, lieutenant-général, auquel il est permis de servir quand il voudra, n'étant point compris dans le nombre des autres; mais tout le reste est compris dans la présente capitulation).

Savoir :

Avec armes et bagage pour tous ceux qui composent ladite garnison, et pour ceux ci-dessus dénommés, et dix pièces de canon. (On accorde le bagage seulement, et à M. le commandant Gensac une pièce de canon, à son choix, pour marque de sa valeureuse défense).

Art. 2. Plus sortiront tous les commis et employés des

---

[1] M. Th. Savagner a eu la complaisance de nous remettre tout récemment la copie de cette capitulation, qu'il a trouvée parmi des papiers de famille.

vivres et fourrages de Leurs Majestés Impériale et Très-Chrétienne, avec leurs équipages particuliers. (Accordé.)

Art. 3. Plus, cent caissons ou chariots couverts pour transporter les malades; et il sera permis de laisser un chirurgien pour soigner les malades qui se trouveront hors d'état d'être transportés. (On n'accorde point de caissons ni chariots couverts; mais ils pourront prendre des chariots du pays pour le transport des malades, en payant, car tout ce qui appartient au roi doit être pour notre reine. Le chirurgien est accordé.)

Art. 4. Plus, M. le comte de Gensac demande à M. le prince de Waldeck un passe-port pour joindre l'armée de M. le maréchal de Coigny, et un pareillement pour M. de Launay, commissaire des guerres. (On enverra chez Son Altesse Sérénissime pour ces deux passe-ports.)

Art. 5. Il ne sera fait aucun tort aux officiers du bailliage, aux magistrats, aux bourgeois et habitants de cette ville, ni dans leurs personnes ni dans leurs biens. (Accordé).

Art. 6. Plus, ladite garnison ira partie à Landau et partie au Fort-Louis, l'état-major où bon lui semblera, et l'artillerie à Landau; le tout sera conduit par le chemin le plus court avec escorte et sûreté. (La garnison se retirera à Landau ou au Fort-Louis, puisqu'elle ne doit point servir; on renvoie pour l'artillerie à l'article premier, deuxième partie. Le reste est accordé.)

Art. 7. En conséquence de cette capitulation on livrera une porte, demain 5 du courant, à huit heures du matin, et il ne sera permis aux troupes de Sa Majesté la reine d'Hongrie d'entrer dans la ville que la garnison n'en soit sortie, à laquelle il sera accordé deux jours, après la livraison de ladite porte, pour la sortie avec tous les effets, et ceux des particuliers ci-dessus dénommés. (On livrera sur-le-champ une porte et l'on consignera, à ceux qui seront envoyés de notre part, tout ce qui appartient au roi et doit, en vertu de la présente capitulation, appartenir à la reine, et la garnison sortira demain au matin. On veut prendre tous les déserteurs de la reine qui se trouveront parmi la garnison.)

A Lauterbourg, le 4 juillet 1744.

Signé GENSAC, et CHARLES, prince de Waldeck.

Au commencement des guerres de la révolution française, en 1793, on répara les lignes, on palissada les ouvrages de fortification, et une nouvelle écluse fut établie au pied du Trippelacker, qui lui-même a été transformé en un camp retranché où se logèrent quatre mille hommes. La place et les lignes, qui avaient alors un caractère imposant, couvrirent une armée très-considérable.

En 1815, quelques ouvrages ont été relevés et les remparts palissadés.

Nous ne passerons pas sous silence la perte que notre garnison, dans sa retraite sur Strasbourg, fit essuyer, à Seltz, en juin 1815, aux coalisés.

Le retour de Napoléon en France, au mois de mars 1815, causa de grands désastres aux départements du Rhin. Tout le pays fut de nouveau inondé par les troupes alliées et traité avec moins de ménagements que l'année précédente.

Sur les lignes de Wissembourg, le général Rapp s'opposait, avec 15,000 hommes d'infanterie et 2,000 de cavarie, à l'armée des alliées, forte de 60,000 hommes, et commandée par le prince royal de Wurtemberg, qui avait passé le Rhin à Oppenheim et à Germersheim. Ces forces supérieures l'obligèrent de se replier sur Strasbourg, qui depuis le 8 mai avait été mis en état de siége. Plusieurs actions chaudes eurent lieu pendant cette retraite, notamment à Seltz, où notre garnison, qui ne comptait qu'environ 3,000 hommes, sous les ordres du général Rottembourg, se distingua par sa valeur. Pour couper le passage à l'ennemi, le général était obligé de détruire le pont à l'entrée de Seltz; il s'établit ensuite de l'autre côté de la Seltzbach, dans un ravin. L'ennemi, ne s'attendant à aucune attaque, vint se déployer en masse sur la lisière de la forêt de Seltz; mais tout à coup Rottembourg fit faire un feu si bien nourri dans le cœur des bataillons serrés des soldats de Francfort et d'Issenbourg, qu'ils furent mis en déroute, laissant sur le champ de bataille 200 à 300 morts. Les blessés furent transportés à Lauterbourg. Pour se venger, l'ennemi réduisit en cendres plusieurs maisons de Seltz. Notre brave garnison, qui ne fut plus inquiétée dans sa marche, rejoignit le corps d'armée du général Rapp, auquel elle appartenait, à Surbourg, où sous le commandement de son illustre chef, elle cueillit de nouveaux lauriers, en faisant éprouver à l'ennemi une perte de 2,000 hommes.

Par le traité de paix du 20 novembre 1815, la Lauter devint la limite entre le Palatinat, aujourd'hui la Bavière rhénane, et la France. Une délimitation définitive fut faite en 1826. Lauterbourg, loin d'être favorisé, perdit, au contraire, sur la rive allemande, des retranchements et des terrains, qui tôt ou tard seraient d'un avantage immense pour la place, s'il était jamais question de l'ériger en une forteresse d'un ordre supérieur.

Les ouvrages actuels de Lauterbourg, place de guerre de quatrième classe, sont :

L'enceinte bastionnée du corps de place, précédée de

contrescarpes et de chemins couverts; quatre demi-lunes, leurs contrescarpes et chemins couverts; les ouvrages à corne du Rhin et du faubourg de Wissembourg; une cunette, deux écluses, une digue le long de la Lauter; deux lunettes, le camp retranché, deux redoutes et d'autres petits ouvrages extérieurs.

Les lignes tombent en ruines; dans plusieurs endroits elles ont été rasées par l'ennemi; on ne s'occupe plus de leur entretien. Cependant l'homme de génie qui conçut et fit exécuter ces immenses travaux de défense sur une étendue d'environ quinze lieues, en avait démontré leur incontestable utilité, et l'expérience prouva qu'il ne s'était point trompé. Nous croyons que le rétablissement de ces lignes, dont Lauterbourg occupe la tête, méritait d'être pris en sérieuse considération par le gouvernement.

La défense des frontières est chose naturelle; les Romains ont fait bâtir des forts le long du Rhin, pour préserver les Gaules de l'invasion des Barbares. Les remparts de Magog et les portes caspiennes ont été les modèles de la muraille de la Chine et du mur de quatre-vingts milles qu'Adrien fit en Angleterre pour séparer les provinces romaines de la Calédonie. Ces barrières continues furent longtemps respectées, tandis que les places isolées des Gaules tombèrent l'une après l'autre.

Les différents régiments qui, depuis 1830, ont fourni des détachements pour la garnison de Lauterbourg, sont:

Le 8ᵉ régiment d'infanterie légère; le 26ᵉ régiment d'infanterie de ligne; les 15ᵉ et 5ᵉ régiments d'infanterie légère; le 3ᵉ régiment de hussards et le 10ᵉ régiment de chasseurs à cheval; le 49ᵉ régiment d'infanterie de ligne; les 19ᵉ et 16ᵉ régiments d'infanterie légère; les 14ᵉ, 44ᵉ, 34ᵉ, 7ᵉ et 75ᵉ régiments d'infanterie de ligne; le 6ᵉ régiment de lanciers; le 3ᵉ régiment de chasseurs à cheval et le 1ᵉʳ régiment de cuirassiers.

La garnison se compose en ce moment d'un détachement du 22ᵉ régiment d'infanterie légère et d'un demi-escadron du 3ᵉ régiment de lanciers; le tout formant un ensemble d'environ quatre cents hommes et de soixante chevaux.

TROISIÈME PARTIE.

CHAPITRE PREMIER.

DE L'ÉTAT ANCIEN DU TERRITOIRE DE LAUTERBOURG.

§ 1. *Nature du sol. Terres labourables, prairies, forêts.*

En fixant ses regards sur l'immense bassin qui, vers le midi, forme la plus grande partie de la banlieue de Lauterbourg, on est aussitôt porté à croire qu'il a dû ressortir autrefois du domaine exclusif du Rhin, qui venait y faire ses ravages périodiques et laissait, en se retirant, des eaux croupissantes dans les lieux les plus bas. Ce bassin est bordé de collines fertiles, de différente hauteur, qui, dans le principe, se seront étendues jusqu'au rivage primitif du fleuve; mais qui, successivement minées, sont devenues la proie du torrent et ont fait place à un terrain fécondé par un limon que les eaux y avaient déposé.

Dans presque tous les endroits, la terre végétale est un mélange d'argile, de terreau et de limon; elle n'a que 40 à 80 centimètres de profondeur, et repose sur des couches d'argile et quelquefois sur des couches de gravier; rarement on découvre du sable. Les coteaux avoisinants sont de nature glaiseuse et de sable. Les cantons appelés Fischerwald et Frankreicher ont un terreau très-léger et tout à fait noir, au fond duquel gisent des couches de tourbes. Sur la hauteur, vers Scheibenhard et Berg, la terre est graveleuse. En général le sol est très-productif.

Tout ce qui compose le territoire de Lauterbourg était autrefois boisé, couvert de ronces ou de marais. Nous avons déjà vu au début de cette description que les Romains éclaircirent pour la première fois ces vastes forêts, et ouvrirent les passages indispensables à leur correspondance avec le gros des légions.

Les premiers cantons défrichés et cultivés par nos ancêtres étaient, d'après le registre des tailles (*Schatzungsbuch*), de 1648 : le Trippelacker, les terres de la haute chaussée supérieure et inférieure, les Waldæcker ou le Schafhof et le Gingel ou Engelgrund.

Ces cantons, dont le terrain est en majeure partie graveleux ou sablonneux, forment aujourd'hui la dernière classe de nos terres labourables; il n'y a que leur situation élevée, les garantissant de toute inondation, et la proximité de la ville, conditions alors essentielles, qui aient déterminé nos pères à leur donner préférablement les soins de la culture. Il est d'ailleurs très-naturel de commencer le défrichement par les terrains voisins et de s'étendre insensiblement au loin.

En effet, on défricha ensuite le communal nommé Ruhespieler et tour à tour ce qui restait de la banlieue, dont la totalité appartenait à la ville. Elle en a été dépossédée peu à peu, et, quoi qu'on en dise, ce ne fut pourtant qu'après le partage des communaux, en 1793, et le morcellement des terres, en général, que l'agriculture prospérait ici, et devenait particulièrement un objet d'activité et de zèle.

Le défrichement des lieux marécageux et des forêts où existaient des eaux stagnantes, assainissait l'atmosphère, en rétablissant l'action libre des vents, qui la dégagèrent d'exhalaisons infectes et de vapeurs insalubres. Nous sommes pourtant loin d'être partisan du système de défrichement des forêts, car leur conservation se lie trop intimement au bien-être général. Lauterbourg, du reste, pouvait se passer de ces marais-forêts, toujours abandonnés aux inondations du Rhin, la belle et vaste forêt du Bienwald, qui est à ses portes, lui tendant une main amie.

Au commencement du dix-huitième siècle il y avait peu de prairies dans la banlieue, leur contenance réunie ne dépassait guère quatre-vingts journaux. Aussi les habitants nourrissaient-ils peu de bétail, car, en 1654, on n'a compté ici que 119 têtes de vaches, et, en 1747, 144 têtes. L'élève de la race ovine n'a jamais été bien reçu d'eux.

Après le défrichement des forêts et broussailles, plusieurs cantons ont été laissés en nature de prairies ; tels sont ceux dits Wiesenau et Heckenau ; Groszeissert et Kleineissert, où se trouvait une aunaie défrichée en 1694 ; Neuwissen, Lausangel, Kœpffel, Neustücker, Læmmerwissen, Wolfswissen, Frankreicher et Markgræfer-Rücken, dont la propriété, délimitée par des pierres-bornes, était au margrave de Bade, et devait la dîme au curé de Lauterbourg.

Presque tous ces cantons sont aujourd'hui convertis en terres labourables.

Les forêts de la banlieue, dont les limites s'étendaient autrefois jusqu'au delà du Rhin, étaient :

1° La forêt dite Ottenwœrr, bornée à l'est par la commune d'Au, au sud par la commune d'Illingen, à l'ouest par la forêt appelée Herdwald, au nord par les cantons ruraux nommés Salmenwœrr, Eisedel et autres.

Cette belle forêt contenait environ 1570 journaux. L'Altenwald, de l'autre côté du Rhin, en est encore un reste.

La ville fit opérer, en 1790, dans cette partie de la forêt, la fameuse coupure (*Durchschnitt*) pour rejeter le thalweg du Rhin vers la rive allemande, et garantir ainsi les bords français des ravages du fleuve. Par le traité de paix de Lunéville signé le 9 février 1801, l'Altenwald fut cédé au margraviat de Bade.

Cette cession forcée priva la ville d'un revenu considérable; d'après le traité cité, elle devait, à son tour, être immédiatement investie des propriétés que le margraviat possédait dans la banlieue; mais cela n'eut point lieu. Vainement elle protesta, vainement elle réclama une juste indemnité de sa perte essuyée, le gouvernement consulaire n'accueillit point sa demande; et au lieu de lui abandonner la forêt dite Auerwald, propriété du margraviat, située dans la banlieue de Lauterbourg, qui lui revenait incontestablement en vertu du traité invoqué, il la céda plutôt à l'hospice civil de Landau! C'est d'une manière aussi indigne qu'injuste que la commune perdit l'Altenwald. Elle dut s'y résigner. Ne pourrait-elle plus aujourd'hui faire valoir ses droits? Le succès est d'abord incertain, et la caisse de la ville n'est pas assez riche pour entreprendre un procès dont la perte la mettrait en désarroi pour plusieurs années.

Pour suppléer, tant soit peu, à un revenu que la commune venait de perdre, elle créa l'octroi, et cette fois le gouvernement consulaire voulut bien y donner son entière approbation.

D'Ottenwœrr dépendait aussi le Grauwœrr, que le Rhin en avait détaché. Ce canton, après avoir été défriché, fut mis en bon état de culture. La ville y fit établir une métairie entourée d'habitations où, sous le patriarcat du métayer Jean Dolich, vivaient déjà plusieurs familles, lorsque le Rhin vint, en 1767, engloutir ce hameau et la majeure partie de ses dépendances. Ses habitants s'établirent sur l'Olpmansberg. De plus, l'Ottenwœrr comprenait les cantons dits Illinger-Pfad et Kurze-Neuwies, que la ville fit défricher en 1718; ceux nommés Lausangel et Eisedel, défrichés en 1631; celui appelé Kœpffel, dont une partie a été défrichée en 1748, et dont l'autre l'a été il y a quelques années; le canton dit Neustücker, auquel appartenait le petit bois appelé Judenwældel, défriché en 1826; celui dit Fahrwœrr et la saussaie nommée Bandurenkopf ou Schæftelskopf, séparée, en 1700, d'Ottenwœrr par le Rhin.

2° La forêt dite Herdwald ou Oberwald, limitée à l'est par l'Ottenwœrr, au sud par le ban de Mothern, à l'ouest par le même ban et par la forêt appelée Fischerwald, au nord par le canton dit Epfrig. Sa contenance était à peu près du tiers de l'Ottenwœrr. Elle était composée du canton nommé Fasanenkopf, encore rempli de broussailles; de celui dit Breitlach, qui, jusqu'en 1612, était couvert d'eau et ne fut affermé qu'en 1748, pour la première fois, en nature de prairies; de divers cantons collectivement connus sous la dénomination d'Oberwaldæcker, défrichés en 1728 et 1737, et de celui dit Langenæckerlé, défriché en 1732.

Le grand-bailli Loup-Henri Weingarten engagea la ville à lui céder la propriété du Herdwald (1632); il eut l'adresse de réussir; mais après sa mort, la commune, qui avait de nombreux griefs à faire valoir dans l'intérêt de sa cause, intenta un procès aux héritiers Weingarten en rétrocession de ce domaine; elle réussit aussi après soixante ans de litispendance.

3° La forêt dite Fischerwald, bornée à l'est par le

Herdwald, par les Markgræfer-Rücken, par le canton appelé Eissert, dont une grande partie en dépendait, et par celui nommé Sandlach; au sud par le ban de Mothern, à l'ouest par l'ancienne chaussée de Mothern, au nord par la même chaussée et le communal dit Ruhespieler. Elle contenait environ 300 journaux, répartis dans les cantons dits Pfarracker, Læmmerwissen, Langbirnbaumæcker, Burgerlach, Wolfswissen et Frankreicher, défrichés en 1729; Bubenbrunnen, défriché en 1744; Alt-Fischerwald, défriché en 1784, et Neu-Fischerwald, défriché et vendu par la ville en 1824.

Toutes ces forêts étaient mal conservées; une administration inepte, une surveillance négligée, sinon infidèle, leur portèrent un préjudice notable; l'abroutissement et, en dernier lieu, le maraudage, les désolèrent. Ces dégâts en préparèrent le défrichement, auquel les Lauterbourgeois applaudirent, car il livrait des terres à l'agriculture. Par leur indicible ardeur, et au moyen d'un grand nombre de fossés de desséchement, ils parvinrent à mettre le Fischerwald, qui était un terrain mouvant, dans un état parfait de culture.

Nous dirons quelques mots du chêne dans l'Altenwald, renommé par les nombreuses orgies dont il était témoin. Chaque fois que, dans cette forêt, le magistrat faisait procéder aux ventes de bois, il se réunissait près du chêne (*an der Eiche*). Après l'adjudication des coupes, des tables étaient dressées autour de l'arbre et les libations commençaient. On chantait, on dansait. Le grand-bailli (réviseur des comptes communaux) présidait au gala. On raconte que dans une de ces réunions, bailli, anwald, bourguemestres, conseillers, assesseurs et greffier, échauffés par les vapeurs du vin, se prirent de querelle, renversèrent les bancs et les tables, et lancèrent, l'un sur l'autre, des projectiles de toute espèce.

C'est ainsi que, sous l'ancien régime, l'autorité municipale se plaisait à gaspiller les fonds de la commune.

§ 2. *Chaussées, chemins vicinaux et canaux anciens.*

La plus ancienne chaussée que l'on connaisse est la haute chaussée, appelée *supérieure* et *inférieure*, qui passait, comme à présent la route royale n° 68, par la ville et la divisait également en deux de l'est à l'ouest. La supérieure allait à Scheibenhard, d'où elle se dirigeait par Niederlauterbach à Wissembourg; l'inférieure s'étendait par la forêt nommée Bienwald à Rheinzabern. La route romaine, connue sous la dénomination de Rœmerstræssel, dont nous avons déjà entretenu nos lecteurs dans le cours historique, longeait en grande partie la haute chaussée inférieure dans sa direction à Rheinzabern. Nous ne pouvons nous expliquer pourquoi nos ancêtres ont préféré ouvrir cette nouvelle chaussée à côté de la voie romaine déjà toute faite et présentant les mêmes avantages.

La plus ancienne chaussée de Lauterbourg à Mothern ne laisse plus de vestige; elle a été ruinée en 1640 et 1649; on y fit quelques réparations en 1654 et 1680, et elle fut abandonnée en 1717. Il en fut levé une autre qui suit la côte dessinant le bassin au sud-ouest de la ville; celle-ci existe encore maintenant sous le nom de *chaussée ancienne de Mothern (alte Motherer Strasze)* et sert de chemin d'exploitation. Nous parlerons un peu plus loin du nouveau chemin de communication de Lauterbourg à Mothern.

La commune de Schaid, qui dépendait du grand-bailliage de Lauterbourg, a vu, en 1654, redresser et élargir son chemin de communication avec cette ville par la forêt du Bienwald.

Le chemin vicinal sur la rive gauche de la Lauter conduisant à Scheibenhard, a été ouvert en 1624 et passait par la bergerie du chevalier Adam-André Riedessel.

La belle chaussée du Rhin, aujourd'hui la route royale n° 68, de Lauterbourg à Strasbourg, par Néeweiler, doit son origine à l'année 1760.

La levée de la chaussée de Candel, et de celle allant à Wissembourg, par la forêt du Mundat, est plus récente. Cette dernière est actuellement la route départementale n° 8, de Bitche au Rhin. Dans le chapitre suivant nous donnerons un état plus complet des routes et des chemins vicinaux qui traversent le territoire de Lauterbourg.

Lors de l'établissement des fortifications modernes, le maréchal de Villars fit faire la jonction de la Lauter au Rhin par un canal creusé au pied du Trippelacker et prenant de là la direction des lignes qu'il défendait jusqu'au Rhin; il est encore parfaitement visible. La partie de ce canal qui limite au nord le canton dit Kurze Wiesenau, est convertie en jardins.

On prétend qu'un autre canal qui, au nord de Scheibenhard, joignait le ruisseau d'Oberlauterbach, entrait dans Lauterbourg, où, passant par la ville haute, le Mittelthurm et le Mühlteich, il déversait les eaux dans la Lauter, non loin de la maison de bains. Des réparations doivent y avoir été faites en 1669 et 1682; en 1706 il a dû être comblé. Aucun document n'existe dans les archives sur l'existence d'un pareil canal, que nous croyons être de pure invention; si ce conduit ou tout autre aqueduc n'avait été supprimé qu'en 1706, la tradition du moins en aurait conservé quelque souvenir, à défaut de preuves écrites.

CHAPITRE II.

DU TERRITOIRE DE LAUTERBOURG DANS SES DISPOSITIONS ACTUELLES.

Terres labourables, prairies, forêts.

Nous respirons un air plus sain que nos ancêtres, vivant au milieu de marais et de forêts, dont le défrichèment à fait disparaître un ciel sombre et nébuleux qui s'appesantissait eur eux, et, influant sur leur tempérament, les rendait phlegmatiques et indifférents au travail. Les Lauterbourgeois du dix-neuvième siècle, sous un climat plus clair et attrayant, ont acquis plus de perspicacité, et, en marchant de front avec les progrès de l'agriculture, ont senti les défauts de leurs prédécesseurs. Des travaux d'endigage ont été exécutés pour garantir le territoire des débordements désastreux du Rhin et de la Lauter. L'aisance de l'un a éveillé la louable rivalité de l'autre; travailleurs zélés, ils ont fait mille fossés pour favoriser l'écoulement des eaux et le desséchement du terrain. Leurs peines ont été couronnées d'un succès complet; des cantons ruraux qui autrefois n'étaient point labourables, et dont la valeur était de neuf dixièmes au-dessous du prix vénal des terres ordinaires, forment à présent une des meilleures portions de la banlieue.

L'opération de la matrice cadastrale des propriétés foncières de la commune de Lauterbourg a été arrêtée par le préfet le 31 décembre 1839; il en résulte que la nature, la contenance et le revenu imposable des propriétés non bâties sont dans la situation suivante:

Les terres labourables ont une contenance de 627 hectares 42 ares 10 centiares, et sont évaluées à un revenu imposable de 11,337 fr. 58 c.; ce qui porte la moyenne du revenu par hectare à environ 18 fr.

Les prés contiennent 271 hectares 75 ares 40 centiares; leur revenu imposable est de 4,118 fr. 66 c., soit environ 15 fr. par hectare.

Les jardins sont de 10 hectares 72 ares 29 centiares, et d'un revenu de 293 fr. 52 c., ou de 8 fr. environ le hectare.

Les vergers ont une contenance de 3 hectares 75 ares 55 centiares, et un revenu de 81 fr. 81 c., soit environ 20 fr. par hectare.

Les vignes mesurent 1 hectare 12 ares 45 centiares; leur revenu imposable est de 16 fr. 87 c.

Les pâtures contiennent 4 hectares 9 ares 5 centiares, et sont évaluées à un revenu de 10 fr. 23 c., ou environ 2 fr. 50 c. le hectare.

Les bois ont une contenance de 58 hectares 35 ares 80 centiares, et un revenu imposable de 291 fr. 79 c., soit 5 fr. par hectare.

Les saussaies sont de 49 hectares 10 ares 35 centiares, et d'un revenu de 245 fr. 52 c., ou 5 fr. le hectare.

La contenance des marais est de 3 hectares 26 ares 65 centiares, et le revenu imposable de 8 fr. 17 c., ou environ 2 fr. 50 c. le hectare.

Les terres vaines ne contiennent que 88 ares 75 centiares, et sont portées à un revenu de 44 c.

Enfin, les gravières mesurent 60 ares 35 centiares, et leur revenu est de 30 c.

Le total de la contenance de la banlieue de Lauterbourg est 1031 hectares 8 ares 74 centiares; en y ajoutant le sol de maisons et autres bâtiments, qui contient 6 hectares

44 ares 82 centiares, le total général de la contenance est de 1037 hectares 53 ares 56 centiares.

Sauf les objets non imposables, qui sont : l'église, le cimetière et le presbytère, contenant 1 hectare 9 ares 20 centiares; les chemins et places publiques, mesurant 21 hectares 59 ares 27 centiares; les rivières et ruisseaux, y compris le Rhin jusqu'au thalweg, de la contenance de 157 hectares 97 ares 14 centiares, et des établissements publics, contenant 1 hectare 59 ares 14 centiares; ensemble 182 hectares 24 ares 75 centiares.

Le revenu imposable de la contenance totale de la banlieue est de 16,404 fr. 89 c.; celui du sol de maisons se porte à 161 fr. 21 c.; ce qui fait un ensemble de 16,566 fr. 10 c.

La moyenne du revenu imposable de la totalité des propriétés non bâties est donc de 16 fr. environ par hectare.

Les propriétés bâties consistent en vingt-six classes de maisons, qui sont au nombre de 354, compris le moulin et le bac sur le Rhin; leur revenu imposable est de 7,002 fr., qui, ajoutés à celui des propriétés non bâties, en portent le total général à 23,568 fr. 10 c.

Depuis la clôture du cadastre, les augmentations ou diminutions du revenu imposable ont été peu sensibles.

Cinq sections partagent la banlieue :

La section A, dite Fischerwald, contient 368 hectares 47 ares 40 centiares; le revenu imposable en est de 6,027 fr. 66 c., soit une moyenne d'environ 16 fr. par hectare; les cantons composant cette section sont nommés ainsi qu'il suit :

Pfarracker, Bærlach, Læmmerwissen, Epfrig, Rücken, Rœderwissen, Gærtlein, Urspænner, Alt-Motherer-Strasze,

Langenacker, Frankreicher, Burgerlach, Grosz-Eissert, Klein-Eissert, Farrenwissen, Sandlach, Juden-Eissert, Capellenwiese, Schlangenteich, Zehn-Kreuzerwiese, Ruhespieler, Alt-Fischerwald, Wolfswissen, Bubenbrunnen.

Dans cette section, la ville de Lauterbourg possède 20 hectares 84 ares 95 centiares de terre labourable dite Ruhespieler; 1 hectare 65 ares 85 centiares de terre labourable appelée Ruhespieler in der Sandlach; 24 ares 90 centiares de terre et de jardin au lieu dit Schlangenteich; 42 ares 70 centiares de terre nommée Ruhespieler am Neu-Fischerwald; 15 ares de terre au canton dit Alt-Fischerwald, et 28 ares 60 centiares de terre au même canton, lieu appelé in den Lehmlœcher.

La section B, dite Langenæckerlé, a une contenance de 211 hectares 81 ares 70 centiares, et un revenu imposable de 3,221 fr. 22 c., ou une moyenne de 15 fr. par hectare; elle est formée des cantons dits :

Weidenkopf, Kœpffel, Grauwœrr, Fasanenkopf, Nebenkopf, Kohlgrund, Breitlach, Kurzenæckerlé, Bruchrhein, Langenæckerlé, Holzapfelbaum, Grauloch, Muld, Zehneichen, Illinger-Pfad, Obereneuwissen, Kurzeneuwissen, Untereneuwissen, Eisedel, Lausangel.

Les propriétés de la ville dans cette section sont : 10 hectares 55 ares 40 centiares de bois au canton Weidenkopf; 15 hectares 13 ares 80 centiares de terre labourable au Kœpffel; 3 ares 40 centiares de jardin, et 4 hectares 58 ares 20 centiares de pré, au même canton; 1 hectare 67 ares de terre au Grauwœrr; 2 hectares 43 ares 30 centiares de bois au Fasanenkopf; 3 hectares 60 ares 30 centiares de bois au Kohlgrund; 46 hectares 97 ares de saussaie au Nebenkopf; 1 hectare 8 ares 80 centiares de pré au canton dit Breitlach; 4 ares 20 centiares de terre au lieu dit Illinger-Pfad, et 55 ares 30 centiares de pré au Lausangel.

La section C, dite Salmenwœrr, contient 216 hectares 1 are 25 centiares; le revenu imposable en est de 3,422 fr. 53 c., soit une moyenne d'environ 15 fr. par hectare; elle se compose des cantons dits :

Letzen, Wœrr, Auerwald, Salmenwœrr, Fahrwœrr.

L'hospice civil de Lauterbourg possède dans cette section : 4 hectares 81 ares 20 centiares de terre labourable au Salmenwœrr; 38 hectares 6 ares 80 centiares de bois au Wœrr, et 90 ares 85 centiares de saussaie au même canton; le tout est évalué à un revenu imposable de 267 fr. 6 c.

La section D, dite Trippelacker ou Tripffelacker et Neustücker, a une contenance de 166 hectares 13 ares 2 centiares, et une revenu imposable de 2,946 fr. 91 c., ou une moyenne d'environ 17 fr. par hectare; elle est formée des cantons dits :

Lauterwissen, Tripffelacker, Breitenwœrr, Langewiesenau, Kurzewiesenau, Heckenau, Neustücker, Lauterjockel.

Dans cette section, les propriétés communales sont les suivantes : 2 hectares 33 ares 5 centiares de pré au canton appelé Heckenau; 4 hectares 9 ares 5 centiares de pâture, et 3 hectares 22 ares 60 centiares de marais au même lieu; une gravière de 16 ares 20 centiares au Neustücker; 92 ares 50 centiares de pré-digue audit canton; 2 hectares 42 ares 55 centiares de terre au lieu nommé im Wald, et 6 ares 50 centiares de terre au Fahrwœrr, portés dans cette section sur le bulletin des propriétés de la ville.

La fabrique de l'église de Lauterbourg possède dans cette section : 32 ares 70 centiares de terre au Lauterwissen; 30 ares 5 centiares de pré au même canton; 11 ares 60 centiares de pré-digue au Tripffelacker; 7 ares 50 centiares de terre audit lieu, et un pré de 31 ares 70 centiares formant la redoute près de la chapelle de Notre-Dame-de-Secours.

Enfin, la section E, dite de la ville, contient 75 hectares 10 ares 19 centiares, dont le revenu imposable est de 7,949 fr. 78 c., y compris celui des propriétés bâties.

Les cantons composant cette section sont appelés:.

Nord de la ville (propriété de l'État), Faubourg, Ville-Haute, Ville-Basse, Fischerberg, Hinterm-Gebirg, Ring, Engelgründ, Gærteln.

La ville possède dans cette section : les bâtiments que nous avons désignés dans la partie archéologique de cet ouvrage; plus 2 ares 60 centiares de terre au Ring; 15 ares 10 centiares de terre vague au même canton; 1 hectare 58 ares 30 centiares de terre communale dite Gærtlein, et une gravière de 24 ares 80 centiares, au lieu nommé Hæmmelsberg.

Récapitulation faite, la ville de Lauterbourg n'est propriétaire que de 44 hectares 51 ares 30 centiares de terre labourable; de 8 hectares 55 ares 35 centiares de pré; de 92 ares 50 centiares de pré-digue; de 9 ares 5 centiares de jardin; de 4 hectares 9 ares 5 centiares de pâture; de 16 hectares 59 ares de bois; de 46 hectares 97 ares de saussaie; de 3 hectares 22 ares 60 centiares de marais; de 15 ares 10 centiares de terre vaine, et de 41 ares de gravière; ensemble de 125 hectares 51 ares 95 centiares, dont le revenu imposable est de 1,203 fr. 96 c., soit une moyenne d'environ 9 fr. par hectare.

Une partie des 44 hectares 50 ares 30 centiares de terre labourable appelée Ruhespieler et Gærteln, est tém-

porairément partagée entre les habitants de Lauterbourg,
à la charge d'une rétribution annuelle de 6 fr. par Ruhespiel, et de 2 fr. par Gærtel; à la mort du détenteur, le
communal dont il jouissait est acquis à la ville et affermé;
de cette manière elle rentrera un jour dans la libre disposition de sa propriété. Le reste de la terre labourable, les
prés et les jardins sont donnés à ferme[1].

Nous répétons ici que la commune a demandé l'autorisation de défricher 12 hectares 98 ares de bois ou
broussailles, et qu'elle l'a obtenue sous la condition de
céder gratuitement à l'État quelque terrain dépendant du
Fasanenkopf, indispensable à la rectification projetée de
l'alignement du lit du Rhin; mais au moment où la ville
commençait l'opération, l'administration forestière inter-
vint, ayant trouvé que l'ordonnance royale, tout en ac-
cordant le défrichement, ne portait point la distraction
du régime forestier auquel ces bois sont soumis. On a sollicité une nouvelle ordonnance royale pour lever cette
difficulté; elle vient d'être rendue. Ainsi rien ne s'opposera
plus à ce défrichement, qui sera d'un intérêt notable pour
la ville. Elle convertira en terre labourable les terrains
élevés, et disposera en prairies naturelles les bas fonds; la
totalité sera affermée, et, à coup sûr, le revenu annuel du
terrain de ces broussailles sera plus que décuplé[2].

La banlieue de Lauterbourg est limitée au nord par la
Lauter, qui serpente au pied d'une bande de terre élevée,
touchant à la forêt dite Bienwald, et appartenant à la
commune de Berg et en partie encore à celle de Lauterbourg; à l'est par la commune de Berg, au sud par le

[1] Voy. p. 86.
[2] Il ne restera à la ville que quelques broussailles au Kohlgrund.

Rhin et la commune de Mothern, à l'ouest par celle de Scheibenhard.

A une petite distance de la pointe orientale du Trippelacker, on remaque deux poteaux, dont l'un, planté à la rive gauche de la Lauter, porte les armes de la Bavière; l'autre, sur le rivage opposé, semble cacher les armes de France; c'est là que la rivière, adoptée comme limite, se divise en deux bras. Lors de la délimitation des deux pays, en 1826, la France n'avait point de sévères représentants; car, contrairement au bon sens et à l'équité, celui des bras de la Lauter qui est aujourd'hui desséché[1] a déterminé la limite, tandis que l'autre bras, qui forme depuis des siècles le cours naturel et régulier de la rivière, et qui alimente une usine, a été écarté comme n'étant qu'un fossé, auquel fut donné le nom de Mühlgraben. Il est résulté de cette grossière anomalie, que tout le terrain se trouvant entre les deux bras de la Lauter, compris le territoire et la commune de Neubourg, est avenu à la Bavière!

§ 2. *Routes, chemins de communication et d'exploitation, fossés.*

La route royale n° 68 traverse de l'est à l'ouest la ville et le territoire de Lauterbourg. Depuis quelque temps, aucune diligence ne circule plus sur cette voie de communication directe avec Strasbourg, et le transport des voyageurs et des marchandises s'y effectue par les diligences de la route de Wissembourg. N'est-il donc plus possible d'établir un service régulier de voitures publiques sur cette belle ligne dite du Rhin, d'une étendue de 60 kilomètres,

---

[1] La vieille Lauter.

traversant une contrée riche et bien peuplée de l'Alsace? Il est vrai que la concurrence des bateaux à vapeur du Rhin lui est extrêmement préjudiciable.

La route départementale n° 8, de Bitche au Rhin, nous fait directement communiquer avec Wissembourg; elle est bien entretenue. Béni soit le jour qui l'a vu élever au nombre des routes départementales; car avant les travaux dont elle est l'objet depuis six ans, elle était presque impraticable.

La route royale forme, à partir du poteau indicateur hors de la porte de Wissembourg, jusqu'à celui hors de la porte de Landau, une intersection de la route départementale de Bitche au Rhin.

Le chemin vicinal de Lauterbourg à Mothern, dit de communication grande ou petite, qu'importe, pourvu qu'il soit dans un bon état d'entretien, procure aux habitants des deux communes un intérêt réel; l'exploitation en tire particulièrement avantage. Sa longueur sur la banlieue de Lauterbourg est de 2500 mètres, et sa largeur de 6, et quelquefois de 5 mètres seulement.

D'après un état dressé le 15 février 1825, par l'administration municipale de Lauterbourg, il existe, sur le territoire de cette commune cinquante-deux chemins d'exploitation, compris le chemin vicinal de Mothern; et suivant un tableau fait par la même autorité, le 27 février 1840, dix-huit autres chemins d'exploitation ont été ajoutés aux premiers, en sorte que la banlieue offre à l'économie rurale soixante-dix chemins, dont les principaux, portés sur l'état de 1825, sont:

Le chemin n° 6, qui de la chapelle passe au Breitenwœrr, en traversant le canton Heckenau; il a une longueur de 1150 mètres et une largeur de 3 mètres.

12.

Plus celuï n° 8, partant du précédent et aboutissant au canal, après avoir traversé le canton Wiesenau, donne une longueur de 600 mètres et une largeur de 3 mètres.

Celui n° 10, appelé Kiesweg, qui passe par le canton Neustücker et va au Rhin, est long de 780 mètres et large de 5 ou de 3 mètres.

Le chemin n° 11, nommé Salmenwœrrweg, a une longueur de 300 mètres et une largeur de 3 mètres.

Celui n° 12, dit Auerstückerweg, joignant le pont à travers la vieille Lauter, est d'une longueur de 3300 mètres et d'une largeur de 4 ou de 3 mètres.

Celui n° 18, appelé Illingerpfad, est long de 960 mètres et large de 3 mètres.

Le chemin n° 20, nommé Mittelweg, aboutissant à la banlieue de Mothern, présente une longueur de 1853 mètres et une largeur de 3 mètres.

Celui n° 23, qui traverse le canton Judeneissert, a une longueur de 400 mètres et une largeur de 3 mètres.

Celui n° 24, au canton Kleineissert, est long de 750 mètres; la largeur en est de 3 mètres.

Le chemin n° 25, au canton Groszeissert, offre une longueur de 612 mètres, sur une largeur de 3 mètres.

Celui n° 26, dit Groszrückenweg, part du pont nommé Rothbrück, et traverse le canton Rücken, parallèlement au fossé A ; sa longueur est de 860 mètres et sa largeur de 3 mètres.

Celui n° 27, appelé Mittelrückenweg, a une longueur de 1500 mètres et une largeur de 3 mètres.

Le chemin n° 28, dit Obererückenweg, est long de 968 mètres et large de 3 mètres.

Celui n° 29, nommé Epfrigweg, donne une longueur de 1300 mètres et une largeur de 3 mètres.

Celui n° 30, appelé Seelenlochweg, offre, sur une lar-geur de 3 mètres, 600 mètres de longueur.

Le chemin n° 31, au canton Gærtlein, sépare le ban de Lauterbourg de celui de Mothern; il est long de 800 mètres et large de 3 mètres.

Les six derniers chemins partent du chemin vicinal de Mothern.

Celui n° 32, qui forme le chemin principal du canton Ruhespieler, et se réunit au n° 25, a une longueur de 1456 mètres et une largeur de 3 mètres.

Celui n° 35, appelé Rückenstræssel, a 1100 mètres de longueur et 3 de largeur.

Le chemin n° 42, dit Alte-Motherer-Strasze, prend naissance à la route royale n° 68, et parcourt, sur le terri-toire de Lauterbourg jusqu'au Schinderhohl, une étendue de 2600 mètres, sur une largeur commune de 6 mètres.

Celui n° 45, au canton Fischerwald, qu'il traverse et qui aboutit au Wolfswissen, est long de 1872 mètres et large de 6 mètres. Il n'existe que depuis 1824.

Celui n° 49, au canton dit Frankreicher, touche au Læmmerwissen; il a une longueur de 1150 mètres, la lar-geur en est de 3 mètres.

Et le chemin n° 50, nommé Scheibenbarderfuszweg, est d'une longueur de 620 mètres dans la banlieue de Lauter-bourg, et d'une largeur égale de 3 mètres.

La commune de Lauterbourg a été déclarée intéressée à plusieurs chemins vicinaux de petite et de grande com-munication et d'intérêt commun, dont elle paye le con-tingent dans la dépense. Il s'est encore agi tout récemment de faire le classement de nouveaux chemins vicinaux qui l'engageront dans d'autres dépenses, sans profit pour les habitants.

Les fossés d'écoulement existant dans la banlieue de Lauterbourg figurent sur un plan levé le 26 janvier 1818; nous en indiquons les principaux :

Le fossé A, dit Rothgraben, dont la longueur est de 2101 mètres, et la largeur de 4 mètres, commence à l'écluse du Breitenwœrr, passe par le vieux Rhin et se dirige au-dessous du pont appelé Rothbrück jusqu'à l'égout derrière le Fischerwald.

Le fossé B, nommé Bubenbrunnenwissengraben, long de 1947 mètres et large de 3 mètres, fait suite au fossé A et aboutit au lieu dit Lehmlœcher.

Le fossé D, appelé Epfriggraben, a une longueur de 2299 mètres; il commence au pont Rothbrück; sa largeur, jusqu'au Backensteinlœcher, est de 3 mètres; de ce point au canton Gærtlein, où il finit, elle n'est que de 2 1/2 mètres.

Le fossé E, qui, à l'égout derrière le Fischerwald, se réunit aux fossés A et B et se perd au Wolfsbrunnen, a une longueur de 1021 mètres et une largeur de 3 mètres.

Le fossé F, traversant le canton Rücken, vient du lieu dit Rohrlach et verse ses eaux au Rothgraben; il a 731 mètres de longueur sur 3 mètres de largeur.

Le fossé G, dit Frankreichergraben, qui est une continuation du fossé E et traverse le canton Frankreicher, est long de 1066 mètres et large de 4 mètres.

Le fossé O, appelé Rœderwissengraben, long de 1835 mètres et large de 2 mètres, prend son commencement au fossé F et finit au Gærtlein; le fossé T, ayant une longueur de 642 mètres et une largeur de 2 mètres, fait suite au fossé O et verse ses eaux dans l'Epfriggraben au Backensteinlœcher.

Enfin la banlieue abonde en fossés tant communaux que

privés, portant les noms des cantons ruraux qu'ils traversent.

§ 3. *Economie rurale.*

Dans le vaste domaine des sciences il n'existe pas de
connaissance plus agréable et d'une utilité plus commune
que celle de l'agriculture ; elle appartient à l'histoire naturelle. Qui n'aime, dit un auteur, l'étude des végétaux, dont
la plupart nous offrent des aliments sains et agréables ou
nous fournissent des parfums délicieux, de riches tein-
tures, des étoffes, des abris, des meubles commodes et une
foule d'objets faisant l'ornement des palais et des chau-
mières ? Qui peut rester indifférent à des détails relatifs à
des animaux qui nous servent comme d'excellents domestiques, qui s'attachent à nous comme de vrais amis ?

Delille fait le parallèle suivant des végétaux et des animaux :

> Les végétaux en vain semblent vivre à nos yeux ;
> Aucun d'eux ne choisit, aucun ne délibère ;
> D'un principe inconnu ; la force involontaire
> En vain prête à leur vie un air de sentiment,
> Chacun, sans le juger, saisit son aliment ;
> Et cet aveugle instinct, qu'aucun doute n'égare,
> Se décide toujours et jamais ne compare.
> L'animal voit, connaît, délibère, et les dieux
> Par ce signe éternel les séparent entre eux.

On pourrait comparer l'existence des végétaux à la vie
passive de l'animal livré au sommeil. La semence que le
cultivateur jette dans la terre ressemble dans sa conforma-
tion à l'œuf de l'animal ; l'action de la terre sur cette semence est aussi admirable que celle de la poule, qui, au
moyen de sa couvée, convertit ses œufs en poulets.

Au bout de quelques jours, les deux extrémités de la semence s'ouvrent : de l'une sort une plante verte et de l'autre une quantité de filaments. Quelle que soit la position de la semence, le vert perce le sol et s'élève dans l'air; les fibres s'enfoncent sous la terre et de là ils absorbent, transmettent les aliments de la plante.

Tout le monde sait ce que l'on entend par *terre ;* mais quelques personnes demandent souvent si les terres se forment avec des pierres, ou si ces dernières se forment avec des terres. Dans l'origine de la minéralogie, continue M. Lavigne, on pouvait élever de grandes difficultés sur une question que l'observation suffit pour résoudre. Nous voyons tous les jours des pierres se ramollir à l'air et finir par tomber en poussière ou en terre; de même nous voyons des eaux déposer, en s'évaporant, des substances en poussière qui se réunissent, se durcissent et forment des pierres : les corps non organisés peuvent donc passer de l'état de terre à celui de pierre, et de ce dernier à l'autre.

L'avancement de l'agriculture en France est admirablement poussé, surtout au nord de ce pays. Les laboureurs de moyenne classe s'appliquent en général, comme les riches propriétaires, à en étudier les principes, à les développer et à les appliquer. Pour être bon cultivateur il ne faut pas précisément avoir fait un cours de géologie et de physique, il suffit, selon nous, de connaître la qualité du sol qu'on cultive, de lui donner les labours convenables et d'alterner les cultures sur un même sol pour en tirer constamment le plus grand produit aux moindres frais possibles; ce qui, en théorie et en pratique, forme la véritable base de la science agricole.

Les jachères ne sont point connues dans notre banlieue ni dans celles des communes limitrophes; nos cultivateurs sont trop actifs et industrieux pour laisser improductif le tiers et quelquefois une plus grande partie des terres qu'ils possèdent. Ce système désastreux pour le fermier est encore suivi dans beaucoup de pays du centre et du midi de la France, où la propriété n'est point morcelée comme en Alsace, et où le besoin de bestiaux et d'engrais se fait encore fortement sentir. Le laboureur de Lauterbourg, par des combinaisons d'assolement, varie, selon ses convenances, la culture de ses terres. A côté des céréales il cultive les végétaux de commerce. Après la récolte des blés ou celle des navets, semés d'ordinaire comme seconde récolte, les terres qui, au mois de mars, n'ont point été ensemencées sur graines, de luzerne ou de trèfle, sont préparées à la culture du chanvre, du maïs, des pommes de terre ou autres productions sarclées et des céréales de printemps; quelquefois, après avoir été fumées, elles sont ensemencées une seconde fois de blé d'hiver. Vient leur dépouillement en automne: on les dispose alors, de même que les prairies artificielles qui ont fait leur temps, à recevoir les différentes semailles d'hiver ou de printemps, suivant que le cultivateur en fait le partage. Des labours particuliers sont donnés au terrain destiné à être ensemencé de navette, que le pavot, des céréales de printemps ou des cultures sarclées remplaceront si elle périt par la rigueur de l'hiver.

S'il est des cultures qui épuisent le sol, comme les céréales, il en est aussi qui l'améliorent, comme les prairies artificielles; tout bon rapport des terres dépendra du choix et de la succession des cultures qu'un habile cultivateur saura lui ménager, et c'est là la méthode qu'on s'efforce de suivre à Lauterbourg comme étant la plus profitable aux intérêts du fermier et du propriétaire.

Les hautes théories d'agriculture, que nous estimons certainement, et les fermes-modèles sont spécialement pour les grandes fermes, les riches propriétaires ou la colonisation d'un pays comme l'Algérie, où, sous un climat différent du nôtre, tout était à commencer.

Il convient, sans exception, d'encourager le laboureur, de le pénétrer de l'avantage qu'offre un système de culture sur un autre, de l'arracher à une routine et à des préjugés qui souvent lui sont préjudiciables, de lui faire comprendre l'économie rurale et animale, sous le point de vue général et particulier; enfin, de le conduire au niveau de la civilisation, ce divin essor à qui, sans contredit, sont dus les progrès de l'agriculture. Les commices agricoles ont spécialement à remplir cette haute et difficile mission, et plaise à Dieu qu'ils s'en acquittent avec zèle et avec la pensée noble et désintéressée de sacrifier quelques heures à l'intérêt commun.

En France il existe un grand nombre d'institutions qui tendent à un but éminemment utile, mais dont malheureusement ceux qui sont appelés à en propager le mérite, absorbés d'ailleurs dans leurs propres affaires, n'ont pas assez de désintéressement pour vouer leur temps ou leur coopération sincère et loyale au succès qu'elles se proposent; il résulte de cette incurie, qu'au lieu de marcher et de pousser au progrès, ces institutions, qui ne portent qu'un nom philanthropique, restent stationnaires!

Les céréales, surtout le froment, forment la principale branche de l'agriculture lauterbourgeoise; elles réussissent bien ici : un champ de 37 ares 80 centiares, ou le journal, ancienne mesure de Nuremberg, produit, année moyenne, 8 1/2 hectolitres de froment. La qualité, il est vrai, en est un peu inférieure à celle du froment du Kochersberg, quant au blanc de la farine, mais le rendement en est aussi productif. C'est le froment à barbe qu'on préfère ici, parce qu'il est rarement atteint de l'ergot ou de la rouille. Nos cultivateurs connaissent le chaulage, c'est-à-dire ils mêlent le blé avec de la chaux vive et de l'eau avant de le semer.

Le seigle, l'orge, l'avoine sont cultivés avec un égal succès; on sait que le produit de ces graminées, qui sont à Lauterbourg de première qualité, est ordinairement supérieur à celui du froment. Il est rare de rencontrer un champ ensemencé d'épautre.

Le maïs ou blé de Turquie et les légumes secs sont d'un grand rapport dans notre terrain; aussi le cultivateur leur réserve-t-il une bonne partie de ses soins.

La pomme de terre, qui abonde chez nous, devient en outre très-grosse et contient beaucoup de fécule; cet utile tubercule nourrit l'homme et le bétail.

La nature de notre sol convient assez bien aux plantes oléagineuses, dont le Lauterbourgeois place au premier rang le chanvre, qui lui produit et la filasse et la graine, deux choses également profitables. La culture de la navette appartient aussi à ses goûts, et tous les ans le printemps nous découvre des champs dorés par sa fleur. Celle du pavot est moins recherchée; la semence blanche est préférable à la grise, en ce que les capsules qui la recèlent en sont plus sujettes à s'ouvrir au moment de la maturité. Quelques personnes ont déjà essayé de cultiver la *madia sativa;* elles en vantent le double avantage d'un grand produit et d'une bonne qualité d'huile.

Les prairies naturelles et artificielles sont bien entretenues; les foins et regains, la luzerne et le trèfle, les vesces, les carottes et les betteraves sont abondants. Les navets semés en seconde récolte sur les champs de blé, offrent une nourriture saine à l'homme et d'excellents fourrages aux bestiaux. On voit aussi beaucoup de plantations de topinambours.

Le Fischerwald produit de beaux choux cabus et frisés, blancs et rouges; nous y plantons avec avantage le chou-fleur et les légumes de toute espèce.

Quelques houblonnières se remarquent dans la banlieue; le produit et la qualité du houblon, nous assure-t-on, ne sont pas inférieurs au houblon allemand.

Lauterbourg récolte au delà de ses besoins; le superflu est livré au commerce. Nos cultivateurs ne balancent point à s'en défaire sans retard si la récolte égale par son produit les prévisions et leur donne un revenu raisonnable; à moins toutefois que des circonstances très-probables ne leur fassent prévoir une augmentation très-prochaine des denrées.

La moyenne des productions annuelles du territoire de Lauterbourg peut être évaluée comme il suit :

	Hectolitres.
Le froment à	6,000
Le seigle à	700
L'orge à	1,400
L'avoine à	2,000
Le maïs à	400
Les pommes de terre à	15,000
Les légumes secs à	100
La navette à	300

	Quintaux métriques.
Le chanvre à	200
La paille à	11,000

Et les foins et regains, en comprenant la moitié seulement des prairies artificielles, l'autre
étant fourragée en herbe, à . . . . Quint. mét.
20,000

Les pommes de terre, les racines et le vert formant,
pendant une bonne partie de l'année, la principale nourriture de nos animaux domestiques, les fourrages séchés,
l'avoine et la paille sont amplement suffisants. Quelques
propriétaires en vendent même des quantités assez considérables, évaluées au prix moyen de 15,000 fr. par
an.

Quant aux céréales, il n'y en a guère plus de 2000 hectolitres de toute espèce, qui sont annuellement vendus
ou exportés, et produisant à Lauterbourg une valeur
moyenne d'environ 30,000 fr.

La filasse de chanvre et les graines oléagineuses sont
livrées tous les ans au commerce, sauf une légère réserve
pour le ménage ; ces marchandises rapportent à nos cultivateurs, année moyenne, environ 15,000 fr.

Lauterbourg compte environ cinq cents ménages ; en
partageant entre leurs chefs les 60,000 fr. faisant l'évaluation moyenne du reste annuel des denrées diverses, il en
reviendrait à chacun 120 fr.

Les habitants se livrent avec une égale ardeur à l'éducation des bestiaux. Ils donnent, en général, la préférence
à l'élève de la race bovine, qui les aide non-seulement dans
leurs travaux, mais dont ils tirent encore une grande partie de leur nourriture. Il y a ici 320 vaches ou génisses.
Trois taureaux communaux sont entretenus aux frais des
propriétaires des bestiaux.

Les porcs sont très-nombreux et parfaitement bien en-
graissés ; la plupart des cochons sont importés, car le produit des 40 truies de nos éleveurs est insuffisant.

Les droits de pâturage pour le bétail, de panage et de glandée pour les porcs, que la commune possède dans la forêt appelée Bienwald, favorisent la reproduction et le développement de nos bestiaux. Le titre constitutif oblige la ville au payement d'une rente annuelle de 200 fr. à faire à la Bavière, propriétaire de la forêt, pour l'exercice de ces droits de parcours, et accorde en outre aux habitants la faculté de ramasser le menu bois sec, les glands et les faînes, à la charge de payer une rétribution légère, connue sous le nom de *Waldgeding*.

La race ovine, assez rare à Lauterbourg, pourrait facilement y être multipliée; un troupeau communal procurerait d'ailleurs un accroissement de bien-être aux habitants. Les pâturages d'hiver sont vastes et abondants, et nous croyons qu'il serait possible de lui ménager des pacages d'été.

La chèvre est fort prisée ici à cause de son lait, qui est sain; on en fait de très-bons fromages. Cet animal trouve partout à vivre et broute également les plantes de toute espèce, les herbes grossières, les arbrisseaux chargés d'é pines.

L'éducation des chevaux, dont il existe ici 90 individus, n'est point satisfaisante. Nous avons bien plusieurs productions d'étalons de sang, dont un dépôt est à Niederrœdern, mais le logement, le régime, le pansement sont négligés. Une écurie ou étable de cultivateur doit avoir un sol sec et élevé, une étendue proportionnée au nombre d'animaux qu'on y renferme, une élévation de trois à quatre mètres, des ouvertures vitrées et être exposée le moins possible aux vents du sud ou du nord, afin que l'air y soit constamment tempéré. Il n'est rien de plus utile à la salubrité du local que l'existence d'un ventilateur ou cheminée aspirante dont l'orifice inférieur sera quadruple de celui de la partie supérieure. Dans ces habitations, il faut faciliter l'écoulement des eaux et autres liquides et se garder bien d'y laisser accumuler les fumiers et les urines.

Une condition essentielle est un bon régime alimentaire; tout le monde sait que les grains employés à la nourriture des chevaux, l'avoine, l'orge, la féverolle, contiennent infiniment plus de sucs nutritifs que les meilleures herbes. Les soins de propreté sur leur individu, c'est-à-dire les pansements à la main, le bain, le lavage, sont indispensables; enfin les éleveurs intelligents exposent les poulains au grand air pendant des jours entiers, leur abandonnent, la première année, l'écurie et la cour; la deuxième année ils les conduisent en couple à la charrue, et après la troisième ils les livrent, mais avec modération, aux travaux des champs.

L'économie rurale emploie ici l'attelage de chevaux; celui de bœufs n'est point en usage, et il est rare de voir des vaches de trait.

Une chose à recommander à nos cultivateurs les plus aisés, c'est de se procurer les instruments d'agriculture perfectionnés, qui sont une des conditions du progrès.

La position de Lauterbourg convient parfaitement à l'éducation des abeilles, et pourtant peu de nos citoyens se livrent à cette partie si intéressante de l'économie rurale.

L'étymologie de la forêt appelée Bienwald (forêt aux abeilles), à proximité de la ville et où l'arbre résineux abonde, semble indiquer qu'elle renfermait jadis de nombreux essaims de ces insectes, qui peut-être y trouvent la propolis, cette résine extrêmement visqueuse, différente de la cire et du miel, qu'ils emploient à boucher les crevasses de leur habitation.

Le lecteur accueillera sans doute avec intérêt un aperçu de l'histoire des abeilles, que nous empruntons aux notes du savant Delille, dans sa traduction en vers des *Géorgiques* de Virgile :

Il y a un temps de l'année où l'on voit dans une ruche trois sortes de mouches : les abeilles ouvrières ou mulets, les faux bourdons ou les mâles et les abeilles reines ou mères. Les femelles ou les reines ont le corps près de la moitié plus grand que celui des ouvrières, l'aiguillon plus long, les ailes beaucoup plus courtes, les dents plus petites, point de palettes triangulaires, point de brosses, tous les organes du travail sacrifiés en faveur des organes de la génération, où la nature a mis un appareil singulier, des ovaires énormes pour la grosseur de l'insecte, où Swammerdam a compté, dans le temps de la pleine ponte, plus de cinquante vaisseaux, qui chacun renfermaient plus de dix-sept œufs, et tous plus de cinq mille de ceux qui étaient visibles, sans compter une foule d'autres qui, n'étant point encore formés et ne devant se développer que successivement, échappaient aux yeux et à la loupe. Aussi la reine-abeille peut-elle pondre jusqu'à deux cents œufs par jour, dix ou douze mille dans l'espace de sept semaines, et près de trente ou quarante mille dans le cours d'une année. Les faux bourdons ou les mâles sont privés, comme la reine, de toutes les parties propres au travail et n'ont que les organes distinctifs de leur sexe, tandis que les ouvrières, fournies de tous les instruments nécessaires pour leurs ouvrages, manquent absolument de tous les organes du plaisir qui pourraient les en distraire.

La reine n'est destinée qu'à produire la nation, les mâles

à féconder la reine, et les ouvrières, à faire du miel et de la
cire; et il semble que cette république ressemble assez à
ces gouvernements anciens où les citoyens étaient partagés en différentes classes, dont chacune avait ses fonctions constantes et ses emplois héréditaires.

Il a été facile de connaître les opérations des ouvrières;
elles sont à découvert : celles des mâles et des femelles
étaient moins faciles à observer. Les gâteaux de cire qui
arrêtent les yeux de l'observateur, la multitude d'abeilles
qui environnent la reine, son séjour presque continuel
dans son sérail dont elle sort rarement, tout cela a dé-
robé longtemps à notre connaissance le mystère de la génération : il n'est pas étonnant qu'il ait échappé aux anciens. Les ruches de corne qu'ils avaient imaginées n'é-
taient pas aussi transparentes que les nôtres; ils n'avaient
pas porté aussi loin que nous l'esprit d'observation et se
livraient trop à l'esprit de système; enfin, ils n'avaient pas
le microscope. M. Maraldi, qui le premier se servit des
ruches de verre, qui avait décrit le sexe des bourdons et
qui avait soupçonné le mystère de la génération, n'avait
jamais pu en être témoin. Swammerdam, qui a travaillé
dans le même temps que M. Maraldi, quoique son ouvrage
n'ait paru que depuis, s'était arrêté au même point. Il
semblait que cette découverte avait été réservée pour M. de
Réaumur; il perfectionna les ruches de verre, en imagina
de diverses formes pour les différentes découvertes qu'il se
proposait de faire, sut mettre les abeilles dans des circonstances où elles fussent obligées de révéler leur secret,
tira la reine du milieu de son palais, la mit tête à tête avec
un mâle, prit la nature sur le fait, et vit qu'à quelques
bizarreries près, elle agissait chez les abeilles comme chez
les autres animaux.

13

Après la fécondation vient la ponte de la reine. Suivie d'un petit cortége de mouches, elle entre dans chaque alvéole, et ne manque jamais de choisir parmi les différentes cellules celle qui convient à la nature de l'œuf qu'elle va pondre. L'œuf éclôt deux ou trois jours après la ponte, et parait sous la forme d'un petit ver, qu'on nourrit avec une espèce de bouillie ou gelée transparente. Au bout de cinq ou six jours, le ver a pris tout son accroissement; on cesse de le nourrir, et les abeilles couvrent son alvéole d'un couvercle de cire. Alors le ver file une soie, et se convertit en nymphe; il reste dans cet état quinze jours; quand il s'est débarrassé des langes de sa nymphe, et que les parties qui le constituent abeille sont développées, l'insecte rompt lui-même son couvercle de cire, et après quelques moments de langueur, prend enfin son essor. M. Maraldi a vu des abeilles qui, le premier jour de leur sortie, avaient déjà rapporté deux petites pelotes de cire. Les mâles ou faux bourdons travaillent à la génération jusqu'à la fin de juin et même de juillet, auquel temps il sont exterminés par les ouvrières, de peur qu'ils n'affament l'État. Leur défaite est facile, quoiqu'ils soient deux fois plus gros que les ouvrières, parce qu'ils sont sans aiguillon.

C'est un grand événement que la sortie d'un essaim, et pour les propriétaires des mouches, dont les essaims sont le principal produit, et pour les abeilles, qui abandonnent leur patrie, leurs foyers, une ville toute bâtie, pour aller former un établissement tout nouveau dans une demeure totalement inconnue. Cet événement s'annonce par plusieurs signes extraordinaires : un bourdonnement plus fort et plus continu dans l'intérieur de la ruche; l'interruption de presque tous les travaux pendant un jour ou deux qui précèdent l'émigration, et l'agitation tumultueuse des mouches qui se rassemblent en foule à la porte, s'y entassent les unes sur les autres, forment une grosse masse de groupes très-épais, et semblent préluder, par tous ces mouvements fréquents, au mouvement général qui doit ébranler une partie de la nation. Les essaims prennent l'essor en différents temps de l'année, suivant que les chaleurs sont plus ou moins fortes, le temps plus ou moins serein, les fleurs du canton plus ou moins précoces; et à différentes heures du jour, suivant que la ruche est plus ou moins exposée au midi ou au nord, au levant ou ou couchant. Cependant, dans ce climat, il est rare qu'ils se déterminent à sortir plus tôt que la mi-mai, et plus tard qu'à la mi-juillet. Pour l'heure du jour, c'est communément depuis dix à onze heures du matin jusqu'à trois heures après midi, lorsque le soleil est dans sa plus grande force, et que sa chaleur, augmentant celle qu'a produite le grand nombre des abeilles, leur rend leur demeure insupportable.

Pour que les essaims se mettent en marche, il faut qu'ils soient accompagnés d'une reine qui ait été fécondée et qui puisse perpétuer le nouvel État. Toutes les fois que différents accidents auront fait périr les reines qui doivent conduire la nouvelle colonie, il n'y aura plus d'émigration, et les abeilles s'obstineront à rester dans leur ancienne demeure, quoiqu'elle soit devenue trop étroite pour contenir le grand nombre de ses habitants. Alors on n'a point d'autres ressources que de leur donner ce qu'on appelle *des hausses;* ce sont des cercles de la même matière et du même diamètre dont on élève et agrandit leurs paniers.

Lorsqu'un essaim a pris enfin l'essor, il voltige pendant quelque temps dans l'air avec une sorte d'irrésolution, et puis va s'abattre sur une branche d'arbre; alors on prépare une ruche qu'on a pris soin de frotter de mélisse ou de thym, et,

13.

secouant la branche, on fait tomber l'essaim dans la ruche.

Lorsqu'il s'élève assez haut pour qu'on puisse appréhender de le perdre, on lui jette du sable et de l'eau ; cette aspersion faisant l'effet de la pluie, que les abeilles redoutent, les force de descendre pour se fixer dans un endroit qui soit plus à portée.

Quand les essaims ont pris l'essor, il se trouve souvent plusieurs reines et dans la ruche-mère qu'ils viennent de quitter et dans la nouvelle où ils commencent à s'établir ; alors le désordre se met parmi les abeilles, les ouvrages sont interrompus, et la paix et l'activité ne reviennent que lorsque les causes du trouble ont cessé, et que toutes les reines surnuméraires ont été mises à mort, car l'unité d'une reine chez les abeilles est un point fondamental de leur gouvernement.

Il y a plusieurs manières de faire la récolte du miel : la meilleure est celle qui est la moins meurtrière pour les abeilles, puisque c'est la plus avantageuse pour le propriétaire des ruches.

§ 4. *Catalogue des plantes des environs de Lauterbourg.*

M. Lambert, pharmacien, maire de notre ville, nous a confié une liste des plantes croissant sur le territoire et dans les environs de Lauterbourg, dressée d'après le système de Linné, par M. Lambert père, ancien apothicaire en chef des hôpitaux militaires, licencié en médecine, et à laquelle il a donné le nom de *Flora lauterburgensis*[1].

Nous nous faisons un plaisir de la publier, parce qu'elle

[1] Nous publions le catalogue de M. Lambert, sous les auspices de M. Kirschleger, docteur en médecine, professeur de botanique à l'école spéciale de pharmacie de Strasbourg, etc., qui l'a vérifié et rectifié.

sera comme le complément de notre description, et que d'ailleurs nous croyons qu'elle plaira au lecteur. Nous la précédons d'une analyse des observations que feu l'auteur a adressées, le 1er fructidor an III de la république, au comité d'agriculture du canton de cette ville, dont il était membre :

«Dans la distribution des questions proposées par la Société d'agriculture, des arts et sciences du département, vous m'avez chargé, Messieurs, de celles qui ont rapport à la végétation.

«Notre canton, entouré d'une large forêt, d'un grand fleuve, entrecoupé d'une rivière, offre un sol très-varié; il est sujet à des inondations qui délaissent des eaux stagnantes ou forment des marais mouvants. Vers le Rhin, le sol est ferme et froid; du côté de la forêt, il est sablonneux et chaud; dans d'autres cantons, le terrain est un mélange de sable et de glaise. Nous ne manquons non plus de cette terre légère qu'on appelle *milder Boden*. Cette diversité du sol donne nécessairement naissance à une grande variation dans la végétation.

«J'ai rempli la tâche que vous m'avez imposée avec le zèle qui anime chaque membre du comité quand il s'agit du bien-être général; et, pour entrer dans les vues de la Société d'agriculture, j'ai formé un catalogue général des plantes que j'ai découvertes dans notre canton, et que j'ai divisées en plantes naturelles au canton et en plantes introduites par la culture. Dans l'énumération des premières, j'ai suivi strictement la norme tracée par Linné; les dernières m'ont paru susceptibles d'une nouvelle division en plantes cultivées dans les champs et en celles cultivées dans les jardins.»

Pour faciliter l'intelligence du catalogue, nous expliquerons d'une manière aussi brève que possible le système d'après lequel il est fait.

Linné a divisé toutes les plantes en 24 classes et en 121 ordres; il a découvert 2,000 genres, 30,000 espèces et un nombre infini de variétés.

Il faut reconnaître exactement les propriétés particulières des espèces pour les distinguer l'une de l'autre. Un nombre d'espèces réunies forme le *genre*. Les propriétés communes à tous les genres composent le caractère qui distingue un *ordre*. En réunissant les ordres les plus ressemblants, on forme une *classe*, et en faisant la réunion de toutes les classes, nous obtenons une division supérieure que les naturalistes nomment *règne*.

Toute plante est composée de racines, de bourgeons, de tiges, de feuilles, des organes de la floraison et de la fructification. Eu égard à leur construction, elles sont divisées en arbres, arbrisseaux et herbes.

Les parties de la fructification se composent du *calice*, qui est l'enveloppe extérieure de la fleur. Les *corolles* sont ces feuilles délicates qui constituent la beauté de la fleur. Le *nectaire* est cette partie au-dessus de la corolle qui secrète le miel.

Le *pistil* et l'*étamine* sont les organes de la fécondation. Le pistil (organe sexuel femelle) est pourvu à sa tête d'une matière gommeuse, le *stigmate,* et l'étamine (organe sexuel mâle) d'une poussière appelée *pollen;* lorsque cette poussière tombe sur le stigmate, elle est absorbée et conduite à travers le style du pistil dans le centre de la fleur, où la semence ensuite se développe dans les *péricarpes,* appelés plus tard *fruits*.

Linné a divisé le règne végétal en 24 classes d'après l'absence ou la présence, la coexistence ou la non-coexistence dans la même fleur, la coalition ou la liberté, la longueur relative, le nombre défini ou indéfini, et l'insertion des étamines[1].

SYSTÈME SEXUEL DE LINNÉ.

A. *Étamines en nombre déterminé et égales entre elles.*

1. MONANDRIE (*Monandria*). Une étamine.
2. DIANDRIE (*Diandria*). Deux étamines.
3. TRIANDRIE. Trois étamines.
4. TÉTRANDRIE. Quatre étamines.
5. PENTANDRIE. Cinq étamines.
6. HEXANDRIE. Six étamines.
7. HEPTANDRIE. Sept étamines.
8. OCTANDRIE. Huit étamines.
9. ENNÉANDRIE. Neuf étamines.
10. DÉCANDRIE. Dix étamines.

B. *Étamines en nombre non rigoureusement déterminé.*

11. DODÉCANDRIE. De onze à dix-huit étamines.
12. ICOSANDRIE. Vingt étamines ou plus, insérées sur le calice.
13. POLYANDRIE. De vingt à cent étamines insérées sous l'ovaire.

C. *Étamines d'inégale longueur.*

14. DIDYNAMIE. Quatre étamines, dont deux plus petites et deux plus longues, toutes insérées sur une corolle monopétale irrégulière.
15. TÉTRADYNAMIE. Six étamines, dont deux plus petites que les quatre autres. *Corolle polypétale.*

---

[1] Voyez aussi la méthode de Tournefort et surtout celle d'Antoine-Laurent de Jussieu ou des familles naturelles.

D. *Étamines soudées par leurs filets.*

16. Monadelphie. Étamines en nombre variable, réunies et soudées ensemble en un seul corps par leurs filets.

17. Diadelphie. Étamines en nombre variable, soudées par leurs filets en deux corps distincts.

18. Polyadelphie. Étamines réunies par leurs filets en trois ou un plus grand nombre de corps distincts.

E. *Étamines réunies par les anthères.*

19. Syngénésie. Cinq étamines réunies et soudées par les anthères.

F. *Soudure du pistil et des étamines.*

20. Gynandrie. Étamines soudées en un seul corps avec le pistil.

G. *Fleurs unisexuées.*

21. Monœcie. Fleurs mâles et fleurs femelles distinctes, mais réunies sur la même plante.

22. Dioecie. Fleurs mâles et fleurs femelles existant sur deux individus séparés.

23. Polygamie. Fleurs hermaphrodites, fleurs mâles et fleurs femelles réunies sur une même plante ou sur des pieds différents.

H. *Fleurs invisibles.*

24. Cryptogamie. Plantes dont les fleurs sont invisibles ou très-peu distinctes. Cette classe contient les familles naturelles des fougères, des mousses, des lichens, des algues et des champignons.

Suit le catalogue :

PREMIÈRE PARTIE.

Plantes croissant spontanément.

MONANDRIA.

Hippuris vulgaris.

Callitriche verna, autumnalis.
Blitum capitatum (naturalisé).

DIANDRIA.

Ligustrum vulgare. Le Troëne.
Circæa luteliana.
Veronica spuria?[1] spicata, officinalis (la Véronique),
serpillifolia, Beccabunga, Anagallis, scutellata, Teucrium,
montana? Chamædrys, agrestis, arvensis, hederæfolia,
triphyllos, verna.
Gratiola officinalis.
Pinguicula vulgaris?
Utricularia vulgaris, minor.
Verbena officinalis (la Verveine).
Lycopus Europæus.
Salvia pratensis, verticillata.
Anthoxanthum odoratum.

TRIANDRIA.

Valeriana dioica, officinalis.
Valerianella olitoria, dentata.
Gladiolus communis? (planté dans les jardins).
Iris Pseud-acorus, Sibirica?
Schœnus Mariscus? nigricans, compressus, albus.
Cyperus flavescens, fuscus.
Scirpus palustris, Bæothryon, acicularis, sylvaticus,
glaucus, lacustris, setaceus, maritimus, triqueter.
Eriophorum polystachium, angustifolium.
Nardus stricta.
Phalaris arundinacea.

[1] Le point d'interrogation (?) après les noms spécifiques exprime le
doute sur l'existence de la plante dans le canton de Lauterbourg.

Panicum verticillatum, viride, glaucum, Crusgalli, sanguinale, Dactylon.

Phleum pratense, Bœhmeri.

Leersia oryzoïdes.

Alopecurus pratensis, agrestis, geniculatus.

Milium effusum.

Agrostis Spica-venti, vulgaris, canina, stolonifera.

Calamagrostis littorea, Epigeios, lanceolata.

Aira cariophyllea, cœspitosa, flexuosa, canescens.

Molinia cœrulea.

Poa aquatica, pratensis, nemoralis, trivialis, bulbosa, airoïdes, compressa, annua, fertilis, cristata.

Briza media, Eragrostis ?

Dactylis glomerata.

Melica uniflora, nutans.

Cynosurus cristatus.

Festuca ovina, duriuscula, glauca, rubra, decumbens, elatior, arundinacea, fluitans, inermis.

Bromus secalinus, multiflorus, mollis, racemosus, sterilis, arvensis, erectus, asper, giganteus, tectorum, pinnatus, sylvaticus.

Avena flavescens, pratensis, fatua, pubescens, elatior.

Arundo Phragmites (le Roseau).

Lolium perenne (le Raygras), temulentum (l'Ivraie).

Hordeum murinum.

Triticum caninum, repens (le Chiendent).

Montia fontana.

Holosteum umbellatum.

TETRANDRIA.

Globularia vulgaris.

Dipsacus Fullonum, sylvestris, pilosus.

Scabiosa Columbaria, succisa, arvensis.

Sherardia arvensis.

Asperula odorata, arvensis, cynanchica.

Galium palustre, Mollugo, uliginosum, tricorne, spu-rium, sylvaticum, verum, Aparine, sylvestre, boreale.

Plantago major, media, lanceolata.

Centunculus minimus.

Sanguisorba officinalis.

Isnardia palustris.

Trapa natans.

Alchemilla vulgaris, arvensis.

Cuscuta Europæa, Epithymum.

Ilex Aquifolium (le Houx).

Potamogeton natans, perfoliatum, densum, lucens, crispum, pectinatum, gramineum, pusillum.

Sagina procumbeus, erecta, apetala.

Cornus muscula (le Cornouiller), sanguinea.

PENTENDRIA.

Myosotis palustris (la Germendrée), sylvatica, arven-sis, stricta, Lappula.

Lithospermum officinale, arvense.

Anchusa officinalis ?

Cynoglossum officinale.

Pulmonaria officinalis.

Symphytum officinale (la grande Consoude).

Borrago officinalis (la Bourrache).

Lycopsis arvensis.

Echium vulgare.

Primula officinalis (la Primevère), elatior.

Menyanthes nymphoides, trifoliata (le Trèfle d'eau).

Hottonia palustris.

Lysimachia vulgaris, nemorum , Nummularia.

Anagallis arvensis (flore phœniceo et cœruleo).

Convolvulus sepium , arvensis.

Campanula rotundifolia, Rapunculus (la Raiponce),
persicifolia , rapunculoides , Trachelium, glomerata.

Phyteuma orbiculare, spicatum.

Samolus Valerandi.

Lonicera Caprifolium? (le Chèvrefeuille), Periclyme-
num, Xilosteum.

Verbascum Thapsus, Lychnitis, Blattaria, nigrum.

Datura Stramonium (la Pomme épineuse).

Hyoscyamus niger (la Jusquiame).

Physalis Alkekengi.

Solanum Dulcamara (la Douce-amère), nigrum, villosum.

Rhamnus catharticus (le Nerprun), Frangula (la Bour-
daine).

Evonymus Europæus (le Fusain).

Hedera Helix (le Lierre).

Vinca minor (la Pervenche).

Herniaria glabra, hirsuta.

Chenopodium Bonus-henricus, rubrum, murale, album,
viride, hybridum , glaucum, Vulvaria , polyspermum.

Ulmus campestris (l'Orme).

Gentiana Pneumonanthe.

Eryngium campestre.

Hydrocotyle vulgaris.

Sanicula Europæa.

Bupleurum rotundifolium.

Caucalis grandiflora, dauoïdes, Anthriscus.

Daucus Carotta.

Conium maculatum.

Selinum palustre, Carvifolia.

Athamanta Oreoselinum ; très-abondant !

Peucedanum officinale , Silaus.

Heracleum Spondylium.

Angelica sylvestris.

Sium latifolium, angustifolium, repens ? Falcaria ?

Phellandrium aquaticum.

Æthusa Cynapium.

Coriandrum sativum (la Coriandre sauvage et cultivée).

Cicuta virosâ (la Ciguë).

Scandix Pecten veneris.

Chœrophyllum sylvestre , temulum.

Seseli annuum.

Pastinaca sativa (le Panais).

Œnanthe fistulosa, rhenana Dc.

Carum Carvi (le Cumin des prés).

Pimpinella Saxifraga , magna.

Apium graveolens (le Celleri).

Ægopodium Podagraria.

Viburnum Lantana (le Viorne), Opulus (l'Obier).

Sambucus Ebulus (l'Yèble), nigra (le Sureau).

Tamarix germanica (sur les bords du Rhin).

Alsine media.

Parnassia palustris.

Linum tenuifolium, catharticum.

Drosera longifolia, rotundifolia.

Myosurus minimus.

HEXANDRIA.

Allium sphœrocephalum, oleraceum, angulosum, ur-
sinum.

Asparagus officinalis (l'Asperge; elle est aussi cultivée
dans les jardins).

Convallaria majalis (le Muguet), Polygonatum.

Juncus conglomeratus, effusus, inflexus, squarrosus, articulatus, sylvaticus, bulbosus, bufonius, pilosus, campestris.

Berberis vulgaris.

Peplis Portula.

Acorus Calamus.

Rumex Patientia, crispus, acutus, Acetosa).

Triglochin palustre.

Colchicum autumnale (le Colchique).

Alisma Plantago.

HEPTANDRIA.

Æsculus Hippocastanum (le Maronnier d'Inde).

OCTANDRIA.

Œnothera biennis.

Epilobium angustifolium, hirsutum, molle, palustre, tetragonum.

Vaccinium Myrtillus. (Myrtilles).

Erica vulgaris.

Polygonum Hydropiper (le Curage), amphibium, Persicaria, pusillum, nodosum, aviculare, Convolvulus, dumetorum.

Paris quadrifolia.

Elatine Hydropiper.

ENNEANDRIA.

Butomus umbellatus.

DECANDRIA.

Monotropa Hypopitys.

Pyrola rotundifolia, minor.

Saxifraga granulata, tridactylites.
Scleranthus annuus, perennis.
Gypsophila muralis.
Saponaria officinalis, Vaccaria.
Dianthus Carthusianorum, prolifer, Armeria, superbus.
Silene gallica, noctiflora, inflata, nutans.
Stellaria nemorum, Holostea, graminea.
Arenaria trinervia, serpillifolia, rubra, tenuifolia.
Sedum Telephium, acre, album, sexangulare, reflexum.
Oxalis Acetosella.
Agrostemma Githago.
Lychnis Flos cuculi, Viscaria, dioica.
Cerastium vulgatum, viscosum, sémidecandrum, ar-
vense, aquaticum.
Spergula arvensis (la Spargoute), pentandra, nodosa.

DODECANDRIA.

Asarum Europæum (le Cabaret).
Portulaca oleracea.
Lythrum Salicaria, Hyssopifolia.
Agrimonia Eupatorium.
Reseda Luteola (la Gaude), lutea.
Euphorbia Peplus, Cyparissias, palustris, helioscopia
gerardiana, platyphyllos, dulcis, exigua.
Sempervivum tectorum.

ICOSANDRIA.

Philadelphus coronarius (le Seringat), cultivé.
Prunus Padus, Cerasus, Avium, domestica (le Prunier),
spinosa (le Prunellier).
Cratægus aria, torminalis, Oxyacantha (l'Aubépine).

Sorbus Aucuparia (le Sorbier), domestica (le Cormier), planté.

Mespilus germanica (le Nefflier), planté.

Pyrus communis (le Poirier), Malus (le Pommier).

Spiræa Filipendula, Ulmaria (la Reine des Prés).

Rosa canina, arvensis, rubiginosa, tomentosa.

Rubus idæus (le Framboisier), cæsius, fruticosus.

Fragaria vesca (la Fraise), sterilis, collina.

Potentilla anserina, argentea, verna, reptans, supina.

Tormentilla erecta.

Geum urbanum.

Comarum palustre.

POLYANDRIA.

Chelidonium majus.

Papaver Rhæas (le Coquelicot), dubium, Argemone.

Nymphæa lutæa, alba.

Tilia Europæa (le Tilleul).

Delphinum Consolida.

Aquilegia vulgaris.

Nigella arvensis.

Anemone sylvestris, nemorosa.

Clematis Vitalba.

Ranunculus Flammula, auricomus, bulbosus, acris, arvensis, aquatilis, Ficaria, philonotis.

Caltha palustris.

DIDYNAMIA.

Ajuga reptans.

Teucrium Scorodonia, Scordium, Botrys, Chamæpitys.

Satureja hortensis (la Sarriette), naturalisée.

Nepeta Cataria.

Mentha sylvestris, rotundifolia, hirsuta, aquatica, arvensis, Pulegium.

Glechoma hederacea (le Lierre terrestre).

Lamium album (l'Ortie morte), maculatum, purpureum, amplexicaule.

Galeopsis Ladanum, Tetrahit, Galeobdolon.

Betonica officinalis.

Stachys sylvatica, palustris, recta, germanica, annua, arvensis.

Ballota nigra.

Marrubium vulgare.

Leonurus Cardiaca.

Clinopodium vulgare.

Origanum vulgare.

Thymus Serpyllum (le Serpollet), Acinos.

Melittis Melissophyllum.

Scutellaria galericulata, minor.

Prunella vulgaris.

Rhinanthus major, hirsutus, minor.

Euphrasia officinalis, Odontites.

Melampyrum cristatum, arvense, pratense.

Lathræa Squamaria.

Antirrhinum Cymbalaria, Linaria, Orontium, minus.

Pedicularis palustris.

Scrophularia nodosa, canina.

Orobanche major? ramosa, arenaria.

Limosella aquatica.

TETRADYNAMIA.

Draba verna.

Lepidium ruderale.

Thlaspi arvense, campestre, perfoliatum, bursa pastoris.

14

Cochlearia Coronopus, Armoracia (le Raifort), Draba ?

Alyssum Calycinum.

Cardamine hirsuta, pratensis, amara.

Sisymbrium Nasturtium (le Cresson de fontaine), sylvestre, tenuifolium, murale, Sophia.

Erysimum officinale, Barbarea, Alliaria, cheiranthoides.

Cheiranthus Cheiri (cultivé et naturalisé).

Turritis glabra, hirsuta.

Brassica Erucastrum, Cheiranthus.

Sinapis arvensis, alba (la Moutarde blanche), nigra (la Moutarde noire), incana ?

Raphanus Raphanistrum.

Isatis tinctoria.

MONADELPHIA.

Geranium cicutarium, robertianum, molle, Columbinum, rotundifolium, pusillum.

Althœa officinalis.

Malva rotundifolia, sylvestris, Alcea.

DIADELPHIA.

Fumaria bulbosa, officinalis.

Polygala vulgaris, uliginosa.

Spartium scoparium.

Genista pilosa, tinctoria, germanica.

Ononis spinosa.

Pisum arvense.

Lathyrus sylvestris, pratensis, palustris.

Vicia Cracca, segetalis, sepium.

Ervum hirsutum, tetraspermum.

Ornithopus perpusillus.

Coronilla varia.

Hedysarum Onobrychis.

Astragalus glycyphyllos.

Trifolium hybridum, repens, rubens, pratense, medium, arvense, procumbens, filiforme.

Melilotus officinalis, palustris, leucantha.

Lotus siliquosus, corniculatus.

Medicago falcata, lupulina, minima.

POLYADELPHIA.

Hypericum perforatum (le Mille pertuis), quadrangulum.

SYNGENESIA.

Tragopogon pratensis.

Scorzonera humilis?

Picris hieracioides.

Sonchus arvensis, oleraceus.

Lactuca Scariola, virosa?

Chondrilla juncea.

Prenanthes muralis.

Leontodon Taraxacum (le Pissenlit), autumnale, hastile, hispidum, hirsutum.

Hieracium Pilosella, Auricula, cymosum, murorum, paludosum, umbellatum, sabaudum.

Crepis tectorum; virens, biennis.

Hyoseris minima.

Hypochæris radicata.

Lapsana communis.

Cichorium Intybus.

Arctium Lappa.

Serratula arvensis, tinctoria.

Carduus lanceolatus, nutans, acanthoides, palustris, acaulis.

Cnicus oleraceus, tuberosus.

Carlina vulgaris.

Onopordum Acanthium.

Bidens tripartita, cernua.

Eupatorium cannabinum.

Tanacetum vulgare.

Artemisia Absynthium (l'Absynthe), campestris, vulgaris.

Gnaphalium arenarium, dioicum, sylvaticum, uliginosum, luteo-album.

Conyza squarrosa.

Tussilago Farfara, Petasites.

Senecio vulgaris, Jacobæa, paludosus, erucæfolius.

Arnica montana.

Inula dysenterica, Pulicaria.

Solidago Virga aurea.

Bellis perennis.

Chrysanthemum Leucanthemum.

Matricaria Parthenium (la Matricaire), Chamomilla (la Chamomille).

Anthemis Cotula, arvensis.

Achillea Millefolium (album, purpureum), Ptarmica.

Centaurea Cyanus (le Bleuet), Calcitrapa, Scabiosa, Jacea.

Filago arvensis, germanica, minima.

Jasione montana.

Viola palustris, odorata (la Violette), hirta, canina, sylvestris, stagnina, elatior, tricolor.

GYNANDRIA.

Orchis Morio, mascula, militaris, ustulata, majalis, latifolia, maculata, conopsea, bifolia, viridis.

Spiranthes æstivalis.

Ophrys ovata, Monorchis, aranifera, Nidus Avis.

Serapias longifolia, latifolia.

Arum maculatum.

MONŒCIA.

Lemna trisulca, minor, gibba.

Typha latifolia, angustifolia, minima.

Carex davalliana, pulicaris, disticha, vulpina, muricata, paniculata, brizoides, leporina, remota, elongata, cespitosa, stricta, gracilis, præcox, pilulifera, tomentosa, digitata, filiformis, panicea, glauca, pallescens, flava, fulva, distans, sylvatica, Pseudo-Cyperus, vesicaria, ampullacea, riparia, paludosa, hirta.

Betula alba (le Bouleau), Alnus (l'Aune), incana.

Urtica urens (l'Ortie brûlante), dioica (l'Ortie).

Xanthium Strumarium.

Ceratophyllum demersum, submersum.

Myriophyllum spicatum, verticillatum.

Sagittaria sagittæfolia.

Poterium Sanguisorba.

Quercus Robur (le Chêne), pedunculata.

Fagus sylvatica (le Hêtre), abondant dans nos forêts.

Corylus Avellana (le Noisetier).

Juglans regia (le Noyer), naturalisé.

Carpinus Betulus (le Charme).

Pinus sylvestris (le Pin), Larix (le Mélèze), Abies (l'Épicéa), Picea (le Sapin). Ces trois dernières espèces naturalisées dans nos forêts.

Bryonia alba.

DIŒCIA.

Salix, vitellina (l'Osier), aurita, caprœa (le Marceau), amygdalina, fragilis, purpurea, helix, repens, cinerea, viminalis, alba, daphnoides, phylicifolia, incana.

Hippophaë rhamnoides.

Viscum album (le Guy).

Humulus Lupulus (le Houblon).

Tamus communis.

Populus alba (le Peuplier), tremula (le Tremble), nigra, fastigiata (le P. d'Italie ou pyramidal).

Mercurialis annua, perennis.

Hydrocharis Morsus ranæ.

Juniperus communis (le Genévrier).

POLYGAMIA.

Holcus lanatus, mollis.

Andropogon Ischæmum.

Valantia cruciata.

Parietaria officinalis. Le Pariétaire.

Atriplex hastata, patula.

Fraxinus excelsior (le Frêne).

Acer Pseudoplatanus, Platanoides, campestre.

CRYPTOGAMIA.

Nous ne dénommerons ici que les genres des Cryptogames.

FILICES.

Equisetum, 6 espèces. *Ophioglossum*, 1 espèce. *Os-*

munda, 1 espèce. *Pteris*, 1 espèce. *Asplenium*, 2 espèces. *Polypodium*, 3 espèces.

MUSCI.

Lycopodium, 4 espèces. *Sphagnum*, 2 espèces. *Phascum*, 2 espèces. *Fontinalis*, 2 espèces. *Splachnum*, 1 espèce. *Polytrichum*, 1 espèce. *Mnium*, 13 espèces. *Bryum*, 22 espèces. *Hypnum*, 32 espèces [1].

ALGÆ.

Jungermannia, 11 espèces. *Marchantia*, 2 espèces. *Riccia*, 3 espèces. *Anthoceros*, 1 espèce. *Lichen*, 29 espèces. *Chara*, 1 espèce. *Tremella*, 6 espèces. *Ulva*, 1 espèce. *Conferva*, 10 espèces. *Byssus*, 1 espèce [2].

FUNGI.

Agaricus, 26 espèces. *Boletus*, 12 espèces. *Hydnum*, 4 espèces. *Phallus*, 2 espèces. *Clathrus*, 2 espèces. *Helvella*, 2 espèces. *Peziza*, 4 espèces. *Clavaria*, 3 espèces. *Lycoperdon*, 4 espèces. *Mucor*, 9 espèces [3].

SECONDE PARTIE.

Plantes cultivées.

CULTURA IN AGRIS.

Panicum miliaceum (semine luteo), (le Millet).

Avena orientalis, sativa (l'Avoine ordinaire).

Secale cereale (le Seigle). Variétés : hybernum et vernum.

Hordeum vulgare (l'Orge ordinaire), hexastichon (à six rangs), distichon (l'Orge d'été à deux rangs).

[1] Le nombre des espèces est beaucoup plus grand; car l'étude des Mousses, bien loin de ce qu'elle était en 1794, a fait des progrès énormes. K.

[2] Même observation que pour les mousses.

[3] Idem.

Triticum (le Froment). Var. : æstivum aristatum et aristis carens, hybernum aristatum et aristis carens; turgidum (Froment d'Angleterre), Spelta (l'Épeautre), monococcum (Froment locular).

Zea Mays (le Blé de Turquie).

Daucus Carotta sativa (la Carotte).

Beta vulgaris; var. : sanguinea vel flava (la Betterave rouge ou jaune).

Brassica oleracea (capitata æstivalis, hyemalis, alba et rubar), cauliflora, Rapa; et autres variétés de choux et de navets.

Phaseolus vulgaris (le Haricot), coccineus, nanus (le Haricot nain).

Pisum arvense, sativum (le Pois cultivé), et ses variétés.

Vicia sativa (la Vesce), Faba (la Fève des marais).

Ervum Lens (la Lentille).

Trifolium sativum (le Trèfle cultivé).

Medicago sativa (la Luzerne).

Onobrychis sativa (le Sainfoin).

Solanum tuberosum (la Pomme de terre), et ses variétés.

Helianthus tuberosus (le Topinambour).

Linum usitatissimum (le Lin).

Papaver somniferum (le Pavot); var. : flore albo, nigro, pleno.

Camelina sativa (*Dotteren*).

Brassica Napus (la Navette), (hyemalis, verna).

Cucurbita Pepo (le Pépon), Citrullus (la Citrouille).

Cannabis sativa (le Chanvre).

Rubia tinctorum (la Garance).

Nicotiana tabacum [1] (le Tabac).

---

[1] En l'an III de la république, le canton de Lauterbourg était très-étendu; dans quelques communes, appartenant aujourd'hui à la Bavière rhénane, le tabac était fréquemment cultivé.

Vitis vinifera (culta), (la Vigne), et ses variétés.

Humulus Lupulus (sativus), (le Houblon).

CULTURA IN HORTIS.

1. *Plantæ culinares vel aromaticæ.*

Beta vulgaris (Cicla), (la Poirée).

Borrago officinalis (la Bourrache).

Solanum Lycopersicum.

Coriandrum sativum (la Coriandre cultivée).

Pimpinella Anisum (l'Anis).

Rosmarinus vulgaris (le Romarin).

Salvia officinalis (la Sauge).

Scandix Cerefolium (sativum), (le Cerfeuil).

Apium Petroselinum (le Persil), graveolens (le Celleri).

Allium Porrum (le Poireau), Cepa (l'Oignon), sativum (l'Ail), Ascalonicum (l'Échalote), Schœnoprasum (la Ciboulette).

Cucumis sativa (la Concombre), Melo (le Melon).

Ruta graveolens (la Rue).

Artemisia Dracunculus (l'Estragon).

Abratanum (l'Aurone).

Scorzonera hispanica (la Scorzonère).

Spinacia inermis (les Épinards).

Rumex Acetosa (hortensis), (l'Oseille).

Raphanus sativus (le Radis cultivé).

Cichorium Endivia (l'Endive).

Pastinaca sativa (le Panais).

Anethum graveolens (l'Anet), Fœniculum (le Fenouil).

2. *Frutices in hortis culti.*

Buxus sempervirens.

Jasminum officinale, fruticans.

Syringa vulgaris, persica.

Ribes nigrum, rubrum, Grossularia.

Rosa centifolia, alba, lutea, bicolor, gallica.

(Voilà les seuls arbustes que M. Lambert cite dans son manuscrit; aujourd'hui le nombre pourrait en être plus que décuplé. Comparez à cet effet la *Statistique végétale des environs de Strasbourg*, insérée dans les *Mémoires de la dixième Session du Congrès scientifique*, p. 61, par M. Kirschleger.)

3. *Herbæ medicinales in hortis cultæ.*

Hyssopus officinalis, Melissa officinalis.

Lavandula vera, Mentha piperita, Origanum, Majorana, Ocymum Basilicum.

Inula Helenium, Carduus marianus.

Levisticum officinale, Cochlearia officinalis.

Ricinus communis, etc.

4. *Plantæ hortenses ornamentariæ, vulgò cultæ.*

Valeriana rubra.

Iris pumila, germanica, sambucina pallens.

Reseda odorata; Scabiosa atropurpurea.

Primula acaulis, Auricula.

Mirabilis Jalappa, longiflora.

Celosia cristata.

Leucoium vernum, Galanthus nivalis.

Fritillarda imperialis.

Lilium candidum, bulbiferum.

Narcissus poeticus et Pseudonarcissus.

Tulipa gesneriana.

Hyacynthus orientalis.

Helianthus annuus.

Cynoglossum linifolium, etc.

De nos jours, le nombre en est beaucoup plus considérable.

Delille, qui sut dépeindre si admirablement la nature, rappelle en ces vers l'usage précieux des végétaux :

> Oh ! quel que soit son rang, heureux l'ami des plantes :
> Il parcourt, il décrit leurs beautés ravissantes ;
> Il admire, il adore, il chérit l'Éternel,
> Et voit dans chaque mousse un chef-d'œuvre du ciel.
> Parmi ces végétaux observés par le sage,
> Chacun a ses vertus, chacun a son usage.
> Par ses puissants secours, la feuille de chiron
> Souvent ravit sa proie à l'avide achéron ;
> Nos aïeux bénissaient la manne salutaire,
> La casse prolongea les vieux jours de Voltaire ;
> Heureux si du pavot le perfide secours,
> Pour adoucir ses nuits, n'eût abrégé ses jours !
> D'Homère et de Platon, durant les premiers âges,
> Le papyrus du Nil conservait les ouvrages.
> Le nord fournit son chanvre aux ailes des vaisseaux ;
> Le lin, de la bergère exerce les fuseaux.
> Combien de végétaux, différents de nature,
> Forment notre boisson, nos mets, notre parure !
> La feuille, les rameaux des arbres et des fleurs
> Fournissent à nos arts le luxe des couleurs,
> Des sucs de l'indigo plus d'une étoffe brille.
> Le moelleux cacao s'embaume de vanille ;
> Du pommier neustrien ainsi le jus brillant
> Prodigue aux moissonneurs son nectare pétillant ;
> Le houblon, froid rival de l'arbuste bacchique,
> Entretient des cafés le babil politique.
> Le feuillage chinois, par un plus doux succès,
> De nos dîners tardifs corrige les excès ;
> Et, faisant chaque soir sa ronde accoutumée,
> D'une chère indigeste apaise la fumée.

Voyez maintenant avec quel art le même poëte s'exprime à l'égard des fleurs :

> Mais parmi toutes ces plantes prodiguées sans mesure,
> Puis-je oublier les fleurs, luxe de la nature !

Les fleurs, son plus doux soin; les fleurs, berceau des fruits,
Quelle forme élégante et quel frais coloris !
C'est l'azur, le rubis, l'opale, le topaze,
Tournés en globe, en frange, en diadème, en vase :
Les fleurs charment le goût, l'odorat et les yeux ;
Dans les palais des rois, dans les temples des dieux,
Souvent l'or fastueux le cède à leurs guirlandes :
Amour ne reçoit point de plus douces offrandes.
Agréables encore, même dans leurs débris,
Nous changeons en parfums leurs feuillages flétris.
Odorante liqueur, pâte délicieuse,
Quels dons ne nous fait pas leur sève précieuse !
Les fleurs du doux plaisir sont l'emblème riant ;
Si je crois le récit des peuples d'Orient,
Pour donner un langage à ses douleurs secrètes,
Souvent plus d'un captif en fit ses interprètes ;
Et peignant par leur teinte ou l'espoir ou l'ennui,
Les fleurs interrogeaient et répondaient pour lui.
Pour rendre leurs contours, leur flexible souplesse,
Le marbre même semble emprunter leur mollesse ;
Le peintre les chérit ; sous les doigts du brodeur
L'art n'en laisse au désir regretter que l'odeur,
Et dresse un piége adroit au papillon volage.

§ 5. *Années de cherté et prix d'objets divers.*

La chronique de Spire énumère plusieurs années de cherté dont nous reproduisons les plus curieuses :

En 1281, la neige tomba avec une telle abondance, et un froid si vif succéda à un dégel subit, que les emblavures furent presque totalement détruites. Cette malheureuse circonstance fit beaucoup augmenter le prix des grains. Le sac de froment coûtait 17 schellings ! ce qui, d'après notre monnaie, fait 3 francs 40 centimes. Dans les années ordinaires, il ne se vendait que 4 schellings. La choppine de vin revenait à 1 schelling 1 1/2 pfennig, tandis qu'antérieurement à 1281, toute une mesure se vendait 1 schelling.

Avant la découverte de l'Amérique, on achetait toutes les denrées à bon marché; la population était moins nombreuse, et l'or et l'argent étant rares, la monnaie avait plus de valeur.

Un maître-ouvrier recevait, en 1322, pour sa nourriture et son salaire, 22 pfennings, réduits à 16 pfennings pendant l'hiver; le compagnon n'avait que 8 pfennings.

Après la contagion de 1349, s'ensuivit une grande disette; il était impossible de se procurer des vivres à tout prix.

Lors de l'invasion des Anglais en Alsace, qu'ils désolèrent d'un bout à l'autre, en 1365, la peste, ensuite la famine qui dura six ans, vinrent à leur suite. Le prix des vivres était excessif; mais l'année 1375 était tellement abondante en blé, que le sac de froment ne dépassait point 7 schellings; on achetait un foudre de vin à 4 florins.

L'écot qu'on payait à la table impériale, lorsqu'en 1414 l'empereur Sigismond vint à Strasbourg, était de 6 pfennings; à la table commune, de 4 pfennings.

En l'année 1626, le maltre de froment est vendu au prix énorme de 56 florins 48 kreuzers; et le maltre de seigle coûte 30 florins; au lieu qu'en 1633, le maltre d'épeautre ne dépasse point 2 florins; en 1647, on l'achète même au prix de 14 batzen.

Au nombre des années de disette est encore comptée celle de 1771, où le maltre d'épeautre revenait à 11 livres 14 sols.

Enfin, de 1816 à 1817, il y eut une cherté de vivres inouïe; le maltre de froment fut vendu 120 francs, et le sac de pommes de terre, 36 francs.

CHAPITRE III.

DES CONFINS DU TERRITOIRE DE LAUTERBOURG.

§ 1. *Le Rhin.*

Ce fleuve majestueux, un des plus grands de l'Europe, qui baigne, vers le sud, une partie de la banlieue de Lauterbourg, prend sa source au mont Saint-Gothard, dans les glaciers du pays des Grisons. Il traverse le lac de Constance, sépare la Suisse et la France du grand-duché de Bade, arrose les États de Hesse-Darmstadt et de Nassau, les duchés du Bas-Rhin et de Clèves-Berg, et la Hollande, où il se jette par plusieurs embouchures, l'Yssel, le Waal et le Leck, en partie dans le Zuydersee, en partie dans la mer du Nord. Un de ses bras qui est le plus faible, et conserve le nom de Rhin, se perd dans les sables.

L'Aar, le Necker, le Mein, l'Ill et la Moselle sont les principales rivières que le Rhin reçoit.

Sa largeur moyenne est de 346 mètres; sa profondeur au-dessous de l'étiage ordinaire, de 2 1/2 mètres; sa vitesse moyenne, de 115 mètres par minute.

Toute la vallée entre Mothern, Lauterbourg, Berg et Neubourg était anciennement abandonnée aux débordements du Rhin, qui y causait de terribles ravages lors de ses crues régulières, arrivant au mois de juin par la fonte des neiges dans les Alpes, et lorsque des dégels ou de grandes pluies accidentelles grossissent ses eaux. Il emportait ses rives et détruisait des récoltes entières. Plus d'une fois ses flots se brisèrent contre les murs de la chapelle de Notre-Dame-de-Secours, au pied des fortifications.

Pour arrêter la fureur du torrent et défendre le territoire des débordements malheureux, la ville fit construire des digues et des épis en fascinages et en terrassements. Toutefois ce ne fut qu'après 1600 qu'on entreprit des travaux d'endigage; car antérieurement à 1613 et 1617, aucune dépense de ce genre, alors à la seule charge de la commune, ne figure dans ses comptes.

La grande digue se dirigeant de Mothern à la vieille écluse, et s'étendant de là jusqu'à la chapelle, fut élevée en l'année 1766; celle qui part de la nouvelle écluse et va au Tripffelacker, a été achevée en 1779. A la même époque fut construit le barrage supérieur, qui, à peine conduit à sa fin, devint la proie du torrent. On le remplaça, en 1791, par un autre dont il reste encore quelques vestiges. En 1811 fut fait le grand barrage.

Depuis que d'immenses travaux de rectification et de nivellement du lit du Rhin ont été exécutés dans la Prusse rhénane, et que les gouvernements veillent eux-mêmes à l'entretien des digues, les débordements sont devenus très-rares, et il est à espérer que la rectification du lit du fleuve entre Mothern et Lauterbourg fera cesser tout dégât dans notre banlieue.

Le thalweg ou le grand courant, qui peut varier plusieurs fois dans l'année, était autrefois la ligne de séparation entre la France et l'Allemagne; aujourd'hui la ligne de souveraineté est fixe, et déterminée d'après un plan arrêté par des ingénieurs des pays riverains.

Le Rhin charie des paillettes d'or, et roule une espèce de cailloux blancs que l'on polit, et qui sont connus dans le commerce sous la dénomination de diamants du Rhin. Ses eaux sont très-poissonneuses; la carpe est surtout renommée par son bon goût. La pêche au saumon, qui, comme on sait, accourt en automne dans les fleuves ou rivières, pour déposer le frai, est quelquefois productive. Le droit de pêche et l'orpaillage appartiennent à l'État, qui les afferme.

Il est arrivé souvent que des corps d'armée français ou ennemis passèrent le Rhin près de Lauterbourg; en septembre 1805, une division de l'armée française qui s'avançait vers Austerlitz, effectua le passage du fleuve sur un pont de bateaux construit non loin du bac actuel.

Notre ville et les environs viennent d'obtenir un grand avantage; le bac à rames de Lauterbourg sera remplacé par un pont volant. Dans le principe, on avait sollicité un pont de bateaux; mais il fallut abandonner cette demande qui rencontrait trop de difficultés. On lui substitua immédiatement le projet moins dispendieux de l'établissement d'un pont volant, qui fut poursuivi, malgré des obstacles presque insurmontables, et qui, grâce à la louable activité de l'administration départementale, a été enfin couronné du plus heureux succès.

Une des grandes difficultés consistait dans le refus du gouvernement badois de faire exécuter, à ses frais, les travaux considérables d'enrochement et d'abordage sur la rive allemande; déjà elle faisait le désespoir de Lauterbourg, lorsque inopinément les conférences suspendues pendant quelque temps, furent reprises avec ardeur; le gouvernement de Bade, qui d'ailleurs a compris aussi l'intérêt de son pays, accepta sans restriction les propositions de la France. Nous pouvons donc assurer que les travaux vont être incessamment adjugés.

Le pont volant sera le juste complément ou l'achèvement de la route départementale n° 8, de Bitche au Rhin; il offrira un passage sûr aux voyageurs, et secondera les relations de commerce existant entre la France et l'Allemagne. Sans doute, les bienfaits de ce passage, sous le rapport commercial, ne seront point immédiats; on n'en sentira les effets que dans quelques années, lorsque cette nouvelle voie de communication aura acquis tout son accroissement.

La ville de Lauterbourg attend encore la réalisation d'un autre projet également important : elle a fait des démarches pour avoir sur son territoire un débarcadère ou une station des bateaux à vapeur. Des renseignements puisés à bonne source font augurer un résultat favorable, et nous autorisent à croire que le débarcadère sera établi sans retard.

Nous ne pouvons nous dissimuler une crainte qui paraîtra naturelle à quiconque connaît les localités. C'est que, si en effet, comme il est permis de l'espérer, les affaires prenaient une extension un peu considérable, il serait établi aux abords du pont volant, un bureau des douanes dans l'intérêt et pour la commodité du commerce. Tous les arrivages ou transports acquitteraient leurs droits dans ce bureau, sans pénétrer dans l'intérieur de la ville, et s'écouleraient ensuite par le chemin le moins tortueux, c'est-à-dire par le chemin de communication entre Lauterbourg et Seltz, qu'on s'efforce dès à présent d'ériger en chemin de grande communication. Il se formerait dans le voisinage du pont un établissement qui recueillirait les voyageurs, et où se concentrerait tout le bénéfice, à l'exclusion de la ville, qui, au lieu de participer à quelque profit, verrait augmenter au contraire son contingent dans les dépenses d'entretien du chemin en question! Dieu veuille que notre appréhension soit mal fondée.

§ 2. *La Lauter.*

Cette rivière a sa source non loin des ruines du château de Grœfenstein, près de Weschlauter, dans la Bavière rhénane; elle reçoit aussitôt la Wartenbach, la Scheitbach et autres petits ruisseaux, traverse du nord au sud la vallée de Dahn, serpente ensuite vers l'est jusqu'à Wissembourg, arrose Altstadt, coule le long des lignes entre le Bienwald et la forêt du Mundat, où elle se grossit de plusieurs ruisseaux, passe à Scheibenhard, baigne au nord les remparts de Lauterbourg, va à Berg, et roule enfin ses ondes dans le Rhin, près de Neubourg, dans un nouveau lit, qui lui a été creusé, il y a quatre ans, en deçà de cette commune.

Avant ces travaux, exécutés seulement sur le territoire allemand, la Lauter se perdait dans le Rhin, au delà de Neubourg.

Elle n'est point navigable; mais ses eaux alimentent plusieurs usines, entre autres celles de Scheibenhard, de Berg et de Lauterbourg.

Le cours de cette rivière est en général très-tortueux dans les bans de Scheibenhard et de Lauterbourg, son lit trop étroit et peu profond; et comme elle est mal encaissée, elle se déborde facilement lors des dégels et des grandes pluies, et amène sur les prairies qui l'avoisinent beaucoup de sable. Les usines et les propriétés riveraines gagneraient considérablement, si, à l'instar de la Bavière, le gouvernement français faisait redresser et élargir le lit.

La Lauter abonde en poissons de toutes espèces; on y prend la carpe, la tanche, la perche et le brochet; aux environs de Wissembourg, on y pêche quelquefois la truite.

Il n'y a qu'un seul pont sur la Lauter dans le ban de

notre ville : c'est celui de la porte de Landau ; en 1840, il a été reconstruit en bois, et repose sur des piles de pierres.

Un autre pont, qui sert de communication aux communes de Berg et de Neubourg avec la banlieue de Lauterbourg, est jeté sur la vieille Lauter à proximité du canton dit Letzen, où François-Joseph Müller, et son frère Antoine, ont fait bâtir, en 1841, une métairie connue aujourd'hui sous le nom de *Letzenhof.*

On voit encore un pont sur la Lauter, dans le ban de Berg, au pied de l'emplacement sur lequel était bâti le château du général Schwartz, rasé, lors de la première révolution, par les batteries du camp retranché.

Le pont du moulin et les écluses, dont des restes se voient encore derrière le château et près du Tripffelacker, livraient également passage aux piétons. Le passage par le moulin est encore aujourd'hui très-fréquenté.

§ 3. *Neulauterbourg.*

Ce hameau éparpillé sur les routes de Candel et de Hagenbach, et les chemins de Scheibenhard et de Schaid, n'est qu'à 150 mètres environ de la porte extérieure de Landau. Il y existe une tuilerie qui occupe le sol d'un pareil établissement que la ville y possédait autrefois [1]. Séparé en 1815 de la métropole, il fut annexé à la commune de Berg.

Après cette séparation, quelques personnes de Lauterbourg pensant tirer avantage de cette place, s'y établirent. Toutes les maisons, au nombre de neuf, sont des auberges ou des boutiques.

[1] Voy. p. 121.

Une barrière aux couleurs bavaroises est fixée à l'entrée
du hameau, qu'on appelle aussi *Bayerischer-Hof* (Cour
de Bavière), de l'enseigne d'une de ses auberges. Des amateurs du cigare, de la prise de tabac et de la bouteille le
visitent souvent, surtout les dimanches.

Neulauterbourg tient trois foires par an; elles ont lieu
aux mêmes époques que celles de la ville de Lauterbourg,
et sont ordinairement très-fréquentées.

L'administration municipale du hameau est confiée à
un adjoint sous les ordres du bourguemestre de Berg. La
Bavière y a de plus un bureau des douanes, une station
de gendarmerie et un poste de préposés du service actif
des douanes. Il est aussi la résidence d'un garde forestier.

La population en est de 70 âmes.

§ 4. *Le Bienwald*[1].

C'est une grande et vaste forêt, bien conservée, située
au nord de la ville de Lauterbourg, dont elle n'est éloignée que d'un kilomètre; elle touche, d'une part, à Schweig-
hoffen, de l'autre, au Rhin. Sa superficie est d'environ
12,000 hectares; son rapport annuel moyen, de 360,000 fr.,
ou 30 francs l'hectare. Il n'y a plus en Alsace, ni dans le
Palatinat, de forêt qui lui soit comparable, sinon la forêt de Haguenau.

Le Bienwald était indubitablement la propriété des
Burgraves de Lauterbourg jusqu'en 1254, où l'empereur
Guillaume le céda avec le comté de ce nom au prince-
évêque de Spire. A la révolution de 1789, les possessions
de l'évêque, enclavées dans le territoire français, furent
réunies au département du Bas-Rhin qu'on venait de for-

---

[1] *Silva apiarica.*

mer, et, comme conséquence de cette disposition décrétée par l'Assemblée nationale, le Bienwald devint la propriété de l'État. Situé sur la rive gauche de la Lauter, qui est la limite de la France du côté du Palatinat, il fut abandonné à la Bavière après les événements de 1815.

L'administration et la conservation de cette forêt sont confiées à un *Forstmeister*, résidant au Langenberg, établissement forestier appartenant à l'État bavarois, sis dans le bois, sur la route et à environ trois kilomètres de Candel. Plusieurs *Revier-Fœrster* et un grand nombre de gardes sont placés sous les ordres du Forstmeister.

C'est M. Deleuze de Meyran, ancien commandant de la place de Lauterbourg, qui, du consentement de l'administration forestière bavaroise, fit établir, en 1825, la jolie promenade dans le Bienwald, entre la route de Candel et celle de Rheinzabern. Elle est encore à présent bien entretenue.

On trouve dans cette forêt, vers la banlieue de Hagenbach, beaucoup de truffes qui sont fort bonnes.

Les bois de chauffage et autres provenant du Bienwald sont coupés et façonnés aux frais de l'administration, et vendus en détail à l'enchère, en présence d'un bourguemestre et d'une commission composée du *Rentmeister* et d'agents forestiers, présidée par le Forstmeister. Ces ventes ont ordinairement lieu dans les communes qui avoisinent les coupes, ou par un beau temps, même sur place, et toujours à trois mois de crédit. Tout le monde qui justifie de sa solvabilité ou donne caution, est admis, étranger comme Bavarois; et pour empêcher que le prix du bois ne soit outré, les marchands sont écartés, jusqu'à ce que les besoins domestiques soient satisfaits. Le roi de Bavière l'a ainsi ordonné. Ce monarque veut aussi que les

Bavarois ne soient point surchargés d'impôts; aussi nos voisins, les habitants de la Bavière rhénane, sont-ils, sous ce rapport, plus heureux que nous. Passons à un exemple :

L'aubergiste le plus imposé à *Neulauterbourg*, propriétaire d'une vaste maison, ayant cour, grange, écuries et jardin, ne paye pour contribution foncière, de portes et fenêtres, personnelle et mobilière, et pour la patente (le droit proportionnel et les centimes additionnels compris), que la somme de vingt-huit florins, équivalant à soixante francs . . . .   60 fr.

Le même aubergiste acquitterait, à *Lauterbourg*, pour les différentes contributions de sa propriété . . .   70 fr.
Personnelle et mobilière .   25
Patente.   75
Contributions indirectes qui n'existent point en Bavière. . 650

820

L'aubergiste français paye donc de plus que l'aubergiste allemand . . . .   760 fr.

Eh bien ! ce déficit comblerait les besoins de toute une famille; heureux encore si maint ménage avait autant à dépenser par an.

Et dans la Bavière rhénane, point de droits de décès; l'impôt de l'enregistrement et du timbre est le même qu'il était en France avant 1816, c'est-à-dire deux cinquièmes de moins que nos droits actuels.

Cependant la Bavière a une armée bien entretenue; elle a des fonctionnaires et des employés mieux rétribués encore que les nôtres. Il est vrai qu'à partir de la liste civile, jusqu'aux hauts fonctionnaires civils et militaires, jusqu'au haut clergé, la profusion des appointements est loin d'atteindre, proportion gardée, un chiffre égal à celui dont est chargé le trésor français. Que résulte-t-il de cette sage disposition? C'est que le gouvernement est à même d'appointer généreusement tous les fonctionnaires et employés subalternes ou de moyen ordre, qui, ordinairement sans autre ressource, trouvent ainsi une existence honorable.

La Bavière fait exécuter d'immenses travaux d'utilité publique; elle n'a point de monopoles. Ah! la Bavière assure à son peuple les libertés agricole, commerciale et industrielle dans toute leur plénitude, et l'État français s'en empare, spécule comme un particulier!

Où vont donc les pauvres de notre frontière chercher le sel et d'autres objets de première nécessité? En Bavière. Et ne croyons pas que la position financière du Palatinat ne soit point prospère, car, pour comble de notre étonnement, ce pays envoie annuellement au trésor de Munich une moyenne de 500,000 florins.

Toutes ces vérités sont austères; nous pourrions pousser plus loin notre parallèle; mais ce que nous venons de rapporter suffira pour faire comprendre au lecteur, que, sous le rapport des charges publiques, la France est arrivée à son apogée.

Nos voisins, libres dans la culture de leurs terres, libres dans le commerce et l'industrie, soulagés dans les impôts, n'ont à regretter que la liberté de la presse. Eh bien! l'avenir la.leur promet; ils ont d'ailleurs une constitution qui leur garantit tous les droits et priviléges dont ils jouissaient avant 1815; ils ont les codes français.

En vérité, si l'on ne considérait que les intérêts matériels, si, un instant, on osait faire abnégation de la gloire du nom français et des libertés nationales, le choix serait-il douteux?

§ 5. *Büchelberg.*

Au milieu du Bienwald s'élève le village de Büchelberg, situé à cinq kilomètres environ de Lauterbourg; son origine remonte à l'époque de la construction du Fort-Louis, commencée en 1689. Des ouvriers picards, employés à ces travaux, qui duraient plusieurs années, vinrent, quand le fort était achevé, fonder Büchelberg sur un sol tout défriché qui paraît avoir déjà appartenu à une autre colonie, détruite à des temps très-reculés. Ce qui nous confirme dans cette dernière opinion, c'est qu'on a déterré dans le village, il y a plus de soixante-dix ans, la statue d'un Mercure mutilé. On prétend même qu'il y existait un temple païen, non loin de l'église actuelle.

Büchelberg était une des vingt communes du bailliage de Lauterbourg; elle fit ensuite partie du canton de cette ville, jusqu'en 1815, où elle subit, comme le Bienwald, la loi du vainqueur. On y parlait longtemps français.

Le terrain élevé sur lequel est assis ce village, est entièrement calcaire. Voici quelques observations curieuses faites par M. Lambert, le père, au sujet des carrières de cette commune :

« Les pierres à chaux de Büchelberg sont de deux sortes; l'une en bloc, l'autre en tables horizontales; toutes deux, de couleur jaune, paraissent être formées par l'agrégation d'une énorme quantité de très-petites coquilles univalves, plus ou moins délayées avant la pétrification, et agglutinées par un ciment occupant les interstices.

« Les couches des pierres en tables sont unies par une poussière calcaire blanche, ou par une argile bleue ou jaune; on les emploie aux carrelages et aux constructions, surtout dans les fondements, à cause de la propriété qu'elles ont de s'attirer l'humidité, sans cependant tomber en déliquescence. On en broie aussi des couleurs.

« Les pierres en bloc servent à faire de la chaux et à paver les routes.

« On n'exploite les carrières qu'à environ vingt pieds de profondeur; elles sont ensuite remblayées, et le sol est restitué à l'agriculture. »

Au nord-ouest, et à proximité de Büchelberg, il existe dans la forêt une source d'eau froide dite Fontaine salutaire (*Gesundheits-Brunnen*), encaissée dans un réservoir couvert en pierres de taille. A quelques pas de là, en jaillit une autre dont le bassin est construit en bois, et qui s'appelle *Heilbrunnen*. L'eau des deux sources semble avoir parfaitement les mêmes principes; elle est limpide et exhale une odeur fétide. Quand on en boit beaucoup, elle est très-relâchante. Il ne serait peut-être pas sans intérêt, pour les habitants de Büchelberg, de faire faire l'analyse de cette eau qui, bue ou prise comme bain, paraît avoir des vertus très-salutaires.

Près de cet endroit serpente le ruisseau nommé *Heilbach*, qui reçoit le trop plein des deux bassins.

Tous les ans, aux mois de mai et de juin, une foule de monde fréquente le Gesundheits-Brunnen, pour boire de l'eau de source, et jouir de l'agréable fraîcheur de la forêt.

Il y a trois ans que le ban de Büchelberg, très-petit dans l'origine, a été considérablement agrandi par la concession d'une partie de la forêt que le roi de Bavière a faite aux habitants, qui ont donné au terrain défriché le nom de *Ludwigshuld*.

Le territoire est fertile et produit principalement du

froment et d'autres céréales, du chanvre, de la navette, des pommes de terre, et toutes espèces de fruits d'arbres.

La population de cette commune est de 760 habitants, qui professent tous la religion catholique, et forment une paroisse. En Bavière il n'y a point de succursales.

§ 6. *Berg.*

Ce village bavarois est à trois kilomètres de Lauterbourg; sa banlieue touche, du côté de l'est, au territoire de cette ville. De 1790 jusqu'en 1815, il a fait partie de notre canton. Avant la révolution, Berg, quoique enclavé dans les possessions du prince-évêque de Spire, appartenait aux électeurs palatins. Sa population est de 1116 habitants, tous catholiques. L'origine de l'église, assez bien bâtie, ne remonte qu'au dix-huitième siècle.

Cette commune paraît tirer son nom de la hauteur où elle est située. On prétend que sur l'emplacement de Berg, il existait un fort romain, dont des restes se voyaient il y a un siècle.

Depuis que la Lauter a été redressée dans le ban de Berg, le moulin à farine de cette commune, qui était tout ensablé, est redevenu mobile, et fonctionne à présent avec une grande activité.

Du côté du Bienwald, le long du ruisseau dit *Hessbach,* on trouve, dans le ban de Berg, à une certaine profondeur dans la terre, des morceaux de craie jaune, de la grosseur d'un œuf, couverts d'une croûte de sable. C'est une espèce d'ocre qui sert de badigeon.

Un tiers environ du ban de Berg, sis sur la hauteur, vers la forêt, est sablonneux, et produit peu; le reste du territoire, du côté du Rhin, est fertile, et chaque branche de culture y réussit parfaitement.

§ 7. *Mothern.*

Avant la révolution, cette commune dépendait de l'évêché de Spire, et appartenait au bailliage de Lauterbourg. Lors de la formation des cantons, en 1790, elle fut conservée à celui de notre ville, dont elle fut détachée en 1800, pour être incorporée au nouveau canton de Seltz.

Les habitants de Mothern verraient avec plaisir leur réunion au canton de Lauterbourg; ils en ont déjà fait la demande, et des raisons plausibles militent pour elle. Ce n'est pas la proximité de leur commune, distante seulement de quatre kilomètres de Lauterbourg, tandis que son éloignement en est de six de Seltz, ni le marché de notre ville qu'ils fréquentent deux fois par semaine, motifs tant soit peu ordinaires, que nous appellerons à leur aide; mais il existe entre Mothern et Lauterbourg une communauté d'intérêts domestiques, des rapports de bon voisinage, et des sentiments d'affection que Seltz a cherché en vain d'établir pendant la longue période de quarante-quatre ans. Presque toute la domesticité de Lauterbourg se compose d'habitants de Mothern. Nos moissonneurs, nos faucheurs, nos batteurs en grange, nos journaliers, sont de Mothern; nos voituriers, nos fermiers, sont de Mothern.

Ces détails sont à la connaissance de l'administration supérieure; mais tant qu'elle n'appuiera point le projet de séparation, quelque juste qu'il soit, Mothern ne pourra réussir.

Le village est bâti au pied des collines qui s'enchaînent immédiatement à celles dessinant le grand bassin de Lauterbourg, et que le Rhin baignait autrefois. Son origine n'est point connue; il paraît que, longtemps après que les eaux du fleuve s'étaient retirées, et avaient fait place à un terrain fécond et nu, des villageois s'y établirent, et fondèrent ainsi Mothern.

La superficie du territoire de cette commune est de 1069 hectares 50 ares avec la forêt, qui seule contient 247 hectares 31 ares. Le sol est très-productif. Sur plusieurs coteaux qui avoisinent le village, on cultive la vigne avec quelque succès. Les habitants sont de bons cultivateurs et élèvent de beaux chevaux.

L'église a été reconstruite en 1778, et la maison d'école a été bâtie en l'année 1830.

La population de Mothern est de 1516 habitants, tous catholiques.

§ 8. *Néeweiler.*

La commune de Néeweiler est située sur la route royale n° 68, de Bâle à Strasbourg et à Spire, par Seltz. Elle fait partie du canton de Lauterbourg, et n'est qu'à la distance de cinq kilomètres de cette dernière ville.

Les collines qui entourent de toutes parts le village, empêchent qu'on ne l'aperçoive de loin; le clocher apparaît seulement lorsqu'on a atteint le sommet de ces éminences.

L'église a été reconstruite en 1829, plus grande que l'ancienne qui comptait juste un siècle d'existence; la commune manquant de ressources, plusieurs de ses habitants notables firent l'avance des frais de construction qu'elle leur a depuis remboursés.

La maison d'école est très-exiguë et dans un mauvais état; elle n'a qu'un rez-de-chaussée contenant à la fois la salle d'école et le logement pour l'instituteur. Les habitants ne feraient pas moins une bonne œuvre, s'ils avaient recours, pour la construction d'une maison d'école, aux mêmes mesures que pour celle de l'église.

Au nord-ouest de Néeweiler s'étend une grande partie de sa banlieue, appelée le ban de *Séebach* ou *Dürresée-bach*, dont des bornes plantées en 1758 indiquent encore parfaitement les limites et portent les initiales D S B. C'est sur ce territoire, vers le Neuhof, qu'existait autrefois le village de Dürreséebach qu'on dit avoir été ravagé pendant la guerre suédoise (1632). Des restes de fondements, découverts en 1821, montrent l'emplacement même qu'occupaient les maisons. Les habitants qui s'étaient sauvés, seront revenus après la guerre, et auront élevé, presqu'à côté de leurs anciennes habitations détruites, le village de Néeweiler nommé originairement Neuweiler, c'est-à-dire nouveau hameau.

Dürreséebach, ainsi que Néeweiler l'a été plus tard, était peut-être une annexe de Mothern ; comme village indépendant, il aurait dû ressortir du grand bailliage de Lauterbourg ; mais toutes les recherches ont été infructueuses pour trouver quelque vestige de son nom dans les archives de Spire. Son territoire est aujourd'hui réuni à celui de Néeweiler. A en juger, Dürreséebach n'avait point une forte population, et paraît même n'avoir été qu'un hameau (*Weiler*) remplacé par un nouveau hameau (*Neu-weiler*), dont aucun document historique ne fait connaître l'origine précise. Un petit ruisseau, que quelques-uns appellent *Séebach*, et qui a sa source près du Neuhof, traverse Nécweiler, et passe à Mothern ; mais comme il est souvent à sec, il se pourrait que cette circonstance eût donné naissance au nom de Dürreséebach (ruisseau à sec).

La population de Nécweiler est de 783 habitants, qui professent tous la religion catholique. Plusieurs d'entre eux

se livrent au commerce de grains et d'huiles. Ce sont en
général des laboureurs zélés s'efforçant de fertiliser un
sol souvent ingrat.

Sur quelques coteaux on cultive la vigne ; le territoire
produit en outre du froment, du seigle, de l'orge, de l'a-
voine, de la luzerne, du trèfle, de la navette, des pommes
de terre et différents légumes.

§ 9. *Scheibenhard.*

La Lauter passe par la commune de Scheibenhard, et
la divise en deux ; la partie sise sur la rive gauche de la
rivière appartient à la Bavière ; celle située sur le rivage
opposé est à la France, et dépend du canton de Lauterbourg. La route départementale n° 8, de Bitche au Rhin,
traverse, dans une petite étendue, la partie française qui
n'est éloignée de Lauterbourg que de quatre kilomètres.

L'ancienne église de Scheibenhard était placée au milieu du cimetière ; elle a été démolie, et les matériaux ont
servi à la construction de l'église actuelle, élevée en 1787,
à côté du chemin devenu depuis la route départementale
indiquée. Les Bavarois sont annexés à cette succursale. Le
cimetière, qui n'est qu'à quelques mètres de l'église, est
également commun aux habitants des deux rives.

La partie allemande de Scheibenhard possède seulement une école dirigée par un instituteur bavarois. Le
peu de revenus communaux des Français arrête la reconstruction de leur maison d'école, qui est chétive et déla-
brée[1].

Le partage de la commune de Scheibenhard remonte à

---

[1] On nous apprend que la commune s'était imposé extraordinaire-
ment pour cette reconstruction.

1815; jusqu'à cette époque, et depuis 1790, elle dépendait intégralement du canton de Lauterbourg. Avant la révolution, elle faisait partie du grand-bailliage de cette ville. Son église était longtemps une annexe de la nôtre; mais en 1732, elle s'est érigée en paroisse indépendante.

Scheibenhard signifie une terre vaine où l'on tire à la cible; les environs du côté du Bienwald sont arides, et ont peut-être été jadis le rendez-vous de pareils exercices[1]. Il est difficile de fixer l'origine de ce village, quoiqu'elle ne paraisse point être très-ancienne. On la fait remonter au quinzième siècle.

La population de la commune française est de 605 âmes; elle est moins forte que la bavaroise. Les habitants des deux rives professent tous le culte catholique.

Son territoire est très-étendu; dans plusieurs cantons le sol est fertile, et produit en abondance toutes espèces de céréales et de légumes, le maïs, le colza, le chanvre et les pommes de terre.

Il y a dans le village une tuilerie, et vers les bords de la Lauter, une blanchisserie très-renommée.

A quelques pas, à l'est de Scheibenhard, est situé le moulin à blé nommé *Schmelzermühl;* il remplace, dit-on, une fonderie jadis alimentée par le produit d'une mine de fer exploitée entre Büchelberg et Lauterbourg.

---

[1] Toute la partie sud-est de Scheibenhard (Bavière) s'appelle encore aujourd'hui *Hard.* Si l'on se souvient des arquebusiers de Lauterbourg (voy. p. 125), s'exerçant au tir de ce côté-là, l'étymologie de Scheibenhard ne paraîtra point aventurée.

Nous ne parlerons pas du prétendu château de ce village.

CHAPITRE IV.

DE L'ÉTAT POLITIQUE, ADMINISTRATIF ET INDUSTRIEL DE LAUTERBOURG.

§ 1.

Les élections à la chambre des députés sont réglées par la loi du 19 avril 1831, qui détermine les conditions électorales et d'éligibilité.

Tout Français jouissant des droits civils et politiques, âgé de vingt-cinq ans accomplis, et payant deux cents francs de contributions directes, est électeur, s'il remplit d'abord les autres conditions fixées par la loi. Dans les contributions directes est admis l'impôt des patentes; et il a été décidé que les taxes représentatives des prestations en nature pour les chemins vicinaux seront également comptées dans le cens électoral.

Sont de plus électeurs, en payant cent francs de contributions directes : les membres et correspondants de l'Institut et les officiers des armées de terre et de mer jouissant d'une pension de retraite de douze cents francs au-moins, et justifiant d'un domicile réel de trois ans dans l'arrondissement électoral. Les officiers en retraite pourront compter, pour compléter les douze cents francs, le traitement qu'ils toucheraient comme membres de la Légion d'Honneur.

Tout fermier à prix d'argent et de denrées qui, par bail authentique d'une durée de neuf ans au moins, exploite par lui-même une ou plusieurs propriétés rurales, a droit de se prévaloir du tiers des contributions payées par ces propriétés, sans que ce tiers soit retranché au cens électoral du propriétaire.

Le domicile politique de tout Français est dans l'arron-

dissement électoral où il a son domicile réel; néanmoins
il pourra le transférer dans tout autre arrondissement
électoral où il paye une contribution directe, à la charge
d'en faire, six mois d'avance, une déclaration expresse au
greffe du tribunal civil de l'arrondissement électoral où il
aura son domicile politique actuel, et au domicile du tribunal civil de l'arrondissement électoral où il voudra le
transférer; cette double déclaration sera soumise à l'enregistrement.

La chambre des députés est composée de 459 membres.
Chaque collège électoral n'élit qu'un député.

Les collèges électoraux sont convoqués par le roi. Ils
se réunissent dans la ville de l'arrondissement-électoral ou
administratif que le roi désigne.

Nul ne sera éligible à la chambre des députés, si, au
jour de son élection, il n'est âgé de trente ans, et s'il ne
paye cinq cents francs de contributions directes.

Les députés ne reçoivent ni traitement ni indemnité.
Ils sont élus pour cinq ans.

La loi a divisé le département du Bas-Rhin en six arron
dissements électoraux. L'arrondissement de Wissembourg
comprend le collège du sixième arrondissement électoral.

Député, M. le colonel Cerfbeer, élu le 10 juillet 1842.

Le nombre des électeurs du canton de Lauterbourg est,
en 1844, de dix, dont la ville compte cinq, qui sont :

MM. Lambert, André-Eugène, juge de paix, membre
du conseil général du département.

Savagner, Charles, notaire, membre du conseil
de l'arrondissement.

Auscher, Léon, le vieux, marchand de fer.

Hemmerlé, Charles-Antoine, docteur en médecine.

Guckert, George-Antoine, le vieux, propriétaire.

Ces électeurs appartiennent à la première partie de la liste générale du jury.

Le nombre des jurés non électeurs de la ville de Lauterbourg, qui sont compris dans la seconde partie de la liste générale du jury, est, en 1844, de deux, savoir :

MM. Huber, Jean-Jacques, docteur en médecine.

Dufour, Charles-Antoine, capitaine en retraite.

Le canton de Lauterbourg n'atteignant point le nombre d'électeurs ou de jurés non électeurs, qui, en conformité de la loi du 22 juin 1833, doit être de cinquante au moins, pour former la liste des électeurs départementaux appelés à nommer les membres du conseil général et du conseil d'arrondissement, il a fallu ajouter, pour l'année 1844, trente-huit électeurs complémentaires, pris parmi les citoyens les plus imposés au-dessous de 200 francs, et dont ceux de la ville de Lauterbourg sont :

MM. Halff, le vieux, Joseph, commerçant; Lambert, Louis, maire ; Auscher, Aron, commerçant; Halff, le deuxième, Henri, commerçant; Knœpffler, François-Alexandre, propriétaire; Weszbecher, Bernard, maréchal-ferrant; Rieger, Michel, propriétaire; Forest, Léon, commerçant; Burckart, Louis, aubergiste; Dudenhœffer, François-Joseph, aubergiste; Bonnet, Jean-Baptiste, propriétaire; Forest, Élie, commerçant; Dauer, Valentin, aubergiste; Dudenhœffer, Georges-François, marchand épicier en gros; Müller, François-Joseph, cultivateur, et Lévy, Léon, marchand de bestiaux.

Membre du conseil général du département, M. Lambert, André-Eugène, juge de paix (première série à renouveler en 1845).

Membre du conseil d'arrondissement, M. Savagner, Charles, notaire (première série à renouveler en 1848).

Le nombre des membres du conseil général du département du Bas-Rhin est de trente; celui des membres du conseil de l'arrondissement de Wissembourg est de neuf.

Nul ne sera éligible au conseil général du département, s'il ne jouit des droits civils et politiques; si au jour de son élection il n'est âgé de vingt-cinq ans, et s'il ne paye, depuis un an au moins, deux cents francs de contributions directes dans le département.

Les membres du conseil d'arrondissement peuvent être choisis parmi les citoyens âgés de vingt-cinq ans accomplis, payant dans le département, depuis un an au moins, cent cinquante francs de contributions directes, dont le tiers dans l'arrondissement, et qui ont leur domicile réel ou politique dans le département.

Les membres des conseils généraux sont nommés pour neuf ans; ils sont renouvelés par tiers tous les trois ans, et sont indéfiniment rééligibles.

Ceux des conseils d'arrondissements sont élus pour six ans; ils sont renouvelés par moitié tous les trois ans.

Les conseils généraux et d'arrondissements sont convoqués par le préfet, en vertu d'une ordonnance du roi, qui détermine l'époque et la durée de leurs sessions.

La loi des 10-12 mai 1838 énumère les différentes attributions confiées aux conseils généraux et aux conseils d'arrondissement; nous nous bornons ici à en citer les principales :

Le conseil général du département répartit, chaque année, les contributions directes entre les arrondissements, conformément aux règles établies par les lois. Avant d'effectuer cette répartition, il statue sur les demandes délibérées par les conseils d'arrondissement en réduction du contingent assigné à l'arrondissement.

16.

Il prononce définitivement sur les demandes en réduction de contingent formées par les communes, et préalablement soumises au conseil d'arrondissement.

Il vote les centimes additionnels, dont la perception est autorisée par les lois.

Le conseil général délibère : sur les contributions extraordinaires à établir et les emprunts à contracter dans l'intérêt du département; sur les acquisitions, aliénations et échanges des propriétés départementales; sur le changement de destination ou d'affectation des édifices départementaux; sur le mode de gestion des propriétés départementales; sur les actions à intenter ou à soutenir au nom du département; sur les transactions qui concernent les droits du département; sur l'acceptation des dons et legs faits au département; sur le classement et la direction des routes départementales; sur les projets, plans et devis de tous les autres travaux exécutés sur les fonds du département; sur les offres faites par des communes, par des associations ou des particuliers, pour concourir à la dépense des routes départementales ou d'autres travaux à la charge du département; sur tous les autres objets sur lesquels il est appelé à délibérer par les lois et règlements.

Le conseil général donne son avis : sur les changements proposés à la circonscription du territoire du département, des arrondissements, des cantons et des communes, et à la désignation des chefs-lieux; sur l'établissement, la suppression ou le changement des foires et marchés.

Le budget du département est présenté par le préfet, délibéré par le conseil général, et réglé définitivement par ordonnance royale.

La session ordinaire du conseil d'arrondissement se divise en deux parties : la première précède, et la seconde suit la session du conseil général. Dans la première partie de sa session, le conseil d'arrondissement délibère sur les réclamations auxquelles donnerait lieu la fixation du contingent de l'arrondissement dans les contributions directes, et sur les demandes en réduction de contributions formées par les communes. Il donne son avis : sur les changements proposés à la circonscription du territoire de l'arrondissement, des cantons et des communes, et à la désignation de leurs chefs-lieux; sur le classement et la direction des chemins vicinaux de grande communication; sur l'établissement et la suppression, ou le changement des foires et marchés. Il peut donner son avis sur tous les objets sur lesquels le conseil général est appelé à délibérer, en tant qu'ils intéressent l'arrondissement.

Dans la seconde partie de sa session, le conseil d'arrondissement répartit entre les communes les contributions directes.

§ 2.

La loi du 21 mars 1831, sur l'organisation municipale, détermine la composition du corps municipal, et le mode de son élection. Voici les principales dispositions de cette loi :

Le corps municipal de chaque commune se compose du maire, de ses adjoints et des conseillers municipaux. Les fonctions des maires, des adjoints et des autres membres du corps municipal, sont essentiellement gratuites, et ne peuvent donner lieu à aucune indemnité ni frais de représentation.

Il y aura un seul adjoint dans les communes de 2500 habitants et au-dessous; deux, dans celles de 2500 à 10,000 habitants; et dans les communes d'une population supérieure, un adjoint de plus par chaque excédant de 20,000 habitants.

Les maires et les adjoints sont nommés par le roi, ou en son nom par le préfet. Dans les communes qui ont 3,000 habitants et au-dessus, ils sont nommés par le roi, ainsi que dans les chefs-lieux d'arrondissement, quelle que soit la population. Les maires et les adjoints seront choisis parmi les membres du conseil municipal, et ne cesseront pas pour cela d'en faire partie. Ils peuvent être suspendus par un arrêté du préfet; mais ils ne sont révocables que par une ordonnance du roi.

Les maires et les adjoints sont nommés pour trois ans; ils doivent être âgés de vingt-cinq ans accomplis et avoir leur domicile réel dans la commune.

Chaque commune a un conseil municipal composé, y compris les maires et adjoints, de dix membres, dans les communes de 500 habitants et au-dessous; de douze, dans celles de 500 à 1500; de seize, dans celles de 1500 à 2500; de vingt et un, dans celles de 2500 à 3500; de vingt-trois, dans celles de 3500 à 10,000; de vingt-sept, dans celles de 10,000 à 30,000, et de trente-six, dans celles d'une population de 30,000 et au-dessus.

Les conseillers municipaux sont élus par l'assemblée des électeurs communaux, où sont appelés, 1° les citoyens les plus imposés aux rôles des contributions directes de la commune, âgés de vingt et un ans accomplis, dans les proportions suivantes : pour les communes de 1000 âmes et au-dessous, un nombre égal au dixième de la population de la commune; ce nombre s'accroîtra de cinq par cent habitants en sus de 1000 jusqu'à 5000; de quatre par cent habitants en sus de 5000 jusqu'à 15,000; de trois par cent habitants au-dessus de 15,000; 2° les membres des cours et tribunaux, les juges de paix, etc. (voir la loi).

Les membres du conseil municipal sont tous choisis sur la liste de ces électeurs. Ils doivent être âgés de vingt-cinq ans accomplis. Ils sont élus pour six ans et toujours rééligibles. Les conseils seront renouvelés par moitié tous les trois ans.

Dans les communes de 500 âmes et au-dessus, les parents au degré de père, de fils, de frère, et les alliés au même degré, ne peuvent être en même temps membres du conseil municipal.

Les conseils municipaux se réunissent quatre fois l'année, au commencement du mois de février, mai, août et novembre. Chaque session peut durer dix jours.

Le préfet ou sous-préfet prescrit la convocation extraordinaire du conseil municipal, ou l'autorise sur la demande du maire, toutes les fois que les intérêts de la commune l'exigent. Dans les sessions ordinaires, le conseil municipal peut s'occuper de toutes les matières qui rentrent dans ses attributions. En cas de réunion extraordinaire, il ne peut s'occuper que des objets pour lesquels il a été spécialement convoqué. La convocation pourra également être autorisée pour un objet spécial et déterminé, sur la demande du tiers des membres du conseil municipal, adressée directement au préfet, qui ne pourra la refuser que par arrêté motivé, qui sera notifié aux réclamants, et dont ils pourront appeler au roi.

Le maire préside le conseil municipal ; les fonctions de secrétaire sont remplies par un de ses membres, nommé au scrutin et à la majorité à l'ouverture de chaque session.

Le conseil municipal ne peut délibérer que lorsque la majorité des membres en exercice assiste au conseil. Il ne pourra être refusé à aucun des citoyens contribuables de la commune communication, sans déplacement, des délibérations des conseils municipaux.

Le préfet déclarera démissionnaire tout membre d'un conseil municipal qui aura manqué à trois convocations consécutives, sans motifs reconnus légitimes par le conseil.

Le nombre des électeurs communaux de Lauterbourg, est, en 1844, de cent soixante, dont le plus fort imposé paye 342 francs 15 centimes, et le moins imposé 25 francs 3 centimes.

Le conseil municipal de la ville se compose de seize membres, qui sont :

MM. Lambert, Louis, maire; Sonntag, George, adjoint; Lambert, André-Eugène; Weszbecher, Bernard; Savagner, Charles; Dudenhœffer, François-Joseph; Knœpffler, François-Alexandre; Schranck, Martin; Lina, Joseph; Vogel, Sébastien; Beck, Antoine; Sommer, François; Guckert, George-Antoine; Dauer, Valentin; Schmeltz, Joseph; et Bentz, Joseph.

Depuis quelques années, le corps municipal a obtenu des améliorations notables pour la ville : l'acquisition de la maison d'école, la restauration de l'église, l'exhaussement du clocher, dont les travaux ont été adjugés, le défrichement du Weidenkopf et du Fasanenkopf, la construction du pont volant, et l'établissement d'un débarcadère des bateaux à vapeur, sont des faits qui parlent d'eux-mêmes.

C'est surtout aux démarches persévérantes de M. Lambert, André-Eugène, membre du conseil général, que la ville doit le pont volant; le conseil municipal lui en a témoigné toute sa reconnaissance.

Il ne sera pas sans quelque intérêt de rappeler ici les

principales dispositions de la loi du 18 juillet 1837, sur les attributions des maires et des conseils municipaux.

Le maire est chargé, sous l'autorité de l'administration supérieure, de la publication et de l'exécution des lois et règlements, des fonctions spéciales qui lui sont attribuées par les lois, et de l'exécution des mesures de sûreté générale. Il est chargé, sous la surveillance de l'administration supérieure : de la police municipale, de la police rurale et de la voirie municipale; de la conservation et de l'administration des propriétés de la commune; de la gestion des revenus, de la surveillance des établissements communaux et de la comptabilité communale; de la proposition du budget, et de l'ordonnancement des dépenses; de la direction des travaux communaux; de souscrire les marchés, de passer les baux des biens et les adjudications des travaux communaux; de souscrire les actes de vente, échange, partage, acceptation de dons ou legs, acquisition, transaction, lorsque les actes ont été autorisés; de représenter la commune en justice, soit en demandant, soit en défendant.

Le maire prend des arrêtés à l'effet d'ordonner les mesures locales sur les objets confiés par les lois à sa vigilance et à son autorité; il nomme à tous les emplois communaux pour lesquels la loi ne prescrit pas un mode spécial de nomination; il nomme les gardes champêtres et les pâtres communaux, sauf l'approbation du conseil municipal.

Lorsque le maire procède à une adjudication publique pour le compte de la commune, il est assisté de deux membres du conseil municipal, désignés d'avance par le conseil, ou, à défaut, appelés dans l'ordre du tableau.

Le maire est chargé seul de l'administration; mais il

peut déléguer une partie de ses fonctions à un ou plusieurs de ses adjoints, et, en l'absence des adjoints, à ceux des conseillers municipaux qui sont appelés à en faire les fonctions.

Les conseils municipaux règlent par leurs délibérations les objets suivants : Le mode d'administration des biens communaux; les conditions des baux à ferme ou à loyer, dont la durée n'excède pas dix-huit ans pour les biens ruraux, et neuf ans pour les autres biens; le mode de jouissance et la répartition des pâturages et fruits communaux, autres que les bois, ainsi que les conditions à imposer aux parties prenantes; les affouages, en se conformant aux lois forestières.

Expédition de toute délibération sur un des objets ci-dessus énoncés est adressée par le maire au sous-préfet, qui en délivre récépissé. Elle est exécutoire si, dans les trente jours qui suivent la date du récépissé, le préfet ne l'a pas annulée pour violation d'une disposition de loi ou d'un règlement d'administration publique.

Le conseil municipal délibère sur les objets suivants : Le budget de la commune, et en général toutes les recettes et dépenses, soit ordinaires, soit extraordinaires; les tarifs et règlements de perception de tous les revenus communaux; les acquisitions, aliénations et échanges des propriétés communales, leur affectation aux différents services publics; et tout ce qui intéresse leur conservation et leur amélioration; la délimitation ou le partage des biens indivis entre deux ou plusieurs communes ou sections de commune; les conditions des baux à ferme ou à loyer, dont la durée excède dix-huit ans pour les biens ruraux, et neuf ans pour les autres biens, ainsi que celles des baux des biens pris à loyer par la commune, quelle qu'en soit la

durée; les projets de constructions, de grosses réparations
et de démolitions, et, en général, tous les travaux à entreprendre; l'ouverture des rues et places publiques et les
projets d'alignement de voirie municipale; le parcours et
la vaine pâture; l'acceptation des dons et legs faits à la
commune et aux établissements communaux; les actions
judiciaires et transactions; et tous les autres objets sur
lesquels les lois et règlements appellent les conseils municipaux à délibérer (voir la loi du 21 mai 1836, sur les
chemins vicinaux, qui autorise le conseil municipal, en
cas d'insuffisance des ressources ordinaires de la commune,
à voter des centimes spéciaux en addition au principal des
quatre contributions directes, et dont le maximum est fixé
à cinq).

Les délibérations des conseils municipaux sur les objets
ci-dessus relatés sont adressées au sous-préfet; elles sont
exécutoires sur l'approbation du préfet, sauf les cas où
l'approbation par le ministre compétent, ou par ordonnance royale, est prescrite par les lois ou par les règlements d'administration publique.

Le conseil municipal est toujours appelé à donner son
avis sur les objets suivants : les circonscriptions relatives
au culte; les circonscriptions relatives à la distribution des
secours publics; les projets d'alignement de grande voirie
dans l'intérieur des villes, bourgs et villages, l'acceptation
des dons et legs faits aux établissements de charité et de
bienfaisance; les autorisations d'emprunter, d'acquérir,
d'échanger, d'aliéner, de plaider ou de transiger, demandées par les mêmes établissements, et par les fabriques
des églises et autres administrations préposées à l'entretien
des cultes dont les ministres sont salariés par l'État; les
budgets et les comptes des établissements de charité et de

bienfaisance; les budgets et les comptes des fabriques et autres administrations préposées à l'entretien des cultes, dont les ministres sont salariés par l'État, lorsqu'elles reçoivent des secours sur les fonds communaux; enfin tous les objets sur lesquels les conseils municipaux son appelés par les lois et règlements à donner leur avis ou seront consultés par le préfet.

Le conseil municipal réclame, s'il y a lieu, contre le contingent assigné à la commune dans l'établissement des impôts de répartition.

Il délibère sur les comptes présentés annuellement par le maire; il entend, débat et arrête les comptes et deniers des receveurs.

Le conseil municipal peut exprimer son vœu sur tous les objets d'intérêt local.

Dans les séances où les comptes d'administration du maire sont débattus, le conseil municipal désigne au scrutin celui de ses membres qui exerce la présidence. Le maire peut assister à la délibération; il doit se retirer au moment où le conseil municipal va émettre son vote. Le président adresse directement la délibération au sous-préfet.

Les délibérations des conseils municipaux se prennent à la majorité des voix. En cas de partage, la voix du président est prépondérante.

Il est voté au scrutin secret toutes les fois que trois des membres présents le réclament.

Le budget de chaque commune, proposé par le maire, et voté par le conseil municipal, est définitivement réglé par arrêté du préfet.

Dans les communes dont les revenus sont inférieurs à cent mille francs, toutes les fois qu'il s'agira de contributions extraordinaires ou d'emprunts, les plus imposés aux rôles de la commune seront appelés à délibérer avec le conseil municipal, en nombre égal à celui des membres en exercice.

§ 3.

Quoique nous ne soyons pas encore bien loin de la révolution de 1830, l'enthousiasme de la garde nationale de Lauterbourg s'est tellement évanoui, que lors de la dernière période des élections triennales, aucun garde national ne s'est présenté pour procéder à la nomination des officiers, sous-officiers et caporaux.

La subdivision de compagnie de sapeurs-pompiers a seule fait honneur à cette invitation, et a choisi ses chefs.

Sous-lieutenant, M. Schmalholtz, Louis, élu le 15 octobre 1843.

Les compagnies communales du canton sont formées en bataillon cantonal dont le point central est Lauterbourg. L'élection des officiers, sous-officiers et caporaux de tout le bataillon n'a pas été renouvelée en 1843.

Chef de bataillon, de 1840 à 1843, M. Duflot.

Porte-drapeau, M. Offner.

La garde nationale de la ville de Lauterbourg se compose de deux compagnies, dont l'effectif est de 260 hommes.

L'indifférence de nos concitoyens pour cette grande et belle institution nationale est blâmable; ont-ils déjà oublié l'article 66 de la charte de 1830? Il porte que cette charte et tous les droits qu'elle consacre demeurent confiés au patriotisme et au courage des gardes nationales et de tous les citoyens français.

Et l'article 1er de la loi du 22 mars 1831, sur l'organisation de la garde nationale, est ainsi conçu : La garde nationale est instituée pour défendre la royauté constitutionnelle, la charte et les droits qu'elle a consacrés, pour maintenir l'obéissance aux lois, conserver et rétablir l'ordre et la paix publique, seconder l'armée de ligne dans la défense des frontières et des côtes, assurer l'indépendance de la France et l'intégrité de son territoire.

§ 4.

Lauterbourg est la résidence d'un percepteur qui a dans sa circonscription toutes les communes du canton.

Les contributions foncières, de portes et fenêtres, personnelle et mobilière, et l'impôt des patentes de la ville, s'élèvent en 1844, à 19,240 francs.

Les prestations en nature pour réparations des chemins vicinaux sont évaluées, en 1844, à 1364 francs.

Percepteur, M. Vogel.

Lauterbourg a de plus :

Un bureau de l'enregistrement et des domaines, dont la recette, en 1843, était de 40,000 francs.

Receveur, M. Martin.

Une recette à cheval de contributions indirectes; elle comprend les cantons de Seltz et de Lauterbourg.

Le produit de la ville de Lauterbourg était, en 1843, de 7,000 francs.

Receveur, M. de Rambert.

Une poste aux lettres, dont la recette était, en 1843, de 5,000 francs. De ce bureau dépendent trois facteurs.

Directrice, Mme Legrand.

Une poste aux chevaux.

Maître de poste, M. Burckart.

Un bureau de douanes.

Le personnel attaché à ce bureau se compose de :

Un sous-inspecteur, un receveur, cinq visiteurs, un emballeur et un planton.

Recette, année moyenne, 800,000 francs. Les droits d'entrée sur la laine et les bestiaux produisent, en plus grande partie, cette énorme somme.

Sous-inspecteur, M. Persot; receveur, M. Bourion.

Trois bureaux de débit de tabacs.

Une brigade de gendarmerie, commandée par un maréchal-des-logis.

Un garde du génie et un conducteur des travaux du Rhin.

Enfin Lauterbourg compte : 2 docteurs en médecine, 1 officier de santé, 2 pharmaciens, 2 sages-femmes, 6 boulangers, 7 bouchers, 12 aubergistes, 2 brasseurs, 6 marchands-épiciers, 6 marchands d'étoffes et autres, 10 cordonniers, 8 tailleurs d'habits, 2 maréchaux-ferrants, 3 selliers, 2 maîtres-charpentiers, 4 maîtres-maçons, 1 potier de terre, 1 armurier, 3 serruriers, 1 cloutier, 1 horloger, 3 tonneliers, 6 menuisiers, 1 vitrier, 3 bonnetiers.

La ville de Lauterbourg est située, à 2 myriamètres de Wissembourg; à 6 de Strasbourg; à 12 de Colmar; à 54 de Paris; à 5 de Spire; à 2 de Carlsruhe; à 2 de Bade.

FIN.

RECTIFICATIONS ET ADDITIONS.

P. 11, l. 10, au lieu de : c'étaient sur, lisez : c'était sur.

P. 11, l. 20, au lieu de : Le Romains, lisez : Les Romains.

P. 16, l. 7, au lieu de : Clivie, lisez : C. Livie.

P. 17, l. 10, au lieu de : Caracolla, lisez : Caracalla.

P. 27 et ailleurs, l. 8, au lieu de : Burggrave, on peut lire : Burgrave.

P. 46, l. 13, au lieu de : le 27 novembre, lisez : le 20 novembre.

P. 53 et ailleurs, l. 34, au lieu de : Horcher, lisez : Horrer.

P. 76 et ailleurs, l. 24, au lieu de : des deux hautes chaussées, lisez : de la haute chaussée.

P. 81, l. 15, au lieu de : sable du Rhin, lisez : sable aurifère du Rhin.

P. 86, l. 24, au lieu de : Kæpffel, lisez : Weidenkopf.

P. 100, l. 12, au lieu de : Schaafhof, lisez : Schafhof.

P. 117, l. 24, au lieu de : 81, lisez : 90.

P. 121, l. 19, au lieu de : l'une à côté, et l'autre, lisez : l'une à côté de l'autre.

P. 142, l. 21 et 22, au lieu de : cinq mètres carrés, lisez : vingt-cinq mètres carrés.

P. 143, l. 31, au lieu de : 22 rues, lisez : 23 rues.

P. 143, l. 32, au lieu de : 1 impasse, lisez : 6 impasses.

P. 144, l. 4, au lieu de : l'avenue à côté de la Charrue, lisez : la rue de l'Arsenal.

P. 144, l. 5, au lieu de : la ruelle derrière la manutention, 54, lisez : la rue des Fours.

P. 144, l. 9, après : l'impasse J. P. Wugeln, ajoutez : ou de la vieille tour.

P. 144, l. 10, après : la place du Marché, ajoutez : l'impasse de la Croix.

P. 144, l. 15, après : la rue du Rempart, ajoutez : l'impasse du Tonnelier.

P. 144, l. 16, après : la rue de la Caserne, ajoutez : l'impasse du Cloutier.

P. 144, l. 16, après : l'impasse du Cloutier, ajoutez : l'impasse de l'Armurier.

P. 144, l. 18, après : la rue des Pêcheurs, ajoutez : l'impasse de la Synagogue.

P. 144, l. 18, après : l'impasse de la Synagogue, ajoutez : la rue de la Chapelle.

P. 144, l. 19, au lieu de : la ruelle Schmoll, lisez : la rue Traversière.

P. 151, l. 5, au lieu de : angles, lisez : côtés.

P. 161, l. 31, au lieu de : 16e régiment d'infanterie légère, lisez : 16e régiment d'infanterie de ligne.

P. 172 et ailleurs, l. 8, au lieu de : le hectare, on peut lire : l'hectare.

P. 187, l. 12, au lieu de : épautre, lisez : épeautre.

APPENDICE

A LA

DESCRIPTION HISTORIQUE ET ARCHÉOLOGIQUE

DE LAUTERBOURG

AVEC

DES NOTES EXPLICATIVES ET HISTORIQUES

PAR

J. BENTZ

DE LAUTERBOURG

STRASBOURG

TYPOGRAPHIE DE G. SILBERMANN, PLACE SAINT-THOMAS, 3

1864

AVANT-PROPOS.

Le présent appendice, en poésie descriptive, que nous ajoutons à la *Description de Lauterbourg*, sert à la rectifier et à la compléter par les notes historiques qui l'accompagnent. La forme poétique dont il est revêtu n'ôte rien à son caractère sérieux d'un tableau fidèle.

Si le travail hardi, que nous offrons au public à titre d'essai, lui est agréable, nous en ferons publier plus tard la suite ; cette partie n'étant ainsi à considérer que comme la première livraison de l'ouvrage que nous avons entrepris par le conseil d'ALPHONSE BENTZ, élève en rhétorique, notre fils.

Nous avons eu le malheur de perdre naguère ce fils chéri, notre collaborateur, et, déchiré par la douleur, nous venons payer ici à sa mémoire un juste tribut de reconnaissance et d'amour paternel.

APPENDICE

À LA

DESCRIPTION HISTORIQUE ET ARCHÉOLOGIQUE

DE LAUTERBOURG.

——⊰⊱——

ORIGINE DE CONCORDIA, TRIBUNI (LAUTERBOURG[1]).

I.

Près des rives du Rhin[2], dans la Gaule belgique[3],
Vers le nord de Salet[4], cette bourgade antique,

[1] Voy. sur l'origine de Lauterbourg, le chap. Ier de la *Description de Lauterbourg* que nous avons publiée en 1844.

[2] *Rhin.* C'est un des plus grands fleuves de l'Europe; il baigne à l'est l'Alsace dans toute sa longueur et arrose au sud-est le territoire de Lauterbourg. On a recherché l'étymologie de *Rhin*, mais les conjectures sur l'origine de ce mot ne sont pas fondées. Rhin est sans doute le plus ancien nom connu de ce fleuve, et il est probable que sa dénomination primitive celtique dut avoir quelque analogie avec son nom latin *Rhenus* que Jules César lui a donné. Voy. César, *Commentaires, De bello Gallico*, lib. IV, X.

[3] *Gaule belgique.* Toutes les Gaules étaient divisées en trois contrées principales : l'Aquitaine, la Belgique et la Celtique ou Gaule proprement dite. La première était bornée par la Garonne, les Pyrénées et l'Océan; la seconde avait pour limites le Rhin, la mer du Nord, la Seine et la Marne; la troisième, la plus vaste de ces provinces, s'étendait entre les deux précédentes depuis le Valais jusqu'à l'extrémité de la Bretagne. Les Médiomatriciens étaient ceux des Celtes ou Gaulois primitifs de la Gaule belgique, qui habitaient les bords du Rhin aux environs de Lauterbourg; leurs possessions allaient à l'ouest jusqu'à Metz, capitale de leur district.

[4] *Salet, cette bourgade antique.* A l'arrivée de Jules César dans les Gaules, Salet existait déjà comme bourg celtique; il séparait autrefois, dit-on, le pays des Triboques, nation d'origine germanique qui s'est établie parmi les Médiomatriciens, de celui des Nemètes (Spire). On prétend

Au fond d'un vaste bois [1], où rendait à ses dieux
Le druide [2] mystique un culte bien affreux [3] ;
Sous un climat brumeux [4] dont l'art et la culture
Adouciront un jour la rigide nature,
Tel qu'un roc escarpé, s'élevait un château
Fondé par les Romains sur le bord d'un ruisseau [5].
Nommé *Concordia* [6], ce fort selon l'histoire,
Fit naître Lauterbourg, clos de son territoire.
On verra tout à l'heure à quelle occasion
Le château fut construit et son extension.

aussi que les Sédusiens, peuplade inconnue, occupaient le pays de Salet. Quoi qu'il en soit, les Romains agrandirent Salet qui devint une cité sous les noms de *Saletio*, *Saliso* ou *Salsa*, où il y avait une forte garnison romaine soumise à un commandant militaire (*præfectus*) qui dépendait du duc de Mayence ; elle fut engloutie presque totalement par le Rhin C'est la ville de Seltz d'aujourd'hui. Nous avons surtout mentionné Salet pour fixer avec plus de précision la position géographique de *Concordia*.

[1] *Vaste bois*. Les lieux autour de Concordia étaient couverts d'immenses forêts ; la forêt appelée *Bienwald* (*sylva apiarica*), la plus belle et la plus vaste de l'Alsace, s'étend à présent encore au nord jusqu'aux portes de Lauterbourg ; elle est évidemment un reste de ces forêts antiques et mystérieuses du pays.

[2] *Druide*. Les druides étaient les prêtres gaulois qui présidaient aux sacrifices publics et privés et expliquaient les augures ; ils allaient prier leurs dieux au fond des forêts, dans le silence et l'obscurité, devant le gui sacré du chêne. Seuls dépositaires des secrets de la religion, les druides enveloppaient les rites de leur sacerdoce d'un mystère impénétrable.

[3] *Un culte bien affreux*. Il consistait dans le sacrifice de victimes humaines. Les Celtes ou Gaulois croyaient fermement que leurs divinités ne pouvaient s'apaiser que par du sang humain.

[4] *Climat brumeux*. Les débordements jadis continuels du Rhin, les lieux marécageux exhalant sans cesse des vapeurs, les forêts vierges qui couvraient Concordia et arrêtaient la liberté des vents devaient fortement influer sur le climat, charger l'atmosphère d'épais brouillards et par conséquent produire des hivers plus longs et d'un froid plus intense.

[5] *Ruisseau*. C'est le ruisseau ou plutôt la petite rivière appelée *Lutra* en latin ; elle était connue en français sous les noms de *Luter* et de *Loutre*, dérivés de *Lutra* ; on la nomme actuellement *Lauter* en français et en allemand ; le nom allemand *Lauter*, qui a prévalu, ayant été francisé sans changement.

[6] *Concordia*. On croit que Concordia doit être compris parmi les cin-

II.

Les Gaules par César nouvellement conquises[1],
Imposaient aux Romains de grandes entreprises ;
Car les peuples voisins[2] mécontents de leur sort,
Disposés au combat et méprisant la mort,
Épiaient le moment favorable à leurs armes,
Pour soustraire aux Romains un pays en alarmes[3].

quante châteaux-forts que Drusus fit construire en deçà et le long du
Rhin. Tous les historiens, tant anciens que modernes, qui ont écrit sur
l'Alsace ne s'accordent pas sur la situation topographique de Concordia ;
les uns prétendent que cet ancien fort romain occupait une partie de
l'emplacement d'Altstadt, ou qu'il se trouvait vers le premier plateau du
chemin de Rott, près de Wissembourg ; les autres le placent à Drusenheim ou au Kochersberg. Dans cette incertitude impossible à lever jusqu'à présent, faute de documents historiques suffisants, nous nous ran-
geons sans discussion à l'opinion la plus vraisemblable, qui admet l'existence de Concordia à Lauterbourg. Il est d'ailleurs hors de doute qu'un
fort romain existait à Lauterbourg, car on en avait vu les débris, et le
château des bourgraves de Lauterbourg, dont les murs sont encore conservés, devenu plus tard la résidence des princes-évêques de Spire, a été
construit sur les ruines du fort romain. Quant à son nom, nous déférons
également au sentiment de l'historien alsacien qui l'appelle *Concordia*, et
du savant antiquaire qui le nomme *Tribuni*, en désignant *Tribuni* comme
synonyme de *Concordia*. Voy. la *Description de Lauterbourg*.

[1] *Nouvellement conquises.* Jules César commença la conquête des Gaules
l'an 58 avant l'ère chrétienne.

[2] *Peuples voisins.* Les Germains convoitaient la possession de la Gaule
et la voyaient d'un œil jaloux occupée par les Romains ; ils y faisaient
de fréquentes incursions du côté du Rhin. Arioviste, roi des Suèves et
des Marcomans (Souabe et pays voisins), qui s'y était déjà établi parmi
les Séquaniens, peuple de la Franche-Comté, en fut chassé par Jules
César, l'an 58 avant Jésus-Christ. Julien anéantit l'armée de Chnodomaire, roi des Allemands, qu'il fit prisonnier l'an 357 de notre ère ; mais
la fortune secondant plus tard les armes de Clovis, également d'origine
germanique, il défit les Romains près de Soissons, en 488, et les Alémans à Tolbiac, en 496. Par cette double victoire, les Gaules passèrent
définitivement au pouvoir des Francs, qui leur donnèrent le nom de
France.

[3] *Pays en alarmes.* Après la conquête, la Gaule est restée pendant quel-

Drusus Germanicus [1], commandant sur le Rhin,
Prévenu des efforts du perfide Germain,
Pour préserver la Gaule ouverte à ses ravages
Et retirer des lieux de nouveaux avantages,
Fortifia le Rhin de cinquante châteaux [2]
Enveloppant ses bords dans leurs vastes réseaux.
Cette enceinte hardie étendant la défense,
Du Germain stupéfait ébranla l'espérance,
Et la Gaule asservie eut à s'agenouiller
Devant le fier Romain qui la faisait trembler.
Dans les camps retranchés, huit légions romaines [3]
Veillaient sur le repos de ces fertiles plaines.
Concordia surtout brille parmi les forts [4],
Sa situation, ses faciles abords,
Aux alentours boisés, non loin d'une rivière [5],
Invitent le Gaulois à bâtir sa chaumière.

que temps inquiète et agitée, et tous les États gaulois n'ont pas de suite accepté docilement la loi des vainqueurs. Les Germains comptaient sur ces ferments de troubles et les fomentaient, en s'imaginant qu'ils pourraient bien un jour s'emparer de ce beau pays.

[1] *Drusus Germanicus.* Claudius Drusus, surnommé *Germanicus*, second fils de l'impératrice Livie Drusilla, obtint de l'empereur Auguste, son beau-père, le commandement sur le Rhin, l'an 16 avant Jésus-Christ.

[2] *Cinquante châteaux.* Ces châteaux-forts (voy. la note 6, p. 6) ont été bâtis d'après les ordres de Drusus pour préserver les Gaules de l'invasion et de la dévastation des barbares, environ 16 ans avant Jésus-Christ. On pense qu'au nombre de ces forts étaient Concordia et Tribuni.

[3] *Huit légions romaines.* Germanicus, fils de Claudius Drusus et successeur médiat, eut le commandement de huit légions sur le Rhin (*Tacite*, lib. I, III). Suivant une nouvelle division des Gaules faite par Auguste, la Basse-Alsace fit partie de la Germanie supérieure.

[4] *Concordia surtout brille parmi les forts.* Concordia, par rapport à sa situation avantageuse, paraît avoir été fréquentée dès son origine par les Gaulois voisins qui, confondus avec les Romains, élevèrent des habitations à l'entour du fort et fondèrent ainsi Lauterbourg.

[5] *Rivière.* La Lauter, en latin *Lutra* (voy. la note 5, p. 6). *Lutra* et *burgos*, en allemand *Burg* (château-fort), donnent le nom latin à *Lutra-*

On nous rapporte encor (sans être plus certain)
Que Tribuni[1], de nom, cet autre fort voisin
A Lauterbourg aurait plutôt donné naissance ;
Mais auquel des deux forts donner la préférence[2] ?
Dans le doute, le choix est sans autorité,
Nous ne prétendons pas froisser la vérité,
Et, si Concordia de Lauterbourg n'est mère,
Acceptons sans débat Tribuni comme père.

burgum, à Lauterbourg en français, et à *Lauterbury* en allemand. Ce n'est que vers la fin du neuvième siècle qu'on trouve mentionné pour la première fois dans les actes publics le nom de *Lutraburgum*.

[1] *Tribuni de nom.* Ce fort romain est aussi appelé *Tribunci*.

[2] *Mais auquel des deux forts donner la préférence?* Voici quels sont les matériaux historiques que l'on possède sur les deux forts : Ammien Marcellin, qui vivait en 388, c'est-à-dire quatre siècles après leur érection, dit que deux forts romains, l'un appelé *Concordia*, l'autre *Tribuni*, *Tribunci*, existaient à proximité l'un de l'autre dans le pays des Nemètes. L'itinéraire d'Antonin place ces deux forts à égale distance de 20,000 pas romains nord-est de *Brocomagus* (Brumath) et sud-est de *Noviomagum* (Spire). Il y a de plus une carte, dite *Théodosienne*, mais qui n'est pas toujours en rapport avec l'itinéraire.

De ces données assez vagues on est parti pour aller à la recherche de Concordia et de Tribuni. Schœpflin a trouvé Concordia à Altstadt et Tribuni à Lauterbourg (voy. *Alsatia illustrata*, I). Schweighæuser trouve Concordia à Lauterbourg et Tribuni à Augheim (le village d'Au) dans le grand-duché de Bade, situé aujourd'hui sur la rive droite du Rhin et jadis au milieu d'une île de ce fleuve (*Annuaire du Bas-Rhin*, 1822).

Il est constant qu'autrefois le Rhin passait en partie derrière Au et formait une île du territoire de cette commune, car le lit abandonné du fleuve est encore parfaitement visible. Au était aussi une ancienne dépendance de Lauterbourg, mais il n'est pas sûr qu'il y existait un fort romain. Tribuni pouvait aussi bien se trouver à Berg, village voisin de Lauterbourg, où l'on prétend qu'il y avait un fort romain, dont des restes ont été découverts près de l'ancien château des seigneurs de Bergen, lors de la construction de l'église de Berg, en 1788, sur l'emplacement de ce château.

Les antiquaires les plus accrédités que nous venons de citer nous laissent donc, ainsi qu'on le voit par la diversité de leurs opinions, dans le doute sur la situation topographique des deux forts et par conséquent sur le véritable nom à donner au fort romain de Lauterbourg. Ce ne sera qu'au moyen de nouvelles découvertes qu'on sortira peut-être un jour de cette incertitude.

III.

La paix et le travail dans leurs efforts unis,
Changèrent aussitôt les sites assombris [1].
Le hardi bûcheron étend dans la poussière,
Aux éclats frémissants, le chêne centenaire ;
Sa hache foudroyante abat sans ménager
Le hêtre colossal et le nerprun léger.
Le sol est déblayé par le feu qui dévore [2]
L'abatis au sillon mettant obstacle encore.
On amène au labour le bouvillon pesant [3]
Qui tire avec vigueur d'Osiris l'instrument [4] ;
Les sillons sont tracés, la graine est répandue,
Et la herse parcourt des guérets l'étendue.
Cérès du haut des cieux sourit à des travaux
Faisant fructifier de stériles coteaux.
Concordia grandit, et sous l'aigle romaine
Fait respecter le sol de son nouveau domaine.

[1] *Sites assombris* (voy. les notes 1 et 4, p. 6, I).

[2] *Le sol est déblayé par le feu qui dévore.* Cette méthode d'essarter, de défricher et de débarrasser les terres de ronces et d'arbres abattus est ancienne (Virgile, *Géorgiques*, lib. I). Elle est encore en usage de nos jours, surtout en Amérique, où l'on brûle des forêts dans l'intérêt de l'agriculture ; le feu, détruisant en outre les animaux nuisibles, assainit en même temps l'atmosphère.

[3] *Le bouvillon pesant.* Le taureau et le bœuf étaient en général l'attelage des anciens pour l'économie rurale.

[4] *D'Osiris l'instrument.* La charrue ; on en attribue l'invention à Osiris, roi d'Égypte. Triptolème, roi d'Athènes, passe aussi pour l'un des inventeurs de cet utile instrument aratoire.

IV.

Le Gaulois asservi salue aveuglément
Et les dieux du vainqueur et leur culte éclatant.
Jadis au fond des bois dans le morne silence,
De Teutat invisible [1] il louait la puissance ;
Jadis, fier sous sa loi, libre dans son pays,
Il bravait les efforts de vaillants ennemis.
Et le Romain altier, en ce moment le maître,
Un jour devant Brennus [2] dut en vaincu paraître,
Racheter du Gaulois et nom et liberté,
Tandis qu'au Capitole il était rejeté.
Mais du cruel destin l'arrêt est immuable ;
La chute de la Gaule était inévitable.

[1] *Teutat invisible.* Les Celtes ou Gaulois adoraient plusieurs dieux, tous invisibles, qui étaient subordonnés à Teut. Teutat ou Teutatès ; c'est à ces divinités qu'ils sacrifiaient des hommes (voy. la note 3, p. 6, I). L'empereur Auguste, et l'empereur Claude en l'an 43 après Jésus-Christ, défendirent le culte atroce des Druides, dont la religion ne tarda pas à se confondre avec celle des Romains.

[2] *Brennus.* Les Gaulois, sous la conduite de Brennus, marchent sur Rome l'an 390 avant Jésus-Christ ; ils rencontrent l'armée romaine sur les bords de l'Allia, près du Tibre, à quatre lieues de la ville, et la détruisent presque totalement ; mais ils n'entrent dans Rome que le surlendemain de la bataille et livrent la ville aux flammes. Le petit nombre des Romains échappés du carnage s'étaient réfugiés dans le Capitole avec l'élite de la jeunesse et le Sénat. Le Capitole fut assiégé, puis bloqué ; il allait tomber au pouvoir des Gaulois qui l'avaient escaladé la nuit, lorsque Manlius, éveillé par le cri des oies, le sauva. C'en eût été fait du nom romain. Cependant les deux partis souffrant également du manque de vivres, Brennus accepta l'accommodement que le tribun consulaire Sulpicius lui avait offert, et en vertu duquel les Romains payèrent aux Gaulois 2000 livres d'or pour prix de leur rançon.

Cependant le Gaulois, loin de rien négliger,
Défendit vaillamment sa patrie en danger.
Son audace et sa ruse égalant son courage,
De l'ennemi longtemps excitèrent la rage ;
Il ne fallut pas moins de huit ans de combats [1]
Pour conquérir la Gaule et dompter les États.
Enfin, Jules César défit devant Alise [2]
Des Gaulois soulevés la dernière entreprise.
Sa couronne immortelle aux insignes fleurons,
Par la Gaule conquise, éclate de rayons.
Mais d'un héros gaulois, l'éternelle mémoire
Est aussi consacrée aux fastes de l'histoire.

[1] *Huit ans de combats* (voy. la note 1, p. 7, II). Les Gaules ne furent définitivement soumises que vers l'an 49 avant Jésus-Christ.

[2] *Alise.* Alesia, place forte de la Gaule ; bourg de Sainte-Reine, en Auxois, petite contrée de la Bourgogne (Côte-d'Or). Le siége d'Alise est l'événement le plus mémorable de toutes les guerres des Romains dans les Gaules. Après un soulèvement général en l'an 52 avant Jésus-Christ, les chefs des différentes cités gauloises s'assemblèrent et résolurent une ligue plus imposante que jamais pour la délivrance de leur patrie. Vercingétorix, jeune et noble Arverne (Auvergne), était à la tête des confédérés. On lui déféra le commandement suprême de l'armée et même le titre de roi. Il déploya l'activité d'un héros et fit essuyer à Gergovie, près de Clermont, une grande défaite aux Romains. Vivement pressé par ces derniers non loin de la Saône, Vercingétorix se retira à Alise. César vint assiéger cette place et l'armée de Vercingétorix qui campait sous les murs ; 248,000 guerriers, dit on, se rassemblèrent de tous les points de la Gaule pour délivrer Vercingétorix et son armée. En vain firent-ils des prodiges de valeur : César, couvert par des retranchements inexpugnables, contre lesquels les Gaulois vinrent se briser, secondé par des Germains, repoussa les Gaulois et tailla en pièces leur arrière-garde Dans ces circonstances, Alise n'étant plus tenable, se rendit aux Romains. Vercingétorix cédant à la fortune, couvert d'une brillante armure, monté sur un cheval richement paré, sortit seul de la ville, s'avança vers le camp de César, mit pied à terre, se dépouilla de ses armes et se livra lui-même à César. Il avait été lié d'amitié avec lui et avait lieu d'espérer en la clémence du vainqueur ; mais César, au lieu d'honorer son dévouement et son courage, le fit charger de fers, le réserva pour la pompe de son triomphe et le mit à mort après six ans d'esclavage (voy. *Dion Cassius*, 40, 41, et l'*Histoire de la Gaule*, par M. Serpette de Marincourt).

Preux [1] Vercingétorix, toi qu'il faut relever,
Si, l'élu des Gaulois, tu ne pus les sauver,
Si, comblant sa fureur, la fortune contraire
Te remit au pouvoir d'un vainqueur arbitraire ;
Si, de chaînes chargé, tu précédas le char
Au triomphe éclatant qu'obtint Jules César,
Néanmoins ton honneur est resté sans atteinte ;
Tu sus te résigner sans lâcheté ni plainte
Aux atroces tourments de la captivité,
Et des mains d'un licteur mourir décapité.
Mais Rome en t'immolant éternisa ta gloire !
. . . .

Preux, pris dans un sens absolu, signifie ici *généreux*.